I0129790

Christina Stoddard

LOS PORTADORES DE LUZ DE LAS TINIEBLAS

Por Inquire Within

Christina Stoddard
(Inquire Within)

Durante algunos años un Jefe Gobernante del Templo Madre
de la Stella Matutina y R.R.et A.C.

Los Portadores de luz de las tinieblas

The light-bearers of darkness,
publicado por primera vez por Boswell, Londres, 1930

Traducido al español y publicado por Omnia Veritas Limited

www.omnia-veritas.com

CAPÍTULO I **11**

EL PODER OCULTO 11

CAPÍTULO II **36**

ORIENTADO POR LA JUDERIA 36

LA SOCIEDAD TEOSÓFICA *43*

CAPÍTULO III **83**

LA SOCIEDAD ANTROPOSÓFICA 83

CAPÍTULO IV **111**

LA STELLA MATUTINA Y LA ROSAE-RUBEAE ET AUREAE CRUCIS 111

LA LEY DE LA REVOLUCIÓN ENREVESADA DE LAS FUERZAS SIMBOLIZADA POR LOS CUATRO ASES ALREDEDOR DEL POLO NORTE *161*

CAPÍTULO V **205**

ALEISTER CROWLEY 205

LA IGLESIA GNÓSTICA UNIVERSAL *210*

EL EMPERADOR JULIANO Y MÁXIMO DE EFESO *213*

CAPÍTULO VI **221**

LA SOCIEDAD PANACEA 221

EL ORDEN UNIVERSAL *232*

CAPÍTULO VII **236**

CULTO AMERICANO 236

EL MOVIMIENTO SADOL *236*

LA ORDEN DE LOS INICIADOS DEL TIBET *237*

EL MOVIMIENTO BAHAI *240*

CAPÍTULO VIII **243**

CONCLUSIÓN 243

OTROS TÍTULOS **255**

Como los tres grados de la masonería ordinaria incluían a un gran número de hombres opuestos, por posición y principios, a todo proyecto de subversión social, los innovadores multiplicaron los grados de la escala mística que había que subir. Crearon logias ocultas reservadas a las almas ardientes... santuarios sombríos cuyas puertas sólo se abrían al adepto tras una larga serie de pruebas calculadas para poner a prueba el progreso de su educación revolucionaria.

Louis Blanc - *Revolución Francesa*

En todo lo que hizo, en todo lo que enseñó, mantuvo
este objetivo a la vista:
Conseguir que las obras de la oscuridad se hicieran
disfrazadas de obras de la luz.
Esparció su veneno, lento y seguro,
a través de muchas sectas engañosas,
e hizo que lo malo pareciera bueno,
embaucando a los elegidos de Dios.

La Venida de Lucifer Por X.

CAPÍTULO I

EL PODER OCULTO

Este libro es un intento de mostrar, por medio de investigaciones reales, de pruebas documentales y de conocimiento personal del funcionamiento interno, que este movimiento actual para la Revolución Mundial que conduce a la Dominación Mundial no es más que un esfuerzo fanático, culminante y de muchos años de duración por parte de algún Poder Oculto que trabaja a través de muchas sectas secretas iluminadas.

Cualesquiera que hayan sido sus ideas sobre la era mesiánica y el verdadero destino del hombre, el siguiente relato del misticismo y la magia, escrito entre 1823 y 1825 por Hoëné Wronski, bien podría ser una imagen real de las condiciones del mundo actual bajo la influencia de sociedades místicas y secretas similares -mucho más numerosas e influyentes de lo que el público imagina- a través de las cuales el Centro Invisible intenta de nuevo dirigir y dominar a las naciones y al mundo.

En su *Traité méthodique de magic Pratique*, Papus. el conocido ocultista y cabalista, Dr. Gerard Encausse, escribe:

> "Un erudito iniciado y enciclopedista, Hoëné Wronski, en una obra casi inencontrable hoy en día, *L'Apodictique Messianique*, ha hecho un análisis de la magia y de sus orígenes, así como de sus resultados, que merece un estudio detenido por parte de los investigadores serios. Esperamos, pues, prestarles un servicio reproduciendo íntegramente la sección dedicada al misticismo y a la magia."

Brevemente, Wronski afirma que el objetivo de las Asociaciones Místicas es la "*Participación en la Creación*", y el fin físico es la "*Dirección de los Destinos de la Tierra*". Este misticismo "consiste en la limitación mística de la realidad absoluta (fuerza vital o energía universal), formando en general la neutralización de esta energía negativa y positiva", una forma de polarización magnética, creando el vínculo etérico; por esta razón estas sociedades cultivan sentimientos y artes sobrenaturales como... "la *Filosofía Hermética, la Alquimia, la Gran Obra o Piedra de los Filósofos, la Panacea, la Magneto-curación, la Regeneración, etc.*, y ciertos misterios de la generación física, etc.". No pudiendo descubrir científicamente, por la razón, los destinos de la tierra, profesan preverlos por una "*interpretación cabalística*... de las tradiciones de las Sagradas Escrituras"; luego buscan dirigir estos destinos por medio de misiones especiales dadas a hombres elegidos en todos los rangos de la sociedad.

Sociedades Secretas. Dice:

> "Como los esfuerzos sobrenaturales realizados por la Asociación Mística para tomar parte en la creación no pueden ser ni practicados ni discutidos públicamente... y estando igualmente impedida de dirigir abiertamente los destinos de la tierra como los Gobiernos se opondrían a ello, esta misteriosa asociación sólo puede forzosamente actuar a través de *Sociedades Secretas*. Así, en realidad, es en el corazón del misticismo donde nacen todas las sociedades secretas que han existido y existen aún en nuestro globo y que, controladas desde esta fuente misteriosa, han dominado y, a pesar de los Gobiernos, continúan dominando el mundo. Estas sociedades secretas, formadas cuando es necesario, se desprenden en grupos distintos y aparentemente opuestos, profesando respectivamente y por turno las opiniones más contrarias del día, para dirigir, aparte y con confianza, todos los partidos, políticos, religiosos, económicos y literarios. Ellos, para recibir una dirección común, se unen de nuevo a un centro desconocido, donde se oculta esta poderosa fuente que busca así invisiblemente controlar todos los cetros terrestres... y sin duda todas estas sociedades secretas son

ellas mismas, a través de la habilidad de algunos de sus jefes, controladas y dirigidas según las ideas y órdenes de un Comité Supremo Desconocido que gobierna el mundo."

Masones, aplicados o políticos.

"La masonería pura o especulativa no es propiamente más que el gran vivero del que todas las asociaciones místicas eligen a sus altos jefes (*epoptes*)... También los grados de iniciación están dispuestos de tal manera que la gran parte de los francmasones, lejos de dudar de la finalidad de su afiliación, no ven en ella más que un objeto de placer y de buena voluntad mutuos. Sólo los que han sido probados son admitidos en los grados superiores, y es de entre estos últimos que se forman las diferentes ramas de la Francmasonería aplicada, cuyo fin es manifiestamente realizar, por los hechos y según las circunstancias, las especulaciones místicas liberales de la Francmasonería.Así en nuestros días se han *formado* con éxito *los Capítulos Nocturnos de Ruel y Passy, la Logia del Contrat-social, los Filadelfos, los Carbonari, el Tugend-Bund, los Burschaften, los Comuneros, etc.*". (Esto no se aplica a la masonería británica).

Influencias Recíprocas entre el Mundo Visible y el Invisible. (Enlace etérico) Los Illuminati (Iluminismo).

"El nombre Illuminati (no-Wissende) ... parece haber sido introducido sólo alrededor de 1775 por la sociedad secreta que fue fundada por Weishaupt, y desarrollada, se dice, por el Barón Knigge. Pero ... debe haber existido desde la mayor antigüedad. Y en realidad las afiliaciones místicas bajo las Pirámides de Egipto, la secta esotérica de Pitágoras, los astrólogos o matemáticos de Roma en tiempos de Domiciano, la Casa de la Sabiduría de El Cairo, los Ismaelitas o Asesinos, Compañeros del Viejo de la Montaña, los Templarios, los Rosa-Croix... no parecen formar sino una cadena ininterrumpida de estas afiliaciones superiores... bajo el nombre de Iluminés".

También sus ramas de "*Estricta Observancia*, o preparación para el Iluminismo", incluyendo "Logias eclécticas o Masonería Egipcia, como las Logias *San Juan de Melchisédeck, los Souffrants, Sacerdotes Reales, Maestros de Sabios y los Chercheurs*". *Los Hermanos Asiáticos*, ya sea con éstos o con los Illuminés.

El *Poder Directivo - los Invisibles o Seres Terrenales* (Maestros que trabajan en el Astral).

> "Una sola vez se han mostrado estos Invisibles a los hombres, fue cuando, en el terrible Tribunal Secreto -viendo que todas las potencias de la tierra, ministros, príncipes y hasta los mismos soberanos imploraban el favor de ser admitidos en esta formidable afiliación- estos Jefes invisibles creyeron que por fin habían conquistado la tierra, y se atrevieron, por así decirlo, a entregar el secreto mostrando abiertamente la manera en que pensaban gobernar el mundo...". Estos seres terrestres no aparecen hoy, pero son ellos los que forman el Comité Supremo del que emanan las órdenes que rigen todas las sociedades secretas, y en este Comité el antiguo Libro de los Registros permanece siempre abierto..." (Aquí tenemos la "Jerarquía Suprema e Invisible de los Judíos Cabalistas".)"

Aquí está el Juramento administrado a los Illuminati:

> "En el nombre del hijo crucificado (el Pentagrama, el hombre iluminado), jura romper los lazos que aún te unen a tu padre, madre, hermanos, hermanas, esposa, parientes, amigos, amantes, reyes, jefes, benefactores y todas las personas a las que hayas prometido fe, obediencia y servicio. Nombrad y maldecid el lugar donde nacisteis, para que habitéis en otra esfera, a la que sólo llegaréis después de haber renunciado a este globo pestilente, vil desecho de los cielos. A partir de este momento estás libre del llamado juramento a la patria y a las leyes: jura revelar al nuevo jefe, reconocido por ti, lo que hayas visto o hecho, interceptado, leído u oído, aprendido o conjeturado, y también busca y espía lo que tus ojos no puedan discernir. Honrad y respetad al *Aqua Tofana* como medio seguro, rápido y necesario de purgar el globo con la

> muerte de aquellos que pretenden vilipendiar la verdad y arrebatárnosla de las manos. Huid de España, de Nápoles y de toda tierra maldita; huid finalmente de la tentación de revelar lo que podáis oír, pues el trueno no es más pronto que el cuchillo, que os espera en cualquier lugar en que os encontréis. Vive en el nombre del Padre, del Hijo y del Espíritu Santo. (Esta es la Trinidad del Iluminismo-Cabalístico y Gnóstico. El Padre - el fuego generador; el Espíritu Santo - la Gran Madre Naturaleza, reproduciendo todas las cosas; el Hijo - la manifestación, el fluido vital, la luz astral del Iluminismo. Es una perversión del simbolismo cristiano)".

El motivo de la exposición de estas sectas por parte de Wronski era mostrar la espantosa propagación del Iluminismo en aquella época y su diabólico plan de destrucción.

La Sra. Nesta Webster, en su *Secret Societies* and *Subversive Movements, nos cuenta* cómo hacia el año 872 d.C., un ismailí, Abdullah ibn Maymün, educado en las doctrinas del dualismo gnóstico, materialista puro, formó una secta conocida como los Batinis, cuyo proyecto fue descrito así por Dozy en español, *Islam.*

> "Unir en la forma de una vasta sociedad secreta con muchos grados de iniciación, librepensadores ... e intolerantes de todas las sectas; hacer de los creyentes herramientas para dar poder a los escépticos ... construir un partido, numeroso, compacto y disciplinado, que a su debido tiempo daría el trono, si no a sí mismo, al menos a sus descendientes ... Los medios que adoptó fueron ideados con astucia diabólica ... No fue ... no fue entre los chiítas donde buscó a sus verdaderos partidarios, sino entre los ghebers, los maniqueos, los paganos de Harran y los estudiantes de filosofía griega; sólo en estos últimos podía confiar, sólo a ellos podía desvelar gradualmente el misterio final y revelar que los imanes, las religiones y la moral no eran más que una impostura y un absurdo... pero tuvo cuidado de iniciar a las almas devotas y humildes sólo en los primeros grados de la secta. Sus misioneros, a los que inculcó la idea de que su primer deber

> era ocultar sus verdaderos sentimientos y adaptarse a las opiniones de sus oyentes... En presencia de los devotos asumían la máscara de la virtud y la piedad. Con los místicos eran místicos, y desvelaban los significados internos de los fenómenos, o explicaban alegorías y el sentido figurado de las propias alegorías... Por medios como éstos se produjo el extraordinario resultado de que una multitud de hombres de diversas creencias trabajaban todos juntos por un objeto conocido sólo por unos pocos de ellos..."

Aqui tenemos el sistema no solo de Weishaupt sino de todas las sociedades secretas subversivas de hoy en dia, como mas tarde esperamos dejar claro en este libro.

De nuevo, en 1090 Hasan Saba, llamado "el Iluminador", fundó la secta de los "Asesinos" en Alamut, en Persia, a orillas del mar Caspio. Adoptó los métodos de Maymün, añadiéndoles asesinatos a mansalva de quienes se le oponían. También utilizó como base la organización de la Gran Logia de El Cairo. El suyo era un "sistema de asesinato organizado sobre la base del fervor religioso". Como dijo von Hammer, "Nada es verdad y todo está permitido" era el fundamento de su doctrina secreta, que, sin embargo, siendo impartida sólo a unos pocos, y oculta bajo el velo del más austero religionismo y piedad, refrenaba la mente bajo el yugo de la obediencia ciega". Sus doctrinas secretas fueron finalmente reveladas por los propios líderes. Y von Hammer dijo de nuevo:

> "En los anales de los Asesinos se encuentra la enumeración cronológica de hombres célebres de todas las naciones que han caído víctimas de los ismailíes..."

Y otra vez:

> "El veneno y el puñal prepararon la tumba que la Orden había abierto para tantos".

y así Hasan y sus Grandes Maestres asesinados a su vez por sus parientes más próximos (Sra. Webster, *ibíd.*).

Como se verá más adelante, el papel autoproclamado de los templarios era,

> "Seremos el equilibrio del Universo, árbitros y Amos del Mundo".

En el número de marzo de la revista ocultista "*Revue Internationale des Sociétés Secrètes", se* publicó una traducción al francés de las dos colecciones más importantes de los documentos originales relacionados con los Illuminati bávaros de Weishaupt:

"(I) Einige Originalschriften des Illuminatenordens. Múnich, 1786.

"(2) Nachtrag von weitern Originalschriften, welche die Illuminaten-secte ... betreffen en 2 parties.Munich, 1787".

Hablando de los ocultistas de la Haute Maconnerie del siglo XVIII, el R.I.S.S. escribe:

> "Estos Illuminés eran de hecho la muralla secreta de la Secta. Los Illuminés de Francia, con Martinez Paschalis, el filósofo desconocido, Pernetty, y toda la escuela, que ha dejado raíces tan profundas en Lyon y sus alrededores; los Illuminati de Baviera, con Weishaupt y sus cómplices. Fue en estas Logias secretas donde se concibió y preparó la Revolución Francesa; hoy es en los Templos de la misma Orden, cabalística y satanista, donde ha germinado y madurado la Revolución Mundial... Los planes de ayer nos ayudarán mejor a captar la intención y los métodos de hoy."

Así se describen los documentos:

> "Algunos Escritos Originales de la Orden de los Illuminati que fueron encontrados en la Casa de Zwach, antiguo Consejero de Gobierno, en la visita domiciliaria realizada en Landshut, del II al 12 de octubre de 1786".

> "La presente colección ha sido publicada por orden suprema de Su Alteza el Elector con el fin de convencer al público de éste y de otros países de la indudable falsedad de las razones aducidas para el incesante clamor de los Illuminati contra la injusticia, la violencia y la persecución de que son objeto en Baviera, y también, al mismo tiempo, para ponerlos en guardia contra esta secta epidémica y contra todas las demás sociedades ilegales y clandestinas de este tipo. Porque éstas sólo se proponen engañar a las personas crédulas y sacarles dinero, y en lugar de difundir la verdad y la moral, como profesan hacer, arruinan absolutamente estas últimas y suprimen o falsifican completamente las primeras. Si alguien duda de la autenticidad de esta colección, que se presente en los archivos secretos de esta ciudad, donde se ha dado orden de mostrar los originales. Munich, 26 de marzo de 1787".

En un documento Zwach habla de la propuesta de formar una orden de mujeres, para consistir en dos clases, cada una constituyendo una sociedad separada, cada una permaneciendo desconocida para la otra: una clase de mujeres virtuosas, un medio de obtener dinero, información secreta, y beneficios fo la Orden real; la otra de mujeres ligeras, para satisfacer las pasiones de F.M. tan inclinadas. "Ambas deben ser mantenidas en la ignorancia de que son dirigidas por la Orden de los hombres".

De su camuflado y supuesto objetivo escribe Espartaco-Weishaupt:

> "Como en el pasado, el objetivo futuro de la Orden sigue siendo interesar al hombre en llevar a la perfección su mente y su carácter moral; desarrollar los sentimientos humanos y sociales, oponerse a los malos designios en el mundo para luchar contra la injusticia, ayudar a los desafortunados y oprimidos, alentar a los hombres de mérito que un útil a la Orden, y difundir el conocimiento de las ciencias; y se les asegura fiel y solemnemente que este es el objetivo real y no sólo supuesto de la sociedad. Que es vano esperar obtener mayor poder y riquezas ingresando en esta Orden".

El plan de esta Orden es, aparentemente, formar una máquina unida absolutamente controlada por los Superiores, que son los únicos que conocen su verdadero objetivo. Para ello debe existir una completa armonía entre sus miembros, sin odios, sin celos, sin egoísmos indignos; ¡teniendo un solo espíritu, una sola consideración y una sola voluntad! Para ayudar a conseguir esta orientación deseada, se prescribe una lista especial de libros sobre los que los miembros deben construir su perspectiva. "La sociedad no puede utilizar a los hombres tal como son; hay que moldearlos según el uso que se vaya a hacer de ellos". ¡Aquí tenemos los mismos métodos siniestros que se encuentran en todas las sociedades similares de hoy en día!

Weishaupt escribe además que el adepto debe aprender el arte del disimulo, observando y sondeando a los demás. Al descubrir secretos, debe revelarlos a los Superiores, quienes a su vez prometen no hacer uso de la información a menos que el informante lo permita. "La Orden exige una sumisión total en todo lo que concierne a los asuntos de la Orden. Deben practicar una perfecta circunspección y discreción con respecto al mundo exterior. El silencio y el secreto constituyen el alma de la Orden", e incluso el grado de la Frater se mantiene en secreto, salvo con los iguales, entre los que hay signos de reconocimiento.

En cuanto al verdadero objetivo de esta Orden, un documento redactado por Zwach muestra su progreso político durante un año en Baviera: los jesuitas destituidos de todas las cátedras, y totalmente desalojada de la Universidad de Ingolstadt; penetración de la F.M. de la Iglesia, control de las escuelas alemanas, sociedades de caridad y otras cátedras universitarias.

"Por recomendación de los Fratres, Pylade se ha convertido en tesorero del Consejo Eclesiástico, y de este modo la Orden dispone de los ingresos de la Iglesia". Así pudo ayudar a los Fratres y salvar a algunos de ellos de las garras de los prestamistas.

Otra vez:

> ‘La Duquesa viuda ha organizado el Instituto de Cadetes absolutamente según el plan indicado por la Orden; todos los profesores son miembros de la Orden... y todos los alumnos se convierten en adeptos de la Orden.
>
> ‘Atraeremos hacia nosotros a todos los jóvenes sacerdotes de la dotación de Bartolomé... hay muchas posibilidades de que de este modo podamos proveer a toda Baviera de sacerdotes instruidos.’

Entre los documentos había también varias recetas: "Una para el Aqua Toffana, un veneno imperceptiblemente lento pero mortal". Otra para provocar el aborto y otra sobre hierbas con propiedades nocivas.

La iniciación tenía lugar después de uno, dos o tres años de prueba. En el *Revers de silentio,* un formulario firmado por el candidato antes de la iniciación, se promete sumisión y silencio, y se le asegura que no hay en la Sociedad nada contrario al "Estado, la moral o la religión". Antes de que se administre el Juramento se dice - una espada apuntando al pecho:

> "Si te conviertes en traidor o perjuro, que esta espada te recuerde a todos y cada uno de los miembros en armas contra ti. No esperes encontrar seguridad; dondequiera que huyas, la vergüenza y el remordimiento, así como la venganza de tus hermanos desconocidos, te torturarán y perseguirán’.
>
> Luego, en el Juramento que sigue, jura "silencio eterno, fidelidad y obediencia eterna a todos los superiores y reglamentos de la Orden. También renuncio a mis propios puntos de vista y opiniones personales, así como a todo control de mis poderes y capacidades. Prometo también considerar el bienestar de la Orden como el mío propio, y estoy dispuesto, mientras sea miembro, a servirla con mis bienes, mi honor y mi vida... Si actúo contra las reglas y el bienestar de la Sociedad, me someteré a las penas a las que me condenen mis superiores...".

Recibió un nombre clásico, por el que se le conocería en adelante en la Orden. También se le exigió que guardara todas las cosas pertenecientes a la Orden en un lugar especial, con una etiqueta con la dirección de su superior, a quien debía enviarse la caja en caso de muerte repentina. En una de las recetas se describe una caja que, al ser abierta por un profano, ¡estallaba en llamas de inmediato! Hasta tal punto se exigía secreto y silencio.

Tras la disolución de su Orden, Weishaupt y sus seguidores continuaron con sus intrigas en secreto, ya que en 1789 las 266 logias controladas por la masonería del Gran Oriente estaban todas iluminadas sin que la gran mayoría de sus miembros lo supiera, y pocos meses después se produjo la Revolución Francesa de esa fecha.

En 1794 el Duque de Brunswick, Gran Maestro de la Masonería Alemana, emitió un Manifiesto a todas las Logias mostrando cómo la Masonería había sido penetrada por esta Secta Internacional, y sugiriendo, por un tiempo, la supresión de toda la Masonería hasta que fuera liberada de este cáncer invisible. Dice así:

> "Surgió una gran secta que, tomando por lema el bien y la felicidad del hombre, trabajó en la oscuridad de la conspiración para hacer de la felicidad de la humanidad una presa para sí misma. Esta secta es conocida por todos: sus hermanos son conocidos nada menos que por su nombre. Son ellos los que han socavado los cimientos de la Orden (Masonería) hasta el punto de derribarla por completo; son ellos los que han envenenado y extraviado a toda la humanidad durante varias generaciones. El fermento que reina entre los pueblos es obra de ellos. Fundaron los planes de su insaciable ambición en el orgullo político de las naciones. Sus fundadores se las arreglaron para introducir este orgullo en las cabezas de los pueblos. Empezaron por desprestigiar la religión... Inventaron los derechos del hombre, que es imposible descubrir ni siquiera en el libro de la Naturaleza, e instaron a los pueblos a arrancar a sus príncipes el reconocimiento de esos supuestos derechos. El

> plan que elaboraron para romper todos los lazos sociales y destruir todo orden se revelaba en todos sus discursos y actos. Inundaron el mundo con una multitud de publicaciones; reclutaron aprendices de todos los rangos y en todas las posiciones; engañaron a los hombres más perspicaces alegando fasistamente diferentes intenciones. Sembraron en el corazón de la juventud la semilla de la codicia, y la excitaron con el cebo de las pasiones más insaciables. Orgullo indomable, sed de poder, tales eran los únicos móviles de esta secta; sus amos tenían nada menos en vista que los tronos de la tierra, y el gobierno de las naciones debía ser dirigido por sus garrotes nocturnos. Esto es lo que se ha hecho y se sigue haciendo. Pero observamos que los príncipes y el pueblo ignoran cómo y por qué medios se está logrando esto..." (Sra. Webster, ibid.)

Más tarde, como resultado de todo esto, el Parlamento inglés aprobó en 1799 una ley que prohibía todas las sociedades secretas, con excepción de la Francmasonería. Hoy en día, se dice, estas sociedades secretas siguen siendo ilegales, y aunque algunas se autodenominan semipúblicas, sus jefes siguen exigiendo un juramento de secreto sobre las enseñanzas más importantes y secretas, relacionadas, sobre todo, con el contacto con el misterioso poder controlador del plano astral.

Según Monseñor Dillon, 1885 (Mrs. Webster. ibid):

> "Si Weishaupt no hubiera vivido, la masonería podría haber dejado de ser un poder después de la reacción consecuente a la Revolución Francesa. Él le dio una forma y un carácter que la hizo sobrevivir a esa reacción para energizarla hasta el presente, y que la hará avanzar hasta que su conflicto final con el cristianismo deba determinar si Cristo o Satanás reinará en esta tierra hasta el fin."

¿No era Weishaupt simplemente el instrumento de otra Secta más formidable? De este "Poder Sublime", que es la vida, por así decirlo, del Iluminismo, se nos habla en *Las Victorias de Israel, de Roger Lambelin:*

> "Joseph de Maistre que era, se sabe, un Francmasón de grado bastante elevado, constató la influencia ejercida por los Judíos. En 1811, examinando las causas de la Revolución Francesa, en una carta escrita a su Rey desde San Petersburgo, dice: "El poder de esta *secta orientada por la judería*, para hechizar a los Gobiernos, es uno de los fenómenos más terribles y más extraordinarios que se han visto en el mundo."

De nuevo, Bernard Lazare, escritor judío, afirma:

> "Es cierto que había judíos incluso en la cuna de la francmasonería, judíos cabalistas, como lo prueban ciertos ritos existentes; muy probablemente durante los años que precedieron a la Revolución Francesa entraron en mayor número en los consejos de la sociedad, y ellos mismos fundaron sociedades secretas. Había judíos alrededor de Weishaupt; y Martínez de Pasqualis, un judío de origen portugués, organizó numerosos grupos iluminados en Francia, y reclutó a muchos adeptos, a los que inició en la doctrina de la reintegración (regeneración). Las Logias Martinistas eran místicas, mientras que las otras Órdenes de la Francmasonería eran más bien racionalistas, lo que prueba que las sociedades secretas representaban los dos lados de la mente judía: el racionalismo práctico y el panteísmo; ese panteísmo que, si bien es un reflejo metafísico de la creencia en el Dios Único, termina a veces en una Teurgia Cabalística."

Y de las aspiraciones judías escribe:

> "El judío es también un constructor: orgulloso, ambicioso, dominador, intenta atraerlo todo hacia sí. No se contenta con descristianizar, judaiza; destruye la fe católica o protestante, provoca la indiferencia, pero impone su idea del mundo, de la moral y de la vida a aquellos cuya fe arruina; trabaja en su vieja tarea: ¡la aniquilación de la religión de Cristo!"

Y M. Roger Lambelin añade:

> "Son los fermentos de la revolución en todas las etnias ajenas a su raza".

Además, el rabino Benamozegh dice:

> "¿Es sorprendente que se haya acusado al judaísmo de constituir una rama de la masonería? Lo cierto es que la teología masónica no es más que teosofía en el fondo, y corresponde a la de la Cábala.
>
> ... Aquellos que se tomen la molestia de examinar con cuidado la conexión entre el judaísmo y la masonería filosófica, la teosofía y los misterios en general ... dejarán de sonreír con lástima ante la sugerencia de que la teología cabalística puede tener un papel que desempeñar en las transformaciones religiosas del futuro ... Contiene la clave del problema religioso moderno."

En un interesante libro, *Les Juifs et le Talmud,*[1] por M. Flavien Bernier, encontramos alguna luz arrojada sobre este credo Panteísta de los Judíos Cabalistas y el "Hombre Deificado" del Iluminismo. Escribe, 1913:

> "Ahora bien, la doctrina filosófica dominante entre los caldeos eruditos... era el panteísmo absoluto. En el vasto Templo que es el Universo, los sabios caldeos suprimieron al Creador... Todo era causa y efecto; el mundo era increado y él mismo se convirtió en su propio Dios. Incluso la idea de Divinidad se confundía con la Armonía Universal que regulaba todas las cosas, y con cada una de las cosas que regulaba. Dios era, pues, a su vez y en su conjunto, la Tierra nutricia del hombre, el rocío que lo fecundaba, el Sol que daba luz y calor, el viento que transportaba el polen fecundante de la vegetación; Dios era el principio vital que

---

[1] *Les juifs et le Talmud : morales et principes sociaux des Juifs d'après leur livre saint : le Talmud — 1913,* Omnia Veritas Ltd, www.omnia-veritas.com.

> perpetuaba las especies, humana y animal; que hacía germinar, crecer, morir y renacer las plantas, que se manifestaba incluso en los cuerpos aparentemente inanimados. Identificado como una especie de aliento de la Naturaleza, increado y eterno. Dios emanaba del mundo y no el mundo de Dios.
>
> "Es realizable que tal sistema, que lleva la impronta de una poesía bizarra pero innegable, tendría, en todas las épocas, el poder de seducir la mente humana. La seduciría tanto más cuanto que el sistema tuviera, como resultado inmediato, el aumento del orgullo humano en el culto del 'Hombre Deificado'."
>
> "En efecto, si ningún Ser Supremo distinto de la Naturaleza se impusiera a esta última por derecho de creación -si todas las cosas tuvieran en cierto modo una inteligencia o alma, y si Dios no fuera más que la suma de todas estas almas conscientes o inconscientes del Universo, existiría necesariamente una jerarquía entre estas almas de las cuales cada una sería una parte de Dios, pero que no podría contener a Dios más que de una manera muy desigual. El principio divino se encontraría distribuido en menor abundancia en una piedra que en un árbol, que vive, respira, crece y muere; en un árbol que en un animal, que piensa, percibe y actúa; en un animal que en un hombre que medita sobre el pasado y el futuro, resuelve el problema de la Naturaleza, corrige las imperfecciones de ésta por su trabajo e ingenio, y busca perfeccionarse indefinidamente. En la cúspide de la escala de los seres, el hombre, mucho más perfecto y más inteligente que cualquiera de los otros, absorbió evidentemente la mayor cantidad de la esencia divina de la que se compone el universo. Habiendo vaciado los cielos de todo ser superior a él, era en verdad Dios del Mundo, donde todos le eran aparentemente inferiores y subordinados."

En una nota a pie de página, el autor añade:

> "Aquellos de nuestros lectores que estén familiarizados con las obras de la Masonería Hermética reconocerán de

> inmediato las ideas favoritas de los pontífices de esa secta, ideas que han heredado de los alquimistas de la Edad Media, quienes las tenían de los judíos cabalistas. Lo mismo puede decirse del culto del "Hombre Deificado", que fue la base del Panteísmo Caldeo, y que siguió siendo la del Ocultismo, antiguo y moderno.
>
> "Ciertas tradiciones dan a Zoroastro, un profeta judío, como Maestro... Pero, por otra parte, el pensamiento caldeo actuó poderosamente sobre el judaísmo ortodoxo y determinó el crecimiento de una secta en su seno que iba a transformar a Israel... Esta secta fue la de los 'fariseos'... Lo que tomaron prestado (de los caldeos) de hecho ... era la esencia de la doctrina panteísta... Fue entonces que se formó de estos préstamos esa Cábala de los Fariseos que fue transmitida oralmente durante mucho tiempo de Maestro a discípulo, y que, 800 años más tarde, inspiraría la compilación del Talmud, y encontró su expresión más completa en el 'Sepher ha Zohar.'... Esta religión del 'Hombre Deificado', con la que fueron impregnados en Babilonia, sólo fue concebida en beneficio del judío, ser superior y predestinado.
>
> ... La promesa de dominación universal encontrada en la Ley por el judío ortodoxo no fue interpretada por los fariseos en el sentido del reinado del Dios de Moisés sobre las Naciones, sino en el sentido de una dominación material que sería impuesta por los judíos sobre el Universo. El Mesías esperado ... debía ser un Rey temporal, todo ensangrentado por la batalla, que haría a Israel dueño del mundo y pisotearía a todos los pueblos bajo la rueda de su carro".

¿No tenemos aquí la base de la enseñanza en todas estas Órdenes y grupos, místicos y ocultos, de la época actual - el culto de la fuerza vital, el I.A.O., el "Poder de la Serpiente", el éter que todo lo penetra? Y no tenemos también la clave de los judíos cabalistas, en estos fariseos de antaño y de hoy; estos llamados "Guardianes Divinos" que trabajan detrás y a través de estas Órdenes secretas, que profesan enseñar la doctrina de la deificación del adepto, pero que en verdad crean esclavos iluminados controlados por el judío cabalista, que pretende ser el "Hombre Deificado" -como dice M. Bernier, "el pueblo de Dios" en lugar del "Pueblo de Dios".

En el *Patriot*, del 7 de marzo de 1929, encontramos material interesante en relación con las Sociedades Secretas y la Revolución Francesa; dice:

> “En 1910 se publicó un libro muy notable, titulado *Marie-Antoinette et le Complot Maçonnique.*[2] Fue escrito por M. Louis-Dasté, un historiador erudito, que había pasado mucho tiempo examinando documentos publicados e inéditos que arrojaban luz sobre el papel desempeñado por las sociedades secretas en la preparación de la Revolución Francesa... Los extractos muestran, entre otras cosas, cómo las ideas anticristianas y revolucionarias circulaban por organismos aparentemente dedicados a educar al pueblo francés. Detrás de estos organismos estaba la masonería francesa, que era y es, a diferencia de nuestra masonería, anticristiana, política y revolucionaria.”

Citamos los siguientes extractos que muestran sus métodos:

> "A principios del siglo XVIII Francia seguía fervientemente apegada a sus tradiciones religiosas y políticas; a finales de ese siglo rompió -o más bien una influencia secreta la hizo romper- con todas ellas. ¿Cuál era esa influencia secreta? Era en todos los casos la influencia de la francmasonería... Durante más de medio siglo los francmasones habían estado, de hecho, preparando en secreto la mina cuya explosión en 1789 hizo naufragar a la vieja Francia... A partir de 1750 se crearon Sociedades de Lectura en la mayoría de las ciudades de Francia. Al igual que las Sociedades de Libre Pensamiento actuales, estaban bajo el control de los francmasones... Los miembros de estas sociedades que habían sido más fácilmente atrapados por el cebo masónico y que, además, poseían talento literario, fueron admitidos en grupos de un

[2] *Marie-Antoinette et le Complot Maçonnique*, Omnia Veritas Ltd, www.omnia-veritas.com.

> grado superior, las sociedades llamadas 'Académicas'.'... Al igual que las Sociedades de Lectura, las Sociedades Académicas estaban secretamente dirigidas por francmasones... que proporcionaban el dinero gastado bien en premios concedidos por panfletos anticristianos, bien en la impresión y publicación de los mismos... Finalmente, por encima de las Sociedades de Lectura y las Sociedades Académicas estaban las llamadas Sociedades de Acción, que no eran ni más ni menos que exteriorizaciones de Logias masónicas... El trabajo que las Sociedades de Lectura y las Sociedades Académicas hacían en conjunción con las Logias que las controlaban era tan mortal como simple. Bajo la influencia de estos grupos de masones y sus ayudantes, los católicos tibios se convirtieron gradualmente en incrédulos y, finalmente, en fanáticos anticristianos... La masonería infectó primero a los ministros del rey y a los altos funcionarios; después, a magistrados de todo tipo; por último, a la propia Iglesia de Francia... Gracias, pues, a su ignorancia del peligro masónico y a su semicomplicidad con el enemigo, los dos d'Argensons, Maurepas y St. Florentin permitieron a los francmasones del siglo XVIII destruir la monarquía cristiana de Francia..."

En la *Revue Internationale des Sociétés Secrètes* había un artículo sobre 'Revolución, Terror y Masonería', que explicaba la conexión de la Masonería del Gran Oriente con la Revolución Francesa y su objetivo actual de una 'República Mundial' - la Masonería Universal (ver Patriot, 16 de agosto de 1928).

> "En 1789 los crímenes revolucionarios fueron preparados por el Comité de Propaganda de la Logia *Les Amis réunis*, y el plan de 'El Terror' se debe a uno de sus miembros más influyentes, el masón jacobino Adrien Duport (quien al ser interrogado sobre su plan dijo)... "Ahora bien, sólo por medio del terror puede uno colocarse a la cabeza de una revolución de manera de gobernarla... Es necesario, pues, cualquiera que sea la repugnancia que se tenga, resignarse al sacrificio de algunas personas señaladas"."
>
> ... Se dieron instrucciones conformes al plan a los principales

> agentes del departamento de insurrecciones que ya estaba organizado, y al que Adrien Duport no era ajeno; la ejecución siguió rápidamente. La masacre de de Launay, de Flesselles, Foulon y Berthier, y sus cabezas exhibidas en picas, fueron los primeros efectos de esta conspiración filantrópica.
>
> "En 1922, el Orador de la Gran Logia (Francia) dijo: 'Mis hermanos masones, mi esperanza es que la Francmasonería, que tanto ha hecho por la emancipación de los hombres, y a la que la historia debe las revoluciones nacionales, sabrá también hacer esa más grande revolución, que será la Revolución Internacional''.

Hablando de la propaganda subersiva en aquella época, Arthur Young, en sus *Viajes por Francia e Italia* (Young, en París al comienzo de la Revolución Francesa, fue uno de los más agudos observadores del siglo XVIII) escribe (véase Patriot, 2 de febrero de 1928):

> "29 de junio de 1789. ¿Creerá la posteridad que mientras la Prensa ha pululado con producciones incendiarias que tienden a probar las bendiciones de la confusión teórica y el libertinaje especulativo, no se ha empleado a un solo escritor de talento para refutar y confundir las doctrinas de moda, ni se ha tenido el menor cuidado en difundir obras de otra complexión?"

¿No se aplica lo anterior igualmente a la actual "Revolución Mundial", urdida por la misma oculta y "formidable Secta"? ¿Cuántos se atreven o quieren publicar la verdad fundamental?

Estudiemos ahora los objetivos actuales de la Francmasonería del Gran Oriente como lo muestran sus propios registros. Es un cuerpo judeo-masónico, político y revolucionario, que trabaja por la Dominación Mundial.

En "*La Dictature de la Franc-Maçonnerie sur la France*", M. A. G. Michel expone algunas de estas maquinaciones:

"Es deber de la Francmasonería universal cooperar absolutamente con la Sociedad de Naciones para no tener que someterse más a las influencias interesadas de los Gobiernos" (Conv. Gran Oriente, 1923).

"Las principales tareas de la Sociedad de Naciones consisten en la organización de la paz, la abolición de la diplomacia secreta, la aplicación del derecho de los pueblos a la autodeterminación, el establecimiento de relaciones comerciales inspiradas en el principio del Libre Comercio, el reparto de las materias básicas, la reglamentación de los transportes, el restablecimiento de relaciones normales entre los aparatos nacionales y la creación de una nota Internacional; el desarrollo de una legislación internacional del trabajo , y especialmente la participación de una clase obrera organizada en los consejos internacionales; la difusión de una educación pacifista general basada especialmente en la extensión de una lengua internacional (¡el esperanto!); la creación de un espíritu europeo, de un patriotismo de la Sociedad de Naciones; en resumen, la formación de los Estados Unidos de Europa, o más bien de la Federación Mundial" (Convento de la Gran Logia de Francia, 1922).

"Afirma que esta Asamblea (Sociedad de Naciones) debe evolucionar en un sentido democrático y admitir rápidamente a representantes de todas las naciones; declara que el nuevo establecimiento debe asegurar la igualdad de las naciones; informa con satisfacción de la creación de una Oficina Internacional del Trabajo como órgano permanente de la Sociedad de Naciones". (Bula Convent. Off. Gran Logia de Francia, 1920).

"La Comisión exige que la Convención vote por unanimidad que, en toda clase de casos, la Sociedad de Naciones tendrá en adelante autoridad suprema para decidir entre los pueblos y los Gobiernos" (Convent. Gran Logia de Francia, 1923).

"Además, exige que la Sociedad de Naciones, para asegurar la ejecución de sus decisiones, sea dotada de una fuerza armada permanente puesta bajo su única autoridad, disminuyendo en tanto los diferentes ejércitos nacionales" (Conv. Gran Oriente, 1923).

"La Organización Federal de los Pueblos implica el establecimiento de un Sobre-Estado, o Estado supranacional, investido de tres poderes: ejecutivo, legislativo y judicial; es decir, que posea los tres órganos indispensables para toda sociedad constituida: un Gobierno, un Parlamento y un Tribunal de Justicia. El Tribunal de Justicia debe estar dotado de un código penal, un código civil y un código de procedimiento internacional. La autoridad internacional debe estar sancionada por un ejército o una policía internacional. Desarmar a los Estados separados y armar a la Federación de Estados Unidos, son dos fases de un mismo progreso" (Bula Off. Gran Logia de Francia, 1922).

"Estudios a través de la Sociedad de Naciones para crear un Banco Internacional basado en la movilización de la propiedad invertida (foncière), pública o privada" (Bull. Off. Gran Logia de Francia, 1922).

Conduciendo a un programa de Dictadura Masónica Universal:

I. *Política de Destrucción* (*Solve* de la Masonería Iluminada*)*: Destrucción de la Iglesia. Revolución.

II. *Reconstrucción de un nuevo régimen (Coagula* de la Masonería Iluminada): (a) Económico y social; (b) reforma financiera y fiscal; (c) socialización de los individuos.

III. *La Masonería Universal:* "Esta Revolución Internacional es para mañana la obra de la Masonería" (Convent. Gran Logia de Francia, 1922). "Tres Revoluciones: 1789, 1871, 19-" (Bull. Hebd. 1922).

La penetración del Gran Oriente en muchos grupos se explica en los siguientes extractos del mismo documento:

"La Masonería debe sentirse en todas partes, pero no debe

encontrarse en ninguna" (Conv. Gran Oriente, 1922).

"Estamos formando una gran Asociación, muda para el mundo exterior, cuyo único empeño será expresar ideas colectivamente e invadir el país con ellas... debemos esforzarnos seriamente para que nuestros pensamientos penetren en toda la masa... pero toda nuestra satisfacción vendrá de aquello que nuestras ideas hagan germinar" (Convent. Grand Orient, 1922).

"Es urgente una propaganda activa, para que la Francmasonería vuelva a ser la inspiradora, la soberana dueña de las ideas por medio de las cuales la democracia ha de ser llevada a la perfección... Influir en los elementos sociales difundiendo ampliamente la enseñanza recibida en el seno de la Institución" (Conv. Gran Oriente, I 922).

"Sociedades deportivas, Boy Scouts, círculos artísticos, grupos corales e instrumentales. Todas las organizaciones que atraen a la juventud republicana a trabajos de educación, física e intelectual. Hay tantos campos fértiles donde la propaganda masónica debería ejercerse más útilmente. Añádase a estos cursos para adultos, dondequiera que haya alguna posibilidad de que sean tomados y frecuentados, bibliotecas, etc.". (Convento. Gran Oriente, 1923)

"La Francmasonería no es exactamente internacional, es universal; es una sociedad no nacional, una sociedad de "humanidad", no una sociedad de fraternidad internacional, sino una sociedad de Fraternidad Universal" (Bula Off. Gran Logia de Francia, octubre de 1922).

El Gran Oriente fue fundado en 1772, se coaligó con el Gran Capítulo en 1786 y se convirtió en un organismo a la vez subversivo y peligroso. En 1789, como hemos visto, se iluminó justo antes de la Revolución. Se trata pues de una masonería esotérica iluminada, dominada en gran parte por judíos, y cuyo objetivo es el poder político. Su dios es el Principio Creador, y consideran a Dios Creador como un mito. Por otro lado, los masones británicos son exotéricos, apolíticos y filantrópicos, y creen en Dios como el Gran Arquitecto del Universo. Por estas razones, en marzo de 1878 rompieron relaciones con el Gran Oriente.

Muchas de estas sociedades secretas y pseudo-públicas, de las que se hablará más adelante, están afiliadas directa o indirectamente al Gran Oriente y son, como se verá, subversivas.

Cualquiera que haya considerado el asunto debe darse cuenta de que ningún movimiento como la actual Revolución Mundial, con todas sus complejidades, podría alcanzar las proporciones que evidentemente ha alcanzado a menos que hubiera un medio de cohesión y una poderosa mente central que dirigiera el conjunto. Lo que el difunto obispo de Dijon ha dicho de los judíos en su libro *Les Pharisiens d'autrefois à Ceux d'aujourd'hui,* bien podría decirse del movimiento mencionado. Él escribe:

> "Pero, para que estas colonias de judíos, tan dispersas como están entre razas tan diferentes, bajo un gobierno tan disímil, enterradas entre masas hostiles y sin ningún vínculo aparente, hayan logrado, sin embargo, conservar sus características originales, siempre los mismos ideales, en todas partes la misma mentalidad, las mismas ideas, una similitud perfecta, es indispensable que tengan algún vínculo unificador invisible, una mente común, una cabeza, en una palabra un gobierno central, y ese gobierno sólo puede ser un gobierno oculto."

En una nota a pie de página del mismo libro, y hablando de la masonería del Gran Oriente, dice:

> "En las Logias las discusiones no tienen por objeto llegar a la verdad, sino que su objetivo es la acción. Lo que importa no es una opinión conexa y real que corresponda a las convicciones de cada uno en su conjunto, sino una opinión colectiva y practicada, resultado de un entendimiento preestablecido para un fin interesado. No la buscan mediante el estudio como los filósofos; la sugieren y la imponen... No

> se obliga a entrar en la masonería, pero una vez dentro, el adepto debe asumir el espíritu de la masonería: es la "iniciación". Se proponen infundírselo para orientarle. Pero si cada masón es orientado personalmente, también lo es cada grupo, sin saberlo, por los grupos superiores, de tal manera que, debido a la imposibilidad de ver lo que les conduce o hacia dónde les conducen, se creen libres, mientras que en realidad están orientados o dirigidos por ese '*Mysterieux Moteur Central,* conocido sólo por nosotros' dice el autor de ese extraño libro *El Peligro Judío.*"

El mismo sistema secreto se encontrará en todas las sociedades secretas iluminadas de hoy en día, que son todas gobernadas y dirigidas por algún misterioso centro oculto. Hablando de su propio sistema, Weishaupt dice que forma sus filas "de hombres que se someterían a ser guiados ciegamente hacia adelante por directores invisibles". El dice:

> "Hay que demostrar lo fácil que sería para una cabeza inteligente dirigir a cientos y miles de hombres. Tengo dos inmediatamente debajo de mí en los que inspiro todo mi espíritu, y cada uno de estos dos tiene de nuevo otros dos, y así sucesivamente. De esta manera puedo poner en movimiento y en llamas a mil hombres de la manera más sencilla, y de esta manera hay que impartir órdenes y operar en política" (*Mrs. Webster, Secret Societies and Subversive Movements*).

Este es el sistema de Weishaupt, pero ¿qué hay del misterioso poder central?

No es el propósito de este libro probar o refutar "los Protocolos de los Sabios de Sión", que han sido declarados de manera poco convincente por Philip Graves, en *The Times* del 16-18 de agosto de 1921, y de nuevo en 1923 en su libro *Palestine the Land of Three Faiths,* como plagiados en partes del panfleto revolucionario de Maurice Joly, *Dialogues aux Enfers* y en parte suministrados por la Okhrana o policía secreta zarista. Lo que nos interesa, sin embargo, es que el Sr. Graves admite que las mismas ideas y métodos expresados en los Protocolos y en el mencionado panfleto subyacen en todas las revoluciones: "Los terroristas franceses, los Napoleones, los jefes turcos del Comité de Progreso y Unión, Lenin y sus seguidores". Y de los judíos dice:

> "¿No explican suficientemente estos hechos por qué los judíos orientales han sido en gran medida la fuerza motriz de la revolución bolchevique rusa, intensificando su fanática amargura contra el zar, la Iglesia y el capital, pero suministrándole mayor poder cerebral, mayor continuidad de política y persistencia, de lo que podía encontrarse entre las masas rusas o entre la fracción comunista de la intelectualidad."

Aquí y allá citamos estos Protocolos, comparándolos con el trabajo de estas muchas sociedades secretas únicamente para mostrar que estas mismas ideas y métodos revolucionarios todavía subyacen en los principios de estos movimientos secretos e indudablemente subversivos dominados por judíos de hoy en día.

CAPÍTULO II

ORIENTADO POR LA JUDERIA

ANTES de proseguir con los resultados de nuestras investigaciones sobre algunos de los cultos y sociedades más mágicos y peligrosos de la actualidad, las conclusiones a las que llegó un erudito ocultista francés pueden ser de interés, ya que apoyan y complementan algunos de nuestros puntos.

Pero primero explicaremos que el ocultismo es el conocimiento y uso del doble sexo o fuerzas creativas ocultas en toda la Naturaleza, y la Cábala judía, basada en estas mismas leyes secretas, es uno de los sistemas más eruditos y poderosos para obtener el control sobre la Naturaleza y sobre la mente y las acciones del hombre, poniendo en juego y pervirtiendo estas fuerzas con el fin de obtener poder y dominio. Es la polaridad y un método sutil de sugestión. *La Revue Internationale des Sociétés Secrètes lleva* algún tiempo investigando y sacando a la luz el origen milenario y el poder oculto de estas sociedades secretas, con la esperanza de ayudar también a otros investigadores y proporcionar una selección de armas a aquellos que ya están luchando paso a paso contra la judeo-masonería contemporánea. El Sr. Henri de Guillebert, "especialista de primer orden en estas cuestiones", ha tomado parte destacada en estas investigaciones. Damos algunos extractos de sus artículos, "Estudios de Ocultismo":

> "Generalmente se niega la importancia del papel desempeñado por las sociedades secretas en la evolución religiosa, social, económica y política... No hay rastro en la

historia de los pueblos de ningún intento internacional de determinar el origen, las vicisitudes, el objetivo, las reivindicaciones, la doctrina y la disciplina de las sectas, consideradas ya no como fenómenos aislados, sino como una organización permanente, así monstruosa y sólidamente formada por una multitud de partes separadas. Es, pues, hasta cierto punto una novedad mostrar la acción del ocultismo sobre los hombres en sus fases sucesivas, estableciendo lishing qué son las sociedades secretas; cómo están ligadas entre sí en el tiempo y en el espacio; de dónde vienen y a dónde quieren conducir a los hombres; quién las constituye y quién las dirige... En nuestra época el ocultismo no puede ser ya más que una realidad material y humana, un problema a resolver por los métodos reconocidos de la crítica, una obra analizable por medio de investigaciones, capaz de desenmascarar las sociedades secretas en su conjunto. Observar, analizar, clasificar y comparar todas las sectas es un trabajo puramente científico...

"*Judeomasonería.* - Este término puede utilizarse, haciendo todas las reservas en cuanto a su exactitud, para designar la organización compuesta de judíos cabalistas y de sociedades secretas, consideradas ya no como fenómenos aislados en el tiempo y en el espacio, sino como un todo, que tienen una doctrina y una disciplina comunes, un objetivo y métodos comunes... El método empleado consiste siempre en la perversión de las tradiciones e instituciones del cristianismo, conformándolas a las creencias y organizaciones inspiradas por el ocultismo... La destrucción de la familia, de la patria, de la autoridad y de la Iglesia no es para el ocultismo más que un medio... El principio de la minoría enseñante no consiste únicamente en ocultar al adepto el conocimiento de los misterios, sino también en repartir sus enseñanzas entre torcer la mentalidad y pervertir a los hombres de tal modo que se destruyan todos los obstáculos que se opongan a la instauración de su dominio sobre el mundo, y establecer su tiranía sobre una tierra liberada de todas las instituciones eclesiásticas. ... El objetivo final es la entronización del llamado rey del mundo, poniendo la autoridad universal, por medio de incautos subordinados, en manos de los Grandes

Maestros - todos judíos; la sujeción de todos los pueblos a estos hombres, monopolizando los cargos sociales, la transformación del hombre en un animal doméstico, la explotación de las masas por el judío, una vez suprimidas las cabezas del control cristiano.

"La revolución actual es el fin real. Es la consumación, por una formidable convergencia de esfuerzos realizados en todas partes y al mismo tiempo, de una conspiración permanente, que fracasó, fue retomada, y perseguida con una tenacidad terrible, y con una habilidad cada vez mayor adquirida a través de largos siglos de experiencia. Su objetivo, para siempre inaccesible, sería la dominación final de todos los pueblos por el pueblo-dios, siendo todas las religiones esotéricas sólo formas etnológicas de la Cábala, formas transitorias de las que el judaísmo vencedor debía deshacerse... La única fuerza de cohesión judía reside en la sumisión de sus comunidades dispersas a la supremacía religiosa de un Patriarcado, cuya sede social, en constante cambio, permanece desconocida para los profanos.

"El judío se considera a sí mismo como el sol de la humanidad, el macho, frente al cual los demás pueblos no son más que la hembra, que manifiesta y asegura la llegada de la era mesiánica. Para realizar esta manifestación sociológica, el judío extiende orgánicamente su influencia por medio de sociedades secretas, creadas por él para difundir por todas partes su fuerza iniciadora... (esperando realizar) la 'República Universal' controlada por el dios de la Humanidad, el judío de la Cábala... El esfuerzo principal de estas sociedades secretas es reunir en sus planes las tradiciones religiosas de todos los pueblos.

"*Teurgia* - La teurgia tiene por objeto condensar en el teúrgo la materia vital, por métodos, en lugares y con fines distintos de los posibles por las limitaciones de los órganos. Tiene como resultado la producción de "grandes fenómenos", fenómenos sobrehumanos, es decir, más allá de los poderes de la humanidad ordinaria. La realización de "grandes fenómenos" asegura la multiplicación de adeptos y la

> glorificación de los iniciados. La teurgia sitúa al "adivino" (vidente) por encima de la humanidad, en un estado de liberación que se aproxima a lo "divino". También para alcanzar este fin, el teúrgo no retrocede ante ningún método que le permita liberar, en su provecho, la materia vital de la que tiene necesidad para producir estos "grandes fenómenos"... Los teúrgos se atribuyen relaciones sorprendentes, que pretenden poder establecer con los fenómenos del universo poniendo en movimiento un "fluido" sin cuya existencia reconocen que sus procedimientos no serían más que malabarismos... Afirman tener el poder de cargarse de este fluido y de proyectarlo a voluntad sobre organismos menos fuertemente cargados que ellos, y de ponerse así en un estado físico y fisiológico de condensador y distribuidor de la energía natural, haciéndose capaces de aturdir y dominar por medio de intercambios fluídicos reivindicados" (control hipnótico tal como se practica en estas órdenes).

Es la fuerza de la que se habla en los "Protocolos":

> "Damos muerte a los masones... todos mueren cuando es necesario, aparentemente de muerte natural".

El célebre ocultista y cabalista "Papus", en su libro sobre *Magia Práctica*, da la siguiente explicación sencilla de la magia: "Un vehículo, un caballo y un conductor, esto es toda la magia si uno supiera mirarla". Dice que el conductor no puede poner en movimiento el vehículo sin un motor, que es el caballo, que al mismo tiempo es más fuerte que el conductor, pero éste controla y utiliza la fuerza bruta por medio de las riendas. El conductor representa la inteligencia y sobre todo la voluntad que gobierna todo el sistema - es el "Principio Director". El vehículo representa la materia, que está inactiva y que es el "Principio Pasivo". El caballo representa la "Fuerza", obediente al conductor, y actuando sobre el vehículo el caballo mueve todo el sistema; él es el "Principio Activo", y al mismo tiempo el intermediario entre el vehículo y el conductor, el "eslabón" que une la base material y aquello que la dirige, es decir, entre la materia y la voluntad.

En la magia práctica el conductor es la voluntad humana, el caballo la "Fuerza Vital", ese dinamismo llevado por la sangre a todos los órganos y al propio cerebro. El vehículo es nuestro cuerpo, el conductor nuestra voluntad, y las riendas el sistema nervioso. La mente no puede actuar directamente sobre la materia, actúa sobre el intermediario, que a su vez reacciona sobre la materia; este intermediario es el plano astral, la fuerza vital en la naturaleza y en el hombre, la que modifica continuamente la materia. Esta fuerza vital orgánica del hombre puede ser proyectada por él y actuar a distancia: y ésta es la fuerza hiperfísica utilizada en la curación magnética y en el control hipnótico. Como dijo Papus: "Entre los antiguos la magia podía definirse como la aplicación de la voluntad a las fuerzas de la naturaleza, pues el estudiante aprendía a controlar el calor, la luz y la electricidad". Siempre son las dos fuerzas contendientes unidas por una tercera que produce la manifestación.

Todas estas numerosas sociedades ocultas secretas y pseudo-públicas -ya sean masones esotéricos, rosacruces, Illuminati, o simplemente se autodenominen Hermanos Universales- están, creemos, consciente o inconscientemente, vinculadas con el Grupo Central que actúa detrás de la Tercera Internacional de Moscú. Muchas de estas órdenes parecen exteriormente antagónicas entre sí, y cada una, de hecho, parecería creer que ella y sólo ella conoce TODA LA VERDAD. El arte de esto radica en que los miembros que se separan por diversas razones buscan casi inevitablemente otra, preferentemente opuesta a la que han abandonado. Estos grupos y órdenes son variados, para atraer a los muchos y diferentes tipos de humanidad. Muchos de ellos, si no todos, trabajan nominalmente para "el Servicio de la Humanidad", pero esto parece haberse resuelto en el servicio y los derechos de los llamados trabajadores del mundo, y, aunque se dice que su consigna es el Amor y la Unidad, parece significar odio de clases.

La *Gran Logia Blanca* es aparentemente el centro de instrucción , y muchos están buscando un "Mesías", ya sea un Cristo o Christian Rosenkreutz. Para nosotros esto significa la dominación invisible del mundo por medio de marionetas iluminadas o herramientas - Portadores de Luz como se les llama en algunas de estas Órdenes Herméticas. Es sin duda la misma organización secreta que antes y en una escala menos ambiciosa trabajó detrás de las revoluciones francesas, los levantamientos balcánicos, e incluso el levantamiento de los lolardos en nuestro propio país, todos los cuales no eran más que experimentos en preparación para la Gran Revolución Mundial de hoy. Este movimiento secreto es una plaga generada en las bóvedas ocultas y lugares subterráneos del mundo, que sólo sube a la superficie cuando la hora de la consumación parece acercarse. ¿Quién puede decir dónde comienza y dónde termina esta plaga, y quién es inmune a su mortal mancha?

El iluminismo o el llamado desarrollo espiritual es, creemos, la clave del movimiento, y el vínculo que une a toda la organización, y todos y cada uno de estos diversos grupos no son más que cuerpos construidos con el propósito de preparar instrumentos, y los métodos para llegar a esta condición son brevemente estos:

I. *Orientación.* - Dirección del pensamiento. por medio de meditaciones seleccionadas sobre escritos que se dice fueron inspirados por estos Maestros de la Gran Logia Blanca.

2. *Polarización.* - Dirección de las corrientes de las fuerzas sexuales duales mediante el pensamiento y la fuerza de voluntad, uniéndolas con las fuerzas dirigidas por estos Maestros desde el exterior. 3. Vibraciones recíprocas - la acción de una mente sobre otra.

3. *Iluminación.* - Iluminismo por medio de la luz astral; producido y llevado a la obsesión hipnótica por estos mismos Maestros.

Citando *La Gran Obra*, una publicación del Movimiento Sadol, en California: "En verdad, es ese principio de la Naturaleza que impulsa a toda entidad a buscar la correspondencia vibratoria con otra entidad semejante de polaridad opuesta". En la misma obra se nos dice que, análogamente a un agricultor que hace pasar una corriente eléctrica a través de la tierra, en la raíz del tallo, de tal manera que toca los procesos vitales, multiplicando así su actividad e intensidad, así,

> "a través de edades de experimentación y estudio, la Escuela de Ciencias Naturales (Logia Blanca) ha forjado y descubierto un método definido y científico por el cual el estudiante inteligente puede complementar, facilitar e intensificar el proceso por el cual la Naturaleza evoluciona y despliega las facultades, capacidades y poderes espirituales y psíquicos de los hombres..."

Se trata simplemente de un sistema apresurado que produce iluminismo y conduce a todo tipo de resultados desequilibrados.

Estas órdenes culminan casi invariablemente en comunicaciones, enseñanzas e instrucciones de estos maestros o supuestos seres espirituales - este Grupo Central de ocultistas y magos negros que, sin duda, por sus muchos "experimentos" sobre la humanidad desprevenida, han adquirido un conocimiento profundísimo de estas leyes ocultas de la naturaleza. ¿Quién puede poner un límite a los poderes del cuerpo humano, su cerebro y su sistema nervioso, como mecanismo de recepción y transmisión de estas fuerzas misteriosas tan poco comprendidas?

Además, este libro nos dice:

> "Con un ajuste natural de las relaciones económicas, sociológicas y étnicas, la oportunidad llegará a todos los que estén preparados y dispuestos a desarrollar sus poderes espirituales y psíquicos por igual con los físicos... La solución ya ha sido forjada por la Gran Escuela y cuando llegue el momento oportuno, será dada al mundo a través de canales que aseguren su reconocimiento y adopción."

A continuación estudiaremos los hechos y dichos de algunos de estos "canales" iluminados y subversivos.

LA SOCIEDAD TEOSÓFICA

En *Le Théosophisme René* Guenon da mucha información bien documentada sobre la Sociedad Teosófica, mostrando su crecimiento gradual hasta convertirse en un instrumento en manos de algún "Gobierno interno del Mundo", un Poder Invisible.

Mme. Blavatsky, la verdadera fundadora, nació en Ekaterinoslav en 1831. En sus primeros y extraordinarios vagabundeos por , aparentemente cayó bajo la influencia y las enseñanzas de Paulos Metamon, un mago o prestidigitador; del revolucionario Joseph Mazzini y los Carbonari; de Michel, un albañil, mesmerista y espiritista, que desarrolló sus poderes mediúmnicos. Estas influencias probablemente explicaron no poco sus "fenómenos".

El 20 de octubre de 1875, se fundó una sociedad en Nueva York, que se decía era para "investigaciones espiritistas"; Olcott era Presidente, Felt y el Dr. Seth Pancoast Vicepresidentes, y Mme. Blavatsky Secretaria. Entre otros miembros se encontraban William Q. Judge, Charles Sotheran, uno de los altos dignatarios de la Masonería Americana, también por un corto tiempo el General Albert Pike, Gran Maestro del Rito Escocés para la Jurisdicción Sur U.S.A., de quien se decía era autor de los rituales de los treinta y tres grados - recibidos del miembro árabe de la "Gran Escuela".

Se nos dice además que George Felt, Vicepresidente, se dio a conocer como Profesor de Matemáticas y Egiptología, y "era miembro de una sociedad secreta usualmente llamada por los iniciados 'H.B. de L' (Hermandad Hermética de Luxor)... ahora esta sociedad... se opone oficialmente a las teorías espiritistas, *pues enseña que estos fenómenos no se deben a espíritus de los muertos, sino a ciertas fuerzas dirigidas por hombres vivos*". Se dice que Felt persuadió a Mme. Blavatsky y a Olcott para que se asociaran a la H.B. de L. El 17 de noviembre de 1875 se cambió el nombre de la sociedad por el de "Sociedad Teosófica", aunque Felt hubiera preferido el de "Sociedad Egiptológica". Poco después Felt desapareció repentinamente. Como observa René Guénon, "¡sin duda su misión estaba cumplida!".

En noviembre de 1878, Mme. Blavatsky y Olcott partieron para la India, y en 1882 fundaron el centro teosófico de Adyar, cerca de Madrás; allí inició su "sección esotérica" y contactó con los llamados 'Mahatmas', y sus fenómenos fantasmáticos se multiplicaron prodigiosamente. Estos "fenómenos", cartas precipitadas, campanas astrales, materializaciones, etc., fueron con el tiempo sospechados y puestos al descubierto. El asunto fue tratado por la "Society for Psychical Re search", que en diciembre de 1885 la calificó de "una de las impostoras más consumadas, más ingeniosas y más interesantes". Ella misma afirmaba la necesidad de tales fenómenos para mantener su dominio sobre algunos de los miembros, y en ciertos círculos teosóficos contribuían en gran parte a mantener viva la sociedad y a sus jefes.

En conclusión, René Guénon resume:

> "De todo lo que hemos expuesto, es legítimo concluir que Mme. Blavatsky fue ante todo un 'sujeto' o instrumento en manos de individuos o grupos ocultistas que se refugiaban detrás de su personalidad, ¡así como otros fueron a su vez instrumentos en sus manos! Esto explica sus imposturas, sin excusarlas, y aquellos que creen que ella inventó todo por sí misma y por iniciativa propia están casi tan equivocados como aquellos que, por el contrario, creen en lo que ella dijo respecto a sus relaciones con pretendidos 'Mahatmas'".

Fue después de esto, en 1887, cuando compiló y publicó su *Doctrina Secreta,* que sigue siendo el libro de libros para muchos teósofos. Esta exposición, hasta cierto punto, quebró a Mme. Blavatsky, pero no quebró a la Sociedad Teosófica. Hubo muchas renuncias, y algunas logias, como la "Isis", en París, de la cual Papus era miembro, cerró sólo para ser reformada bajo otro nombre. Papus y algunos de su escuela, Martinistas e Iluministas, siguieron siendo miembros hasta 1890, cuando renunciaron o, como se dijo, fueron expulsados acusados de "magia negra."

La Sra. Besant fue presentada a Mme. Blavatsky en 1889 por el socialista Herbert Burrows (quien también era miembro de la Stella Matutina), e inmediatamente sucumbió al irresistible magnetismo y formidable poder de sugestión de Mme. Blavatsky. Mme. Blavatsky murió en Londres el 8 de mayo de 1891. La Sra. Besant fue elegida Presidenta en 1907. Desde 1910 hasta su consumación uno de sus principales trabajos, asistida por Leadbeater, fue entrenar a Krishnamurti como Mesías, o como él prefería ser llamado, "Instructor del Mundo." El 19 de febrero 1922, se celebró en el Gran Templo del Droit Hutnain de París una alianza entre la Masonería de la Sra. Besant y el Gran Oriente de Francia. Su trabajo actual es totalmente político y subversivo, "construir la India en una poderosa comunidad autónoma". Pero de sus actividades políticas se hablará más adelante.

Charles Sotheran, el albañil americano antes mencionado, escribió a Mme. Blavatsky, el II de enero de 1877.

> "En el siglo pasado los Illuminati enseñaron "paz con el cotarro, guerra con el palacio" a lo largo y ancho de Europa. En el siglo pasado los Estados Unidos fueron liberados de la tiranía de la madre patria por la acción de las Sociedades Secretas más de lo que comúnmente se imagina."

La Sra. Besant escribió en *India Bond or Free*, septiembre de 1926:

> "Realmente, el despertar de la India es... ¡parte del Movimiento Mundial hacia la Democracia, que comenzó para Occidente en la revuelta de las Colonias Americanas contra el dominio de Gran Bretaña, terminando en 1776 en la independencia de la Gran República de Occidente, y en la Revolución Francesa de 1789!"

Citando de nuevo a *Le Théosophisme*, encontramos mucha información curiosa sobre la producción de este esperado futuro "Mesías". René Guénon escribe:

"Aquí encontramos el método por el cual, según los teósofos, se produce la manifestación de un "Gran Maestro", o incluso a veces la de un "Maestro" de menor importancia; para ahorrar a tal ser "evolucionado" la molestia de prepararse un "vehículo", pasando por todas las fases del desarrollo físico ordinario, es necesario que un "iniciado" o "discípulo" preste su cuerpo cuando, después de haber sido especialmente preparado por ciertas pruebas, se haga digno de este honor. Sería a partir de ese momento cuando el "Maestro", haciendo uso de su cuerpo como si fuera el suyo propio, hablaría por su boca para enseñar la "religión de la Sabiduría"... Hay que añadir que los "Maestros" vivos pueden, de manera similar, hacer uso ocasional del cuerpo de un discípulo... El "Maestro" sólo podría entrar, como dice Leadbeater, "cuando este cuerpo estuviera debilitado por largas austeridades"."... El Gran Jefe del departamento de instrucción religiosa, dijo Leadbeater, el Señor Maitreya, que ya ha enseñado a los hindúes como Krishna y a los cristianos como Cristo, ha declarado que pronto volverá al mundo para traer curación y ayuda a las naciones, y para revivir la espiritualidad (psíquica), que la tierra casi ha perdido... Uno de los mayores trabajos de la Sociedad Teosófica es hacer todo lo que esté en su poder para preparar a los hombres para su venida... Un solo precursor anunciaba su venida antiguamente; ahora es una sociedad de 20.000 miembros esparcidos por toda la tierra la que tiene encomendada esta tarea" (*El Ocultismo en la Naturaleza*).

"Tal es, pues, la tarea que asignan hoy a la Sociedad Teosófica, que la Sra. Besant declaró hace años que había sido elegida... 'para ser el vínculo puro y bendito (etérico) entre los de arriba y los de abajo'" (*Introducción a la Teosofía*).

"El papel que la Sociedad Teosófica se atribuye no se limita a anunciar la venida del 'Gran Maestro'; también tiene que encontrar y preparar... al 'discípulo' elegido en el que se encarnará cuando llegue el momento. A decir verdad, el cumplimiento de esta misión no ha estado exento de fracasos; hubo al menos un primer intento que fracasó lastimosamente... Fue en Londres, donde existía una especie de comunidad teosófica en St. John's Wood. Allí educaron a un niño, de aspecto enfermizo y no muy inteligente, pero cuya menor palabra era escuchada con respeto y admiración, porque no era otro, al parecer, que "Pitágoras reencarnado"... Algún tiempo después, el padre de este niño, un capitán retirado del ejército británico, retiró repentinamente a su hijo de las manos del Sr. Leadbeater, a quien se había encargado especialmente su educación (Soleil, I de agosto de 1913). Debe haber habido alguna amenaza de escándalo sobre esto, porque el Sr. Leadbeater fue excluido en 1906 de la Sociedad Teosófica por razones sobre las cuales se guardó un discreto silencio... Sólo más tarde se dio a conocer una carta escrita por la Sra. Besant, en la que habla de métodos, 'dignos de la más severa reprobación' (*Theosophical* Voice, de Chicago, mayo de 1908). Reincorporado, sin embargo, en 1908, después de "haber prometido no repetir estos peligrosos consejos" (*Theosophist*, febrero de 1908) previamente dados a muchachos jóvenes, y reconciliado con la Sra. Besant, en cuya constante colaboradora se convirtió en Adyar, el Sr. Leadbeater jugó de nuevo el papel principal en el segundo asunto, mucho más conocido, y que tuvo casi el mismo desenlace...

"En 1911 el Dr. J. M.Nair ya había publicado en su Revista médica (*Antiséptico*) un artículo muy cáustico contra la Teosofía, y no dudó claramente en acusar al Sr. Leadbeater de inmoralidad. Como consecuencia de estos ataques, y después de un considerable tiempo de reflexión, en diciembre de 1912 se presentaron tres demandas contra el Dr. Nair, el Dr. Râma Rao y el Editor del *Hindu*. Los tres fueron perdidos por la Sociedad y su presidente... Todo esto terminó por disgustar al padre de Krishnamurti y Nityânanda... Exigió ante el Tribunal Superior de Madrás que le devolvieran a sus hijos. Al dictar sentencia a favor del padre, el juez Bakewell dijo: "El Sr. Leadbeater está de acuerdo en su declaración en que ha tenido y sigue teniendo opiniones que sólo puedo especificar en como incuestionablemente inmorales y de una naturaleza que le descalifica por completo como tutor de muchachos jóvenes..." (*El pleito de Madrás*).

Después de un llamamiento infructuoso en Madrás, la Sra. Besant tuvo éxito en Londres, el 5 de mayo de 1914. Así vimos a Krishnamurti en 1926, el año señalado, ¡presentado por esta sociedad como el Instructor Mundial o Nuevo Mesías!

En cuanto a los grupos auxiliares, volvemos a citar a René Guénon:

> "... Por el momento deseamos señalar sólo algunos de estos grupos auxiliares (de la Sociedad Teosófica), y en primer lugar "La Orden del Sol Naciente", organizada en Benarés por Mr. Arundale, convertida posteriormente, el II de enero de 1911, en la "Orden Independiente de la Estrella en Oriente", con Alcyone (seudónimo astrológico de Krishnamurti) como jefe nominal y Mrs. Besant como 'Protectora', 'con el fin de agrupar a todos aquellos que, dentro o fuera de la Sociedad Teosófica, creían en la venida del Supremo Instructor Mundial'. Se esperaba 'que sus miembros pudieran hacer algo en el plano físico para preparar a la opinión pública para la idea de esta venida, creando una atmósfera de simpatía y reverencia, y que pudieran, uniéndose, formar un instrumento en los planos superiores que el Maestro pudiera utilizar'. Esta Orden 'no excluye a nadie y recibe a todos los que, cualquiera que sea la forma de sus creencias, comparten la esperanza común'; la aceptación de los siguientes principios es todo lo que se necesita para ser admitido:
>
> 1. Creemos que pronto aparecerá en el mundo un gran Maestro, y deseamos vivir así ahora para ser dignos de conocerle cuando venga.
>
> 2. Trataremos, pues, de tenerle siempre presente y de hacer en su nombre, y por tanto lo mejor que podamos, todo el trabajo que se nos presente en nuestras ocupaciones diarias.
>
> 3. En la medida en que nos lo permitan nuestros deberes ordinarios, procuraremos dedicar cada día una parte de nuestro tiempo a alguna obra concreta que pueda contribuir a

preparar su venida.

4. Trataremos de hacer de la Devoción, la Constancia y la Gentlenes; características prominentes de nuestra vida diaria.

5.-Intentaremos comenzar y terminar cada día con un breve período dedicado a pedir Su bendición sobre todo lo que intentamos hacer por Él y por Su Nombre.

6. Consideramos como nuestro deber especial tratar de reconocer y reverenciar la grandeza en quienquiera que se muestre, y esforzarnos por cooperar, en la medida de nuestras posibilidades, con aquellos que sentimos como espiritualmente nuestros superiores."

Con respecto a las conexiones de la Orden con la Sociedad Teosófica, esto es lo que el Sr. Leadbeater dijo en presencia de Alcyone, en una reunión de la sección italiana en Génova: "Mientras que la Sociedad Teosófica *exige el* reconocimiento de la hermandad de la humanidad, la 'Orden de la Estrella en el Este' *exige la* creencia en la venida de un Gran Maestro y la sumisión a sus seis principios. Aparte de eso, los principios y preceptos de la Orden pueden ser admitidos sin aceptar todas las enseñanzas de la Sociedad Teosófica. La iniciación de la Orden nos ha mostrado que, en todo el mundo, hay personas que esperan la venida del Maestro, y gracias a ella es posible agruparlas... El trabajo de la Orden y el de la Sociedad Teosófica son idénticos: ampliar las ideas de los cristianos y de los que creen que no hay salvación fuera de su pequeña Iglesia; enseñar que todos los hombres pueden salvarse... Para un gran número de entre nosotros la venida de un gran Maestro es sólo una creencia, pero para otros es una certeza. Para muchos el Señor Maitreya es sólo un nombre, aunque es un gran ser para algunos de nosotros que lo han visto y oído a menudo" *(Le Théosophie*, 16 de octubre de 1912).

"Un poco más tarde estas declaraciones fueron contradichas en ciertos puntos por el Sr. Arundale afirmando en nombre de Alcyone que la 'Orden no indica quién es el Maestro

> Supremo para cuya venida fue fundada'; que ningún miembro tenía derecho a decir, por ejemplo, que la Orden esperaba la venida de Cristo o del Señor Maitreya,' y que sería perjudicial para los intereses de la Orden y los de la Sociedad Teosófica considerar los objetivos de estas dos organizaciones como idénticos" (*The Daybreak,* agosto de 1913).

Sin embargo, en un pequeño panfleto llamado *La Profecía de la* Sra. *Besant,* una conferencia, dada por R. F. Horton, D. D., el 6 de agosto de 1911, y publicada por la "Orden de la Estrella en el Este", él (Dr. Horton), además de citar los seis principios, dice, hablando de la profecía de la Sra. Besant concerniente al Instructor Mundial:

> "Pero aunque no intenta determinar dónde aparecerá el Maestro del Mundo, ni en qué condiciones. No deja a su audiencia ninguna duda sobre quién será ese Maestro del Mundo. En los términos más explícitos ella dice que Él es Aquel a quien nosotros los cristianos conocemos como Cristo... y Aquel que fue Cristo conocido como el Señor del Amor... y no hay duda en su mente que el gran Maestro Mundial que viene es también el mismo Señor del Amor".

Nada parece más definitivo y a la vez contradictorio con la declaración del Sr. Arundale citada anteriormente.

René Guénon continúa:

> "Volvemos a leer en otra parte que "si algunos miembros creen que el Instructor del Mundo se servirá de tal o cual cuerpo es sólo su opinión personal, y no la creencia a la que se adhieren los demás miembros". Es probable que hubiera sido de otro modo si las cosas hubieran ido mejor. En cualquier caso, he aquí un ejemplo muy claro de la manera en que los jefes teosóficos saben plegarse a las circunstancias y modificar, para adaptarse a la ocasión, las apariencias a fin de permitirles penetrar en círculos variados y reclutar en ellos auxiliares para realizar sus planes."

Otra vez:

> "En el momento de su primera visita a París (regresó en mayo de 1914) Alcyone tenía dieciséis años; ya había escrito, o al menos habían publicado con su nombre, un librito titulado *A los pies del Maestro*, por el que los teósofos han mostrado la mayor admiración, aunque apenas era más que una colección de preceptos morales sin mucha originalidad."

Estos preceptos morales son comunes a todas las órdenes iluminadas, en las que el "vehículo", una vez preparado, debe apartarse, soltándose de la vida material, viviendo en el ideal, más a menudo falso, buscando la auto-abrogación y el enmudecimiento de la personalidad, para que el Maestro, así llamado, pueda tomar posesión, como en el caso de Krishnamurti.

Hablando de todos los movimientos neoespiritualistas René Guénon escribe en *su Introducción al estudio de las doctrinas hindúes, 1921*:

> "Para los que no se fían de las apariencias habría que hacer algunas observaciones muy curiosas y muy instructivas, allí como en otros dominios, sobre la ventaja que se puede sacar a veces del desorden y de la incoherencia, o de lo que parece ser tal, *con vistas a la realización de un plan bien definido y desconocido por todos los que son sus instrumentos más o menos inconscientes. Se trata en cierto modo de medios políticos, pero la política es más bien* especial*…"*

Continuando en *Le Théosophisme*, René Guénon dice:

> "Se han creado organizaciones tan adaptadas como para llegar a cada uno de los círculos deseados... También hay algunas que se aplican especialmente a los jóvenes e incluso a los niños. Así, junto a la "Estrella en Oriente", se fundó otra asociación llamada los 'Servidores de la Estrella', teniendo como 'protector' a Krishnamurti y como jefe a Nityânanda (el joven hermano de Krishnamurti, que murió el 13 de noviembre de 1925, cuando se dirigía a la India); 'Todos los

miembros de esta Orden, excepto los miembros honorarios, deben ser menores de veintiún años, y el niño más joven que desee servir puede unirse a ella' (*The Daybreak*, octubre de 1913). Anteriormente ya existían otras dos organizaciones del mismo tipo: la "Cadena de Oro" y la "Mesa Redonda". La "Cadena de Oro" es un "grupo de formación espiritual" en el que se admite a niños de siete años y cuyo objetivo (al menos el objetivo declarado) se expresa en la fórmula que los miembros deben repetir cada mañana: Yo soy un eslabón de oro en la cadena de amor que rodea al mundo; debo permanecer fuerte y brillante; deseo tratar de ser gentil y bueno con todas las criaturas vivientes, proteger y ayudar a todos los que son más débiles que yo, y trataré de tener sólo pensamientos puros y bellos, de hablar sólo palabras puras y bellas, de hacer sólo acciones puras y bellas. Entonces todos los lazos se volverán brillantes y fuertes" (artículo de Mme. I. de Manziarly, *Theosophist,* 1 de marzo de 1914).

"Si en la 'Cadena de Oro' no se habla abiertamente de la venida del 'Gran Maestro', tampoco se habla en la 'Tabla Redonda', a la que se puede ingresar como 'Asociado' a los trece años, como 'Compañero' a los quince y como 'Caballero' a los veintiuno (apenas es necesario señalar la analogía, ciertamente intencionada, entre esos tres grados y los de la Masonería), y cuyos miembros deben prestar un juramento formal de secreto. Aquí tiene que ver con seguir al gran Rey que Occidente ha llamado Cristo y Oriente Bodhisattwa; ahora que se nos da la esperanza de Su cercano retorno, ha llegado el momento de formar Caballeros que preparen Su venida sirviéndole desde ahora; se requiere de aquellos que quieran entrar en la Liga que piensen cada día en este Rey y hagan cada día una obra a Su servicio (*Theosophist,* 1 de agosto de 1913). En resumen, es sobre todo un centro de reclutamiento para la 'Estrella en el Este', que pretende ser el núcleo de la 'Nueva Religión', el punto de reunión de todos aquellos que esperan la 'Venida del Señor'".

En Nueva Zelanda, el Dr. Felkin, último jefe de los "Talasses de Smaragdine", utilizaba lo que él llamaba la "Orden de la Mesa

Redonda" como tapadera y también como Orden preparatoria para los RR. et A.C. Es para hombres y niños de quince años en adelante, y parece que también hay tres grados, "pajes", "escuderos" y "caballeros". Se dice que el objetivo es el servicio, y el Dr. Felkin afirmó ser el cuadragésimo primer Gran Maestre de esa particular "Mesa Redonda".

Un despacho de Chicago del 31 de agosto de 1926 describe "el tercer día de la Convención de la 'Sociedad Teosófica' y la primera reunión de la Mesa Redonda" como sigue:

> "Con las espadas en alto y los estandartes ondeantes, los Caballeros de la Orden de la Mesa Redonda entraron hoy en el auditorio del Hotel Sherman. Los jóvenes caballeros vestidos de blanco, con escudos rojos y azules brillando sobre sus pechos, condujeron a su protectora, la Dra. Annie Besant, y al caballero honorario, Krishnamurti, hasta el altar, y luego se pusieron firmes...
>
> "El Sr. Krishnamurti dio una breve charla sobre la pureza y la nobleza de la conducta: "No lleváis espadas de acero de Damasco o Toledo, pero sí estoques, y deben estar siempre al servicio del derecho. Debéis ser caballeros de corazón: siempre corteses, amables y fuertes. No debéis envejecer emocional o mentalmente, sino mantener siempre el entusiasmo de la juventud, con su frescura, fe y amor. Debéis ser siempre el caballero ideal: nunca levantéis la mano contra el débil ni os aprovechéis injustamente de otro. Sois caballeros, es una gran responsabilidad". La ceremonia de clausura fue pintoresca e impresionante, pues los pequeños, con las manos en el corazón, prometieron su servicio al Rey (¡Krishnamurti como 'Maestro del Mundo'!) (*Patriot*, 23 de septiembre de 1926).

Además, un artículo en *el Heraldo de la Estrella* de ese mes, titulado "La Federación Mundial de Jóvenes Teósofos", dice:

> "El joven Teósofo puede decirse que trata con la vida de la juventud Teosófica mientras que los 'Caballeros de la Mesa

> Redonda' tratan más con el aspecto ceremonial del lado de la forma. Tal confraternidad planeó el Rey Arturo en los primeros días de la historia inglesa, y fue para revivir esta noble idea que se formó la Orden Moderna... El cuerpo supremo de gobierno de la Orden es el Consejo, compuesto por el Caballero Jefe en cada país donde la Orden está trabajando, y con la Protectora, Dra. Annie Besant, y el Caballero Mayor a su cabeza. El Teniente Whyte fue el primer Caballero Mayor, y siguió siéndolo hasta su muerte en Palestina en 1917, cuando el Obispo Leadbeater aceptó ese cargo. Son Caballeros de Honor el obispo y la señora Arundale, el señor Jinarajadasa y el reverendo Oscar Kellerstrom. Hay ceremonias escritas por el Protector, el Caballero Mayor , y el Obispo Arundale para las iniciaciones, y otras ceremonias para aquellas Mesas que quieran utilizarlas, ¡pero el verdadero espíritu tiene que traducirse en el servicio personal! El lema es 'Vive puro, habla puro, corrige el mal, sigue al Rey', en cuyo nombre se realiza todo servicio, grande o pequeño".

Así vemos los más altos ideales y las más finas de nuestras leyendas británicas pervertidas para ayudar a avanzar el ahora desacreditado esquema de la Sra. Besant — la venida de un Nuevo Mesías.

La Co-Masonería de la Sra. Besant derivaba de la Masonería Mixta fundada en Francia en 1891 por Maria Deraismes y el Dr. Georges Martin, y conocida como "Droit Humain". Maria Deraismes había sido iniciada en 1882, contraviniendo las constituciones, por la Logia "Les Libres Penseurs" de Pecq, por lo cual la Logia, fue puesta en suspenso y la iniciación declarada nula por la "Grande Loge Symbolique Ecossaise". Al principio el "Droit Humain" sólo practicaba tres grados, pero más tarde introdujo los 33 grados del Rito Escocés, y en 1899 se formó el "Suprême Conseil Universal Mixte", que se convirtió en el poder director. Esta masonería se extendió a Inglaterra, Holanda, Suiza y Estados Unidos, y el 26 de septiembre de 1902 se formó en Londres la primera logia inglesa con el nombre de "Deber Humano". En ella fue iniciada la Sra. Besant y ascendió rápidamente a los más altos grados y cargos. Luego fundó la Logia en Adyar bajo el nombre de "Sol Naciente"; llegó a ser Vicepresidenta del "Suprème Conseil" en Francia, y delegada nacional para Gran Bretaña y sus dependencias.

Organizó entonces la rama inglesa conocida como "Co-Masonry", y habiendo obtenido ciertas concesiones del "Suprême conseil", con el pretexto de adaptarse a la mentalidad anglosajona, elaboró unos estatutos netamente diferentes de los habituales en la rama francesa. Entre otros, conservó el uso del volumen de las Escrituras en las Logias; también la fórmula "A la Gloria del Gran Arquitecto del Universo", que había sido suprimida por el Gran Oriente en 1877 y sustituida en la Masonería Mixta francesa por "A la Gloria de la Humanidad". En 1913 se nombró un Gran Consejo al frente de la Masonería Mixta británica, con la Sra. Besant como Gran Maestra, asistida por Ursula M. Bright, James L. Wedgwood como Gran Secretario y Francesca Arundale como representante para la India. El 21 de septiembre de 1909, la Sra. Besant instaló la Logia de Chicago. En Francia los Teósofos aparentemente pronto tuvieron un preponde asegurado una vez, y esperaban con el tiempo que Londres se convirtiera en el organismo central de la Co-Masonería Universal. Y como hemos visto, en 1922 formaron una alianza con el Gran Oriente revolucionario de Francia.

En *Secret Societies and Subversive Movements*[3] Mrs. Nesta Webster escribe:

> "Que en las logias co-masónicas encontramos "el Rey" inscrito Sobre la silla del Gran Maestro en el este, en el norte la silla vacía de "el Maestro" - ante la cual hasta hace poco se esperaba que todos los miembros se inclinaran al pasar - y

[3] *Sociedades secretas y movimientos subversivos*, Nesta Webster, traducido al español por Omia Veritas Ltd, www.omnia-veritas.com.

> sobre ella una imagen, velada en algunas logias, del mismo misterioso personaje."

El "Rey" puede ser Krishnamurti, que representa al llamado "Señor del Amor", y algunos dicen que el "Maestro" es Ragocsky, príncipe de Transilvania.

Al parecer, la Sra. Besant considera que la masonería es una poderosa fuerza organizada que liberará a la India del dominio británico.

Los siguientes son los orígenes de la Iglesia Católica Liberal Teosófica, ¡otra perversión!

El arzobispo Mathew, cuyo verdadero nombre era Arnold Harris Matthews, cabeza de la antigua Iglesia católica en Inglaterra, nació en Montpelier de padres irlandeses. Estudiante para las órdenes en la Iglesia episcopal escocesa, se hizo católico en 1875, y fue ordenado sacerdote en Glasgow en junio de 1877. Abandonó el sacerdocio en julio de 1889, y en octubre de 1890 adoptó el nombre italiano de Arnoldo Girolamo Povoleri, y se casó en 1892. Se hizo llamar entonces Reverendo Conde Povoleri di Vincenza. Alrededor de esta época también reclamó y tomó el título de Conde de Llandaff. Al parecer, durante un breve periodo se reconcilió con Roma, y en 1908 fue consagrado obispo por el Dr. Gerard Gul, que dirigía la Iglesia Católica Antigua de Utrecht, Holanda. El nuevo obispo consagró a su vez a otros dos sacerdotes ingleses que no habían recibido el sacerdocio en , Ignace Beale y Arthur Howorth, y al cabo de menos de tres años fundó la "Iglesia católica ortodoxa occidental de Gran Bretaña e Irlanda", repudiando toda subordinación a Utrecht o Roma. Poco después indujo a sus obispos a elegirle arzobispo. Esta Iglesia tomó, sucesivamente, varios nombres, y mientras tanto su cabeza intentó, en diferentes momentos, negociar el reconocimiento y la unión con la Santa Sede, la Iglesia oficial y la Iglesia ortodoxa oriental. En 1911 fue excomulgado formalmente por la Santa Sede.

En 1913 ordenó al Sr. James Ingall Wedgwood, entonces Secretario General de la sección inglesa de la Sociedad Teosófica; al Sr. Rupert Gauntlett, Secretario de una "Orden de Sanadores" adjunta a la Sociedad Teosófica, y también autor de La Salud y el Alma - "un alegato a favor de la curación magnética"; al Sr. Robert King, experto en "consulta psíquica basada en el horóscopo", y al Sr. Reginald Farrer. Los cuatro habían sido estudiantes para el ministerio anglicano, y más tarde se habían unido a las filas de los teósofos. El arzobispo Mathew, que ignoraba por completo la Teosofía, se asustó al descubrir que el Sr. Wedgwood y sus compañeros esperaban la venida de un nuevo Mesías, y al no conseguir que se retractaran, cerró la Antigua Iglesia Católica y ofreció su sumisión a Roma, pero la retiró, y en su lugar fundó la "Iglesia Católica Uniata Occidental". El Sr. Wedgwood, al no obtener del Sr. Mathew la consagración episcopal que deseaba, fue finalmente consagrado por el obispo F. S. Willoughby - que había sido él mismo consagrado por el Sr. Mathew en 1914, pero que fue expulsado al año siguiente de la Antigua Iglesia Católica, por el Sr. Mathew a causa de hechos que entonces se conocían. El Sr. Willoughby consagró primero al Sr. King y al Sr. Gauntlett, y más tarde, con su asistencia, al Sr. Wedgwood, el 13 de febrero de 1916, y luego hizo su sumisión a la Santa Sede. El Sr. Wedgwood partió inmediatamente para Australia, y en Sydney consagró al Sr. C. W. Leadbeater, antiguo clérigo anglicano, como "Obispo para Australasia". "

En 1916 una asamblea de obispos y clérigos de la Antigua Iglesia Católica adoptó una nueva constitución, que fue publicada bajo el nombre del Sr. Wedgwood, en la que no se mencionaba en ninguna parte la Teosofía o un nuevo Mesías. Sin embargo, en noviembre de 1918, hubo otra declaración de principios, en la que el nombre de la Antigua Iglesia Católica fue sustituido por el de la Iglesia Católica *Liberal. Católica Liberal*. En el *Vahan*. del 1 de junio de 1918, el Sr. Wedgwood escribe:

> "... Otra parte del trabajo de la Antigua Iglesia Católica es la difusión de las enseñanzas teosóficas en los púlpitos cristianos; y un tercer y más importante aspecto es la preparación de los corazones y mentes de los hombres para la venida de

un Gran Maestro."

En el Theosophist, octubre. 1916, la Sra. Besant escribe:

> "Está creciendo lentamente en Europa, silenciosa pero firmemente, con su centro más fuerte quizás en Holanda, pero con miembros dispersos en otros países europeos, el poco conocido movimiento llamado Antiguo Católico, con el antiguo ritual, con Órdenes indiscutibles, pero manteniéndose al margen de la Obediencia Papal. Esta es una Iglesia Cristiana viva que crecerá y se multiplicará con el paso de los años, y que tiene un gran futuro por delante, por pequeña que sea todavía. Es probable que se convierta en la futura Iglesia de la Cristiandad "cuando Él venga"".

¿Qué hay del "antiguo ritual"? pues encontramos en el *Theosophist*, octubre de 1917: "La gran obra del obispo Leadbeater, que espera llevar a cabo ininterrumpidamente, es la preparación de la liturgia de la Antigua Iglesia Católica, en la que colabora el obispo Wedgwood, como obispo presidente." Se nos dice además: "El domingo de Pascua de 1917, la liturgia revisada se utilizó por primera vez en una misa". De nuevo el "clarividente": "El obispo Leadbeater está investigando el lado oculto de la Misa, y está preparando un libro completo sobre la "Ciencia de los Sacramentos"" (*El Mensajero de Krotona*, noviembre de 1918).

Como verdaderamente dice el Sr. Stanley Morison en su libro *Algunos Frutos de la Teosofía*, de donde hemos sacado la información anterior: "La llamada Alta Misa "hecha" por el Sr. Leadbeater no tiene ninguna conexión con el Cristianismo". Es meramente un método de cargar los elementos y la conregación con las fuerzas de su Cristo Maitreya.

En su introducción al *Poder de la Serpiente* -traducido del sánscrito- Arthur Avalon, al criticar las experiencias clarividentes de Leadbeater, escribe: "Esta experiencia parece consistir en el despertar consciente del "Fuego de la Serpiente" (Kundalini o fuerza sexual) con la visión 'astral' y mental aumentada que él cree que le ha mostrado lo que nos dice". De hecho, es totalmente astral, lo que le expone al engaño y a la sugestión mental de sus supuestos Maestros.

Este Servicio Eucarístico, como lo describe C. W. Leadbeater (Obispo), en su *Ciencia de los Sacramentos*, 1920, es puro paganismo, una concepción panteísta evolucionada del Iluminismo. Aparentemente sirve para el mismo propósito que los rituales y ceremonias de las órdenes ocultas iluminadas, especialmente la ceremonia del Corpus Christi, y las de los equinoccios vernal y otoñal que se celebran con el propósito de atraer la luz astral hacia la Orden, reafirmando el vínculo con el Centro oculto. La Trinidad de la Iglesia católica liberal es la del paganismo y el gnosticismo. Su "Reino de los Cielos" es la "Gran Hermandad Blanca", la llamada "comunión de los santos", y su llamado Cristo es Maitreya, cuyo poder atraen y manifiestan durante el servicio.

Todo el esquema es una perversión de la liturgia católica romana - suprimida, añadida y alterada - utilizando las oraciones, etc., como invocaciones mágicas o conjuros, con el fin de generar una fuerza magnética - fuerzas más finas de la Naturaleza - que a su vez atrae las fuerzas vitales universales, y a través de ellas las influencias de su "Maestro del Mundo", o Maitreya, ¡un método, dice Leadbeater, "de efusión espiritual para ayudar en la evolución del mundo!" ¡Siempre la misma vieja excusa de los Illuminati!

Según Leadbeater, en los "Asperges" el altar y la congregación están encerrados en una "burbuja etérica astro-mental", ¡una zona despejada para la operación mágica! Las fuerzas son generadas por el fervor, la devoción y el entusiasmo de los fieles, por el ritual , la música y el incienso, creando vibraciones; la Cruz es la dirección por la que descienden las fuerzas sobre la Hostia.

En la Misa Mayor oficia un Triángulo, que recibe y distribuye la fuerza, muy similar, como veremos, a los triángulos de poder en todas las órdenes ocultas. Un diácono y un subdiácono, que representan lo positivo y lo negativo, recogen las fuerzas generadas por el pueblo, que transmiten al sacerdote, que se sitúa delante del altar, ante la Cruz, y que, según Leadbeater, con la ayuda de los ángeles asistentes y los rayos (siete aspectos de la fuerza solar), construye un edificio astro-mental-pensamiento-forma-eucarística sobre los elementos, en forma de mezquita de cimientos cuadrados con cúpulas y minaretes que se elevan por encima, encerrando los elementos en su interior. Esto se convierte, dice, en un centro de radiación magnética, condensando y destilando la fuerza, y puede ser "imaginado como una central eléctrica, el remolino etérico alrededor del altar es la dinamo, y el celebrante es el ingeniero a cargo". La incensación, dice, aísla el altar mediante "un caparazón de magnetismo poderoso", que más tarde se amplía, mediante una segunda incensación, para encerrar a la congregación, uniéndola en un todo mágico; entonces deben pensar no como individuos, sino como un cuerpo. El incienso, especialmente el de sándalo, recomendado por Leadbeater, afloja el cuerpo astral, induce a la pasividad y prepara al pueblo para la recepción de las influencias invocadas.

La fuerza de la congregación brota y crea un vórtice alrededor del altar, por el que se precipitan las fuerzas de lo alto hacia el edificio y los elementos. Describe la fuerza que irradia de la Hostia como "una manifestación de las fuerzas más sutiles de la materia: una corriente de luz licuada, de polvo de oro viviente", que es el éter o el llamado espíritu del iluminismo, y el comulgante irradia la fuerza a su alrededor. Además afirma: "Un obispo vive en una condición de perpetua radiación de fuerza, y cualquier persona sensible que se le acerque se dará cuenta de ello inmediatamente... Siempre que lo desee puede reunir esta fuerza y proyectarla sobre cualquier objeto deseado" Esto es simplemente la Luz Astral o "Poder de la Serpiente" que mata o da vida, y a juzgar por la historia pasada y las actividades presentes de algunos de estos obispos teosóficos católicos liberales, ¿puede la fuerza irradiada y proyectada por ellos conducir a algo que no sea el desorden moral y mental, incluso cuando es utilizada por ellos para la curación magnética?

Que esto no es más que iluminismo, jugar con las fuerzas de la Naturaleza, lo demuestra la siguiente afirmación de Leadbeater:

> "La maravillosa efusión de la Sagrada Eucaristía está dispuesta para sincronizarse y aprovechar un cierto conjunto de condiciones en la relación diaria de la tierra con el sol. Hay una salida y un retorno de energía magnética entre el sol y la tierra - una marea magnética, por así decirlo, y las horas del mediodía y la medianoche marcan el cambio... Por lo tanto, la Sagrada Eucaristía nunca debe celebrarse después de la hora del mediodía... la Hostia reservada puede administrarse en cualquier momento", o utilizarse para la "Bendición".

¿Qué pasa con nuestros sacerdotes anglicanos que también son Illuminati - es en parte su concepción del significado del servicio de la Eucaristía?

A principios de 1927 la Sra. Besant hizo un llamamiento por 40.000 libras esterlinas para comprar un Valle Feliz en California, "donde la sede de una civilización de plano superior pueda ser preparada para el advenimiento del Mesías", ¡con Krishnamurti como 'vehículo'! Y el propio Krishnamurti escribe sobre este valle, en diciembre de 1926, en el *Heraldo de la Estrella*:

> "He decidido quedarme en Ojai, California, hasta abril, para poder ayudar en la construcción del Centro allí... Ojai será otro Centro Mundial como Ommen (Castillo de Eerde, Holanda). Estoy muy contento de que vayamos a tener nuestra propia escuela aquí en Ojai, y el Sr. N. S. Rama Rao, M. A., de la Universidad de Cambridge en Inglaterra, y último Vicedirector de la Universidad Nacional, Madrás, India, ha consentido amablemente en actuar como Director..."

Hemos visto que la Sra. Besant, la "Protectora" de este Mesías, había formado una alianza con la masonería subversiva política del Gran Oriente, que lleva a cabo sus planes por medio de la revolución. De esta civilización de plano superior, Lady Emily Lutyens, una de las más fieles seguidoras de la Sra. Besant, escribe en el *Heraldo de la Estrella*, marzo de 1927:

> "Estamos siendo testigos del nacimiento de una conciencia de un nuevo mundo, de una civilización mundial... Estamos siendo testigos a nuestro alrededor de la destrucción del viejo mundo, de la vieja civilización, con el correspondiente sufrimiento que la destrucción siempre trae consigo. Las viejas tradiciones se derrumban, las viejas costumbres se destruyen, los viejos hitos desaparecen. Los valores de la vida cambian, se hace hincapié en nuevas condiciones y puntos de vista. El sufrimiento de la destrucción va acompañado de los dolores de parto del nuevo mundo que está naciendo. Cuando la forma exterior se vuelve tan rígida que la vida corre peligro de ser aplastada, cuando la civilización se ha vuelto demasiado material, esa forma y esa civilización se rompen, para que la vida pueda liberarse... Las nuevas condiciones del mundo exigen un nuevo Evangelio, y el Maestro está aquí... El cristianismo ha sido también una religión intensamente individualista, que ponía el acento en la salvación personal... pero es un espíritu que debe ceder el paso a la nueva tendencia del pensamiento moderno y a la civilización mundial que está naciendo. El nuevo Evangelio, si ha de satisfacer las necesidades del mundo, debe ser universal en su aplicación, y el Cristo de hoy, por boca de Krishnaji nos dice que viene a establecer el Reino de la Felicidad en la tierra... Debe haber anarquía antes de que pueda haber creación..."

Por medio de tales instrumentos y enseñanzas, estos sutiles maestros de la subversión y la perversión ciegan a los pueblos y allanan el camino hacia su largamente pensada "República Universal", la destrucción del cristianismo y de todas las civilizaciones antiguas.

De este gradual ensombrecimiento u obsesión de Krishnamurti, por su maestro Maitreya, muchos han escrito lo siguiente:

En el *Heraldo de la Estrella*, enero de 1927, C. Jinarajadasa escribe:

> "Sabía que, en 1911, el gran Maestro estaba experimentando con el joven cuerpo de Krishnaji para sintonizarlo ya

> entonces. Como Leadbeater le dijo: Incluso en ese tiempo el gran Maestro estaba usando los vehículos de Krishnaji como un pivote desde el cual descargar fuerzas a movimientos en el mundo, de los cuales Krishnaji no sabía nada."

Dos veces vio el rostro del Maestro en el de Krishnamurti:

> "La segunda ocasión fue una tarde en que estaba leyendo a Krishnaji y a su hermano... Levanté la vista hacia él, y allí vi aquel maravilloso Rostro. Por supuesto que no había cambiado ni una línea del rostro de Krishnaji... Y, sin embargo, hubo un cambio tal que es absolutamente imposible de describir. Sólo puedo decir que era el rostro del Señor".

En todas las sociedades ocultas los jefes y adeptos avanzados, a veces, miran con el rostro de su Maestro y pronuncian sus palabras -¡una obsesión parcial!

El reverendo Charles Hampton, de Nueva York, escribe, *Herald of the Star*, diciembre de 1926:

> "La Orden de la Estrella en Oriente, que existe con el único propósito de preparar el camino para la Venida tiene más de 50.000 miembros en todo el mundo... El Jefe de la Orden es Krishnamuni, que ahora tiene treinta y un años. La 'Protectora' es la Sra. Annie Besant, Presidenta Internacional de la Sociedad Teosófica… El 28 de diciembre de 1911 tuvo lugar en Benarés la primera eclipsación del Maestro del Mundo, cuando el Jefe, entonces un muchacho de dieciséis años, estaba entregando algunos certificados de membresía. No se pronunciaron palabras. En esa ocasión, en presencia de más de 400 personas, entre ellas muchos hombres prominentes, la fuerza espiritual se manifestó tan obviamente que casi todos se arrodillaron espontáneamente. La sombra era inconfundible, pero sólo duró unos minutos. Fue, sin embargo, una escena impresionante. Brahmanas y budistas, parsis y cristianos, altivos príncipes rajput y mercaderes magníficamente ataviados, oficiales del ejército británico, profesores universitarios, hombres canosos y niños pequeños,

todos extasiados ante la presencia de una extraordinaria efusión espiritual que brotaba de un muchacho hindú de dieciséis años.

"La siguiente manifestación pública se produjo cuando Krishnamurti tenía treinta años. En la tarde del 28 de diciembre del año pasado estaba hablando en la Convención del Jubileo de la Sociedad Teosófica en Adyar, India. Esta vez habló el propio Maestro del Mundo, aunque sólo dijo unas pocas frases. El Sr. Krishnamurti estaba explicando por qué venía el Maestro y algo de lo que haría, cuando una Voz de penetrante dulzura, hablando en primera persona, dijo estas palabras: Yo vengo para aquellos que quieren simpatía, que quieren felicidad; que anhelan ser liberados; que anhelan encontrar felicidad en todas las cosas; Yo vengo a reformar, no a derribar; no a destruir, sino a construir'... Este mismo Maestro Mundial vendrá pronto de nuevo, hablando a través de otro discípulo, como habló a través de Jesús hace 1926 años... Desde nuestro punto de vista, trazamos una clara distinción entre Jesús y Cristo... Sabemos que en el Bautismo de Jesús, y de nuevo en la Transfiguración, *algo fue añadido a Jesús* que no estaba allí antes. Eso se explica perfectamente por esta distinción entre el discípulo Jesús y el Señor Cristo... Consideramos a Krishnamurti como un discípulo, cuyo cuerpo será utilizado por el Maestro del Mundo... Al principio los meses separarán la manifestación pública del Señor. Más tarde Él hablará con más frecuencia, hasta que esperamos que sea posible que Cristo permanezca con nosotros durante muchos años. Cuando Él vino antes, sólo se le permitió permanecer por tres breves años haciendo trabajo público, cuando fue asesinado. Como resultado de ese esfuerzo, todo lo que dejó fue una pequeña semilla de 120 personas... Si hacemos posible que se quede diez veces tres años, ¿qué cosecha no producirá esa semilla? Cuando Él vino antes, sólo Juan el Bautista le preparó el camino. Hoy en día, decenas de miles de personas sinceras son Sus precursores... Esperamos hacer posible que se quede muchos años, una vez que el cuerpo de Sus discípulos esté suficientemente templado para soportar la tensión. ¿Lo aceptarán las Iglesias cristianas? ..."

En el Campamento Estrella, en el Castillo Eerde Ommen, en Julio o Agosto de 1926, el Maestro habló nuevamente a través de Krishnamurti a la gente reunida, y brevemente les dijo que la "única felicidad que valía la pena poseer" ¡era actuar, pensar y sentir a través de la mente y el corazón del Maestro! Aquí hay dos relatos de esta ocasión dados por Geoffrey West en su Vida *de Annie Besant*:

"Un oficial británico retirado escribe:

> Sucedió en la fogata vespertina... De pronto sentí un abrumador impulso de quitarme el sombrero con reverencia… Fui consciente de que hablaba una voz distinta de la de Krishnamurti. La voz usaba un inglés antiguo (¡un hábito nada raro en estos Maestros!), cosa que Krishnamurti nunca había hecho. Esto continuó durante cuatro o cinco minutos, luego Krishnamurti se sentó. Yo era consciente de la absoluta quietud. No sólo los dos mil peregrinos, sino hasta los insectos de los árboles estaban quietos, e incluso el fuego dejó de crepitar. Sentíamos que todos nos habíamos convertido en partes de un gran cuerpo".

"Otro testigo, un físico de Cambridge... declaró que vio una ‘enorme estrella sobre la cabeza de Krishnamurti estallar en fragmentos y caer como una lluvia. Por un instante pensé que estaba de vuelta en Francia". Este fenómeno de luz astral no es desconocido en otras Órdenes Ilurninizadas; es el "Fuego de Serpiente" iluminador proyectado por estos Maestros ocultos, y más a menudo es hipnótico.

Finalmente, en Ommen 1927, Krishnamurti anunció:

> "Mi Amado y yo somos Uno". La obsesión se había consumado, ¡la propia personalidad de Krishnamurti estaba en absoluto suspenso!

En un panfleto, publicado por la Sociedad Teosófica de la Sra. Besant, sobre "La Doctrina del Renacimiento Examinada Científicamente", W. Y. Evans-Wentz, M. A., D.Litt., D.Sc., parece intentar probar lo indemostrable, y citando creencias celtas mostrar la posibilidad de la reencarnación de los llamados grandes maestros. En

> “el corolario lógico de la doctrina del renacimiento ... los dioses son seres que una vez fueron hombres, y la raza actual de los hombres se convertirá con el tiempo en dioses ... De acuerdo con la creencia celta completa, los dioses pueden entrar y entran en el mundo humano con el propósito específico de enseñar a los hombres cómo avanzar más rápidamente hacia el reino superior. En otras palabras, todos los grandes Maestros - Jesús, Buda, Zoroastro, y muchos otros ... son ... seres divinos que en edades inconcebiblemente pasadas fueron hombres pero que ahora son dioses, capaces a voluntad de encarnarse en nuestro mundo ...”

El folleto termina:

> "Del mismo modo, lo que en esta generación es herético tanto para el teólogo cristiano como para el hombre de ciencia, puede que en las generaciones venideras sea aceptado como ortodoxo".

Sugiero que este Maitreya reencarnante no es ni dios ni ser divino, sino más bien uno de estos judíos cabalistas, todavía en el cuerpo de la carne, cuyo objetivo es la perversión de las creencias cristianas.

En un discurso, dado ante la Escuela Esotérica de la Sociedad Teosófica, encontramos al Sr. Baillie Weaver proponiendo las mismas teorías; dijo:

> "Igualmente inevitable es también el hecho de que estos seres sobrehumanos toman parte en los gobiernos del mundo; que nombran, entrenan y utilizan alumnos y agentes, y de vez en cuando vienen a la tierra para enseñar a sus hermanos menos avanzados, y que esta escuela es una de las agencias, tanto para el entrenamiento de los alumnos como para el propósito *de transmitir poder*."

De nuevo, Mary Gray, de California, escribiendo sobre el "Camino de la Libertad Condicional" en *el Heraldo de la Estrella*, diciembre de 1926, dice:

> "A medida que el chela supera con éxito las pruebas, a medida que demuestra su capacidad para valerse por sí mismo... comienza a acercarse al Maestro y a compartir Su trabajo. Se pone más poder a disposición del chela, ya que tiene que demostrar que se puede confiar en que reaccionará bien a su estimulación. Comienza a entrar en su período de servicio, en el cual distribuye la fuerza del Maestro - o, más exactamente, *una pequeña porción de la fuerza de la Logia Blanca* - ya sea en servicio activo en el mundo exterior o en contacto íntimo con quienes lo rodean. El uso de la fuerza expande y desarrolla sus vehículos y sus poderes. Su cerebro aumenta en poder, su devoción en intensidad y pureza, sus acciones en precisión, habilidad y poder... Además, se vuelve más radiante, una figura luminosa, serena y alegre en la oscura atmósfera de la vida mundana. Al mismo tiempo, comienza un entrenamiento definitivo en los planos internos, en el que se le enseña el uso y el control de las fuerzas que allí existen. Poco a poco adquiere conocimiento del control de los diversos elementos allí... En todas estas cosas se le enseña cómo comandar (fuerzas)... en nombre, y por la autoridad de la Logia Blanca, *como un agente de su poder...*"

Tras la consumación de la venida, la "Orden de la Estrella en Oriente" asumió un nuevo nombre. Aparentemente creían que la estrella del Instructor Mundial estaba por fin entre ellos y que ya no necesitaban buscarla en Oriente, ni un heraldo que anunciara Su venida, por lo que se redujo sencillamente a la "Orden de la Estrella", con su órgano nacional la *Revista Estelar* Su organización se decía que era internacional y nacional, pero sin embargo era universal. Sus objetivos eran (I) Reunir a todos aquellos que creen en la presencia del Instructor Mundial en el mundo; (2) trabajar con Él para el establecimiento de Sus ideales. Su revista internacional era la *Estrella*.

En el número de febrero de 1928 de esta Revista, a través de su portavoz, Krishnamurti, el Instructor Mundial, en nombre de la Liberación, expone su doctrina de la negación absoluta, necesaria para la construcción de su nuevo Reino - la paz, la unidad y la felicidad de la universalidad y la desindividualización. He aquí algunos extractos de las enseñanzas impartidas en Ommen, en agosto de 1927, y en París, el 27 de septiembre de 1927:

> "El propósito la manera de alcanzar esta felicidad, de obtener esta Liberación, está en tu propia mano. No está en manos de un dios desconocido, ni en templos o iglesias, sino en tu propio ser. Porque los templos, las iglesias y las religiones atan, y debes estar más allá de todos los sueños de Dios para alcanzar esta Liberación. No existe un Dios externo como tal que nos impulse a vivir noblemente o a vivir vilmente; sólo existe la voz de nuestra propia intuición... Cuando esa voz es lo suficientemente fuerte, cuando esa voz -el resultado de la experiencia acumulada- es obedecida, y tú mismo te conviertes en esa voz, entonces eres Dios... Así que lo más importante es descubrir a este Dios dentro de cada uno de vosotros. Ese es el propósito de la vida; despertar al Dios dormido (la fuerza sexual no utilizada, la Kundalini dentro de ti) para dar vida a la chispa que existe en cada uno de nosotros, para que nos convirtamos en una llama (iluminados), y nos unamos a la llama eterna del mundo (la fuerza vital universal o éter -como es arriba es abajo, de Hermes)... En lo permanente se establece, se ve, el único Dios en el mundo - tú mismo que has sido purificado."

Aquí tenemos el credo de los judíos cabalistas: el “Hombre Deificado”. Ahora bien, siendo Krishnamurti meramente el "vehículo", la llama, la voz y la intuición que están dentro de él, y que él escucha, sólo pueden ser las del Instructor del Mundo; recordando esto, es interesante el siguiente extracto:

> "Y por eso es mi deseo que no te dejes hipnotizar por nada de lo que diga, porque si te adormecen mis palabras o mi pensamiento, mi deseo, mis anhelos, estarás tan preso o más que antes de venir a este lugar."

¿Pero no es esto precisamente lo que ha sucedido? Un cuerpo negativo preparado para la recepción de estas sugestiones hipnóticas; ¿no viven y se mueven todos sus seguidores y tienen sus seres, por así decirlo, en Krishnamurti como el "vehículo" del Instructor del Mundo? ¿Acaso no se unen todos en comunión con este Instructor del Mundo, este llamado Cristo?

Además, en un poema de su libro *La Búsqueda*, se requiere una libertad absoluta de todo -libertad de la estrechez de la tradición, la costumbre; hábito, sentimiento, pensamiento, religión, culto, adoración, nación, posesión familiar, amor, amistad, incluso de tu Dios, etc.- entonces todas las barreras habrán caído; ¿y qué ocupará su lugar? La llama, la voz, la intuición del Instructor Mundial, el Nuevo Reino de Felicidad - ¡el control hipnótico del Iluminismo!

¿Y quién es este Instructor Mundial? La Sra. Besant, en *el Heraldo de la Estrella*, abril de 1927, nos ilumina Hablando de las "grandes iniciaciones" de Krishnamurti, donde, en la primera, ella prometió a los "Grandes" custodiarlo con su *poder,* y Leadbeater prometió guiarlo con su *sabiduría* (¡aquí tenemos, con Krishnamurti como vértice, el Triángulo necesario para la manifestación del poder del Instructor del Mundo!

> "Y entonces llegó el día en que nuestro oficio terminó... llevamos al niño, a quien habíamos recibido como guardianes, como un hombre que ya no necesitaba nada de nosotros (¡la manifestación se había cumplido!)... al Señor Maitreya... el capullo de entonces había florecido hasta convertirse en una flor maravillosa; y esa flor es colocada a los pies de su Dueño, el Señor Maitreya, el Cristo, el Salvador del Mundo."

De nuevo, en *el Heraldo de la Estrella*, marzo de 1927 dijo en Ojai, California:

> "Tanto como cada uno pueda ver será para cada uno de ustedes la manifestación del Cristo. Por mi parte, que lo conozco en Su lejano hogar del Himalaya (astralmente), donde lo he oído hablar de Su Venida, y estando aquí con

> nuestro Krishnaji, no necesito decir cómo, habiéndolo amado durante tanto tiempo, me regocijo al reconocer en Él la Presencia de nuestro Señor."

¿No es esto una liberación a la esclavitud, un cuerpo preparado en el cual sembrar las semillas de la desintegración mundial, por el poder que trabaja detrás y a través de la judeo-masonería del Gran Oriente, a la cual está aliada la Co-masonería de la Sra. Besant?

¿Y cuál es el resultado de esta manifestación? En el Campamento Ommen de 1929, Krishnamurti anunció que la Orden de la Estrella iba a disolverse; todo lo que él había deseado era conducir a la gente a la "libertad", pero, dijo, ellos no querían la libertad. El Sr. Lansbury, durante muchos años seguidor de la Sra. Besant y creyente en la misión del Instructor Mundial, sacando lo mejor del aparente fracaso, dijo:

> "Krishnamurti ha roto la esclavitud de la mera organización... con un gesto magnífico ha invitado a los jóvenes de todas las razas de su entorno a desarrollar su propia individualidad a su manera: la responsabilidad de la propia vida y el carácter dependen de uno mismo".

Un corresponsal del *Patriot*, del 29 de agosto de 1929, da algunos detalles interesantes sobre lo que ocurrió en esta reunión de campamento en Ommen, que reproducimos textualmente:

> "He estudiado la Teosofía y sus movimientos afines, como la Co-Masonería, la Iglesia Católica Liberal y la Estrella, durante algunos años, y me he formado la opinión definitiva de que tras la máscara del inocente estudio del simbolismo, la hermandad y la religión comparada se esconde una organización antibritánica profundamente arraigada. El vínculo entre estos movimientos es la Dra. Annie Besant...
>
> "El año pasado, el campamento de Ommen era un lugar asombroso. Aunque la nota clave de las enseñanzas de la Estrella es "libertad para todos", el campo estaba rodeado por

una valla de alambre de espino de dos metros; todos los miembros tenían que llevar una etiqueta que mostraba claramente su nombre y número, y sin la cual no se les permitía entrar ni salir del campo; había un sinfín de normas y reglamentos irritantes, todos destinados a reducir a los internos a la última etapa del servilismo.

"Se suponía que reinaba la hermandad entre las diferentes nacionalidades, pero era notable que el contingente alemán, que con frecuencia ocupaba puestos de autoridad, aprovechaba cualquier oportunidad para insultar a los miembros ingleses y franceses, y los ingleses siempre se dejaban tratar así a sí mismos y a sus mujeres.

"Los modales en la mesa de los campistas habrían deshonrado a un corral, aunque, por supuesto, Krishnamurti no se alimentó con el rebaño común, sino lujosamente en el castillo de Eerde, residencia del barón von Pallandt, miembro destacado de la Sociedad Teosófica, que también ostenta un grado muy elevado en la Orden Co-masónica.

"El campamento era para hombres y mujeres de cualquier clase, credo o color, y era costumbre obligar a las mujeres inglesas bien educadas a servir en cada comida a los nativos indios y africanos, la mayoría vestidos con sus ropas nativas. Estas mujeres estaban reducidas a tal estado que literalmente adulaban a los hombres de color, rogándoles que comieran y a menudo preparándoles bocaditos especiales, mientras sus compatriotas pasaban hambre.

"La ropa que llevaban muchos de los miembros era tan escasa como era compatible con la decencia más elemental. Fotografías traídas a casa lo demuestran, y copias de estas fotografías están en posesión de las Autoridades, y también en mi poder. Una de ellas muestra a un nativo, vestido como tal, caminando por el campamento con una chica inglesa vestida sólo con una camisa endeble y un par de pantalones cortos, cada uno con un brazo alrededor del otro.

"Entre otros detalles, el olor a éter de una de las tiendas por

> la noche era abrumador; esta droga, según algunos ocultistas, es una de las más poderosas para 'liberar el espíritu del cuerpo'.
>
> "Acaba de terminar el campamento de 1929 en Ommen, y al parecer fue allí donde Krishnamurti anunció públicamente que la Orden de la Estrella sería disuelta. Es imposible decir qué va a suceder con sus desafortunados incautos que le han seguido servilmente, que han renunciado a su propia religión y que le han adorado ciegamente. Sus propias palabras y escritos les instan a no tener otro apoyo que ellos mismos, lo que en lenguaje llano significa no tener otro apoyo que él; ahora les está desechando con creencias rotas, sin ideales y sin líder o Maestro en quien confiar. Ha socavado su fe en Dios y en su país, y ahora los deja en un estado de caos total.
>
> "¿Es posible que las cosas se hayan puesto demasiado calientes para que la Orden de la Estrella continúe? ¿Será porque se han peleado entre ellos? ¿O puede ser que la Dra. Besant y el Mesías negro hayan dejado de coincidir en sus actividades contra el Imperio y ocultistas?
>
> "El tiempo lo dirá; por el momento agradezcamos debidamente que un grupo, en todo caso, de las sociedades subversivas está como una casa dividida contra sí misma, y todavía hay hombres y mujeres leales que arriesgarán su tiempo, su dinero y aún más en un servicio no recompensado a su Rey para desenmascarar a estas organizaciones subversivas y sediciosas."

Nada podría ser más condenatorio que lo anterior, pero sin embargo es sólo un atisbo del verdadero trabajo diabólico que se está llevando a cabo lentamente a través de sociedades secretas y muchos otros movimientos, algunos aparentemente inofensivos. Es la obra del mismo poder de desintegración que se está llevando a cabo en Rusia a través de los "sin Dios" y grupos similares; significa la degradación de la humanidad, la muerte de su alma, haciéndola inferior incluso a la bestia bruta.

En estas sociedades secretas los métodos son siempre los mismos; es la obsesión gradual por este poder oculto a través de la llamada iluminación, o el antiguo iluminismo por medio de la perversión de las fuerzas sexuales o creativas en el hombre y en la Naturaleza. Esto se muestra en el símbolo de la Sociedad Teosófica.

El símbolo representa la Iluminación o la Iniciación. La mayoría de estas Órdenes esotéricas y secretas son gobernadas y dirigidas por los Maestros invisibles de la Gran Logia Blanca, y bajo sus instrucciones. la iluminación es inducida artificial e intensivamente en un tiempo comparativamente corto. El individuo, según sus instrucciones, trabaja desde el interior, mientras que el maestro trabaja desde el exterior, utilizando ambos este "Poder de la Serpiente" - las fuerzas creadoras duales de toda la Naturaleza, las fuerzas de atracción y repulsión. El individuo, por medio de ejercicios, meditaciones, etc., inspirados por estos maestros, despierta dentro de sí este "Poder de la Serpiente" -la Kundalini o fuerzas sexuales no utilizadas- que yace enroscada en la parte inferior del cuerpo. Se dice que está sublimada o purificada por el fuego y el agua -como indica el hexagrama o triángulos entrelazados -la Estrella judía del poder- o más correctamente pervertida; y subiendo por los centros nerviosos, vivificándolos, despertando la clarividencia, la clariaudiencia y la intuición, la cabeza y la cola -las fuerzas positivas y negativas- se unen en la base de la nariz, la Glándula Pineal. El símbolo del pequeño círculo de arriba es la Svastica o Martillo eléctrico de Thor, una fuerza eléctrica giratoria y desintegradora que rompe las barreras protectoras -la voluntad y la razón- creando un vórtice por el que penetra la fuerza magnética exterior de la luz de los maestros. Así el adepto es iluminado, y el Enlace Etérico es formado por estos maestros controladores desde el exterior, tal como en la Misa Católica Liberal.

El Ankh en el centro es el símbolo egipcio de la vida, es el principio creador, el lingam. La serpiente que lo rodea aísla, conserva la fuerza interior, hace poderosa la herramienta iluminada. Esta herramienta está lista para el trabajo designado; es libre, no para usar su libertad para sí mismo, sino para estos maestros. Es una liberación de la esclavitud. En la parte superior del símbolo está el tres, el triángulo del poder o de la unidad, mediante el cual el poder se manifiesta en la Orden y en el individuo.

Iluminismo - puede ser individual, de grupo o mundial, y puede aplicarse a las condiciones actuales del mundo. Revolución mundial - el Martillo eléctrico de Thor. Su consumación - dominación mundial invisible a través de "vehículos" preparados e iluminados.

Tomemos los *Protocolos de los Sabios Sabios de Sión*, que han sido maravillosamente correctos como profecía, sea cual sea su primer origen, antes de que M. Joly utilizara parte de ellos en1864:

Página 10:

> "Hoy puedo asegurarte que estamos a pocas zancadas de nuestro objetivo. Sólo queda una corta distancia, y el Ciclo de la Serpiente Simbólica -esa insignia de nuestro pueblo- estará completo. Cuando este círculo esté cerrado, todos los Estados de Europa quedarán encerrados en él, por así decirlo, por cadenas irrompibles. Las escalas constructivas existentes se derrumbarán pronto, porque las estamos desechando continuamente y destruyendo su eficacia" (¡El desintegrador Martillo de Thor!).

Epi, página 90:

> "... Constantinopla se muestra (en el esquema del curso de la Serpiente Simbólica) como la última etapa del curso de la Serpiente antes de llegar a Jerusalén. Sólo queda una corta distancia antes de que la Serpiente pueda completar su curso uniendo su cabeza a su cola..."

Página 16:

> "¿Quién o qué puede destronar a un poder invisible? Esto es justamente lo que es nuestro Gobierno. La Logia Masónica (esotérica) en todo el mundo actúa inconscientemente como una máscara para nuestro propósito. Pero el uso que vamos a hacer de este poder en nuestro plan de acción, e incluso nuestra sede, permanecen perpetuamente desconocidos para el mundo en general."

El Sr. Philip Graves, en su libro *Palestine, the Land of Three Faiths*, hablando de la Okhrana, o policía secreta zarista, dice que esta policía conocía tan bien a los revolucionarios judíos y no judíos que se decía que ¡nadie sabía dónde terminaba la Okhrana y dónde empezaba la revolución!

Después de leer *La Tcheka*, de George Popoff, uno se inclina a preguntarse, ¿quién es el poder gobernante detrás de la Tcheka, y quién era el poder detrás de la Okhrana zarista, muchos de cuyos miembros permanecieron al servicio de la Tcheka? ¿No era judío y ocultista? Según Popoff, quien tomaba servicio bajo la Tcheka cambiaba inmediatamente, y de hombres sencillos y honrados se convertían en astutos, embrutecidos y fanáticos, y durante los exámenes de los prisioneros parecían utilizar la fuerza hipnótica.

¿No ocurre lo mismo con la mayoría de los atrapados por estas sociedades secretas y subversivas? Entran con ideales elevados, buscando el desarrollo espiritual para ellos mismos y otros, el resultado es a menudo una obsesión fanática, pervirtiendo todo lo que es elevado y sagrado; curiosamente, invariablemente cuanto más elevados son los ideales, mayor es la aceptación ciega de la llamada de su amo a tomar parte en su diabólica obra de destrucción.

Además, es interesante descubrir que el juramento de secreto y silencio exigido al candidato y adepto está siempre en conexión con los métodos astrales de contacto con estos maestros y los verdaderos objetivos y trabajo de la Orden, tal como son dirigidos por ellos en este misterioso secreto y silencio. Sobre el Juramento Teosófico, René Guénon escribe:

"Una de las cosas que se reprocha más a menudo a las sociedades secretas, y en particular a la Masonería, es la obligación bajo la cual obligan a sus miembros a prestar un juramento cuya naturaleza varía, así como la amplitud de las obligaciones que imponen; se trata en la mayoría de los casos de un juramento de silencio, al que se añade a veces un juramento de obediencia a las órdenes de los jefes conocidos o desconocidos. El juramento de silencio puede referirse a los métodos de reconocimiento o al ceremonial especial utilizado por la sociedad, o incluso a la existencia de ésta, a su organización o al nombre de sus miembros; lo más frecuente es que se aplique de manera general a lo que se dice y se hace en ella, al poder ejercido y a las enseñanzas recibidas en ella bajo una u otra forma. A veces son promesas de otra clase, como la promesa de conformarse a ciertas reglas de conducta que pueden, con buena razón, parecer abusivas tan pronto como toman la forma de un juramento solemne... Lo único que nos interesa en el presente es esto, que si es un reproche válido contra la Masonería y contra algunas otras sociedades más o menos secretas... es igualmente, válido contra la Sociedad Teosófica. Esta última, es cierto, no es una sociedad secreta en el sentido completo de la palabra, porque nunca ha hecho un misterio de su existencia, y la mayor parte de los miembros no tratan de ocultar su grado ... Para nuestro propósito actual vamos a admitir aquí como suficiente la opinión según la cual una sociedad secreta no es necesariamente una sociedad que oculta su existencia o sus miembros, pero es, sobre todo, una sociedad que tiene secretos, cualquiera que sea su naturaleza. Si esto es así, la Sociedad Teosófica puede ser considerada como una sociedad secreta, y su propia división en secciones "exotéricas" y "esotéricas" sería prueba suficiente; Entiéndase bien, al hablar aquí de "secretos" no nos referimos con ello a los signos de reconocimiento, sino a la enseñanza estrictamente reservada a los miembros o a algunos de entre ellos con exclusión de los demás, y por la que exigen el juramento de silencio; estas enseñanzas en Teosofía parecen ser, sobre todo, las relativas al "desarrollo psíquico", ya que tal es el objetivo esencial de la sección "esotérica"...

"Volvamos ahora a las declaraciones de Mme. Blavatsky, y veamos lo que concierne al juramento de silencio: En cuanto a la sección interna conocida actualmente como 'esotérica' desde 1880, se ha determinado y adoptado la siguiente regla: "Ningún miembro podrá utilizar con fines personales nada que le haya sido comunicado por un miembro de la sección superior. La infracción de esta regla será castigada con la expulsión". Sin embargo, ahora, antes de recibir cualquier comunicación de este tipo, el postulante debe prestar el solemne juramento de no utilizarla nunca con fines personales, y de no revelar nunca nada que le haya sido confiado, a menos que esté autorizado para ello (Mme. Blavatsky's *Key to Theosophy,* 1889). En otra parte se refiere a estas enseñanzas, que deben mantenerse en secreto: "Aunque revelamos todo lo que es posible, sin embargo estamos obligados a omitir muchos detalles importantes que sólo son conocidos por aquellos que estudian la filosofía esotérica, y que, habiendo hecho el juramento de silencio, son en consecuencia *los únicos autorizados a conocerlos" (Clave de la Teosofía*). En otro pasaje se hace alusión a un misterio relacionado directamente con el poder de proyectar consciente y voluntariamente el "doble" (cuerpo astral), que nunca es revelado a nadie excepto a los "chelas", que han prestado un juramento irrevocable, es decir, a aquellos en quienes se puede confiar" (*La Clave de la Teosofía*).

"Mme. Blavatsky insiste, sobre todo, en la obligación de observar siempre este juramento de silencio, obligatorio incluso para aquellos que, voluntariamente o no, deberían haber dejado de participar en la sociedad: ella plantea este asunto con estas palabras: "Un hombre al que se le pide que abandone o se le obliga a renunciar a la sección, ¿es libre de revelar cosas que se le han enseñado, o de infringir una u otra de las cláusulas del juramento que ha prestado?". Y responde "El hecho de dimitir o de ser expulsado sólo le libera de la obligación de obedecer a su maestro y de tomar parte activa en los trabajos de la sociedad, pero no le libera en modo alguno de la sagrada promesa de guardar los secretos que le han sido confiados...". Todos los hombres y mujeres que posean el más mínimo sentido del honor comprenderán que

> un juramento de silencio hecho sobre una palabra de honor, más aún hecho en nombre de su "Yo Superior", el dios oculto en nosotros, debe guardarlo hasta la muerte, y que, aunque haya abandonado la sociedad, ningún hombre o mujer de honor soñaría con atacar a la sociedad a la que estaba así ligado" (*La Clave de la Teosofía*).
>
> "Vemos también por estas citas que el juramento de silencio prestado en la sección "esotérica" incluye un juramento de obediencia a los "maestros" de la Sociedad Teosófica. Uno se ve obligado a creer que esta obediencia se lleva muy lejos, ya que ha habido ejemplos de miembros que, conminados a sacrificar gran parte de su fortuna en favor de la sociedad, lo han hecho sin vacilar. Estos compromisos, de los que acabamos de hablar. existen todavía, como también la propia sección "esotérica"... que no podría existir en otras condiciones... En tal círculo toda independencia está enteramente abolida."

La Sra. Besant, a su regreso de la India en 1924, exigió a todos los miembros de la sección "esotérica" un juramento de creencia y obediencia implícitas a ella como portavoz de los Maestros ocultos. Sin embargo, la Logia de Londres, que contaba con unos sesenta miembros, se negó a obedecer o a reconocer el gobierno autocrático y los objetivos políticos de la Sra. Besant. Por lo tanto, formaron un pequeño grupo fuera de su jurisdicción para el estudio de la religión comparada. Se dice que la sección "esotérica" de la Sociedad Teosófica consiste en tres círculos internos: Aprendices, Aceptados o Iniciados y Maestros de la Gran Logia Blanca. Muy similar al "Templo del Desierto" en el Cercano Oriente, al que pertenecen algunos de estos maestros ocultos, como se verá al hablar de la "Stella Matutina".

Como hemos demostrado, los objetivos políticos de la Sra. Besant están relacionados en gran medida con la perturbación de la India bajo la idea errónea de formar a los pueblos y religiones heterogéneos de la India en una "comunidad autónoma".

En 1907 pasó de la labor social a la política, aunque no fue hasta

1913 cuando se pronunció definitivamente a favor de la autonomía. Lord Sydenham, hablando en la Cámara de los Lores, el 24 de octubre de 1917, dijo de la Sra. Besant y sus objetivos:

> "Escribió un libro, que contiene más temerario desafío a los hechos que jamás he visto comprimido en el mismo pequeño espacio, y en su periódico Nueva *India*... dijo que "la India fue un perfecto Paraíso durante 5.000 años antes de nuestro advenimiento, que se había convertido en "un perfecto Infierno" debido a la "brutal Burocracia Británica"... El Gobierno de Madrás decidió hacer cumplir las disposiciones de la Ley de Prensa, y a la Sra. Besant se le ordenó dar seguridad para la buena conducta de su periódico. Como la violencia de la Nueva India continuaba sin cesar, la fianza fue secuestrada. Esto le dio derecho a apelar ante el Tribunal Superior de Madrás. El caso fue escuchado por tres jueces, de los cuales dos eran indios, y la acción del Gobierno de Madrás fue confirmada... Bien pudo uno de estos jueces señalar que "este pernicioso escrito debe tender a fomentar el asesinato al eliminar la detestación pública de tal crimen".

En su libro, *India as I knew it*, Sir Michael O'Dwyer escribe: "El Movimiento por la Autonomía de la Sra. Besant en la India, que posteriormente fue adoptado y ampliado por los extremistas indios, se inició en 1916, poco después de la rebelión del Lunes de Pascua en Irlanda". Se presentó como proyecto de ley privado en 1925 y de nuevo en 1927, pero despertó poco o ningún interés excepto entre los laboristas que lo patrocinaron.

La Sra. Besant fue una de las promotoras y accionistas originales de la Socialist Publication Company, registrada el 12 de abril de 1918, bajo el título de Victoria House Printing Co, Ltd., en la cual el Sr. Lansbury y otros teósofos eran los espíritus móviles. Esta compañía produjo el *Herald*, que se convirtió en el *Daily Herald* en marzo de 1919.

Además, Sir Michael O'Dwyer escribe en el mismo libro acerca de una entrevista concedida por Mrs. Besant en Bombay, el 28 de agosto de 1924, en la que ella dijo

> "Puedo decir... que he trabajado para el Partido Laborista durante estos cincuenta años de mi vida pública, y también que he sido miembro de la Sociedad Fabiana, a la que pertenecían varios de los Ministros, desde 1884... Creo que podemos decir con justicia que hemos hecho de la India una cuestión candente en la vida política de Inglaterra. Encontramos al Partido Laborista enteramente con nosotros, y como el Sr. Smillie dijo públicamente, la mayoría del Gabinete (Laborista) está con nosotros."

The *Patriot,* I de abril de 1926, hablando del 'Labour Research Department', originalmente el 'Fabian Research Department', observa: 'La mayoría de estos nombres muestran claramente lo rojos que se han vuelto estos fabianos rosas al verter sobre las iniquidades de los sistemas capitalistas existentes'.

La perspectiva política de George Lansbury es bien conocida - se unió a la Sociedad Teosófica en 1914, y era seguidor y creyente de Krishnamurti - y sus declaraciones sediciosas son muchas. En relación con la huelga de ferrocarriles de 1919 hubo uno que incitaba al odio de clases, como sigue:

> "Se necesita un Estado Mayor en Londres para evitar la revolución sangrienta deseada por la clase dominante, que sólo la habilidad política, el valor y la solidaridad de la clase obrera pueden impedir. Sabemos muy bien que hoy en día existe un gran elemento en la clase dominante que deliberadamente desea y pretende provocar una revolución sangrienta para que los obreros sean abatidos como perros y obligados a volver a la esclavitud a fuerza de bayonetas y ametralladoras."

Lo dice el seguidor del llamado "Príncipe de la Paz y el Amor".

En *Nueva India, el* 26 de enero de 1928, se oyó una vez más la voz de la Sra. Besant incitando al pueblo de la India a la revolución.

> ¡Despertad! Hombres y mujeres de todas las castas, clases y

> comunidades. La voz de vuestra Madre os llama, para hacerla Señora de Su Casa. No la abandonéis en su hora de necesidad. Boicotead a la Comisión Simon—*ANNIE BESANT*".

Como presidenta de la Asociación de Periodistas Indios, instó a los editores de los periódicos nacionalistas a boicotear todos los informes sobre los procedimientos de la Comisión Simon.

En *Francmasonería Universal,* el órgano oficial de la Sra. Besant de la Co-Masonería Universal, Equinoccio de Primavera, 1929, hay un artículo reproducido de *Nueva India,* que dice:

> "En medio de una crisis como la actual, aquellos que poseen el conocimiento interno deben hacer todos los esfuerzos posibles para llevar a cabo uno de los mayores triunfos que el mundo jamás conocerá... Traten de percibir el Gran Plan como un todo... Todo es un plan, y cada parte no es más que una parte, por mucho que pueda parecer un todo, todo por sí mismo... La India es la nota clave, la India es el centro de esa gran tormenta que marcará el comienzo de *una espléndida Paz*... Ningún verdadero Teósofo, y ciertamente nadie que esté trabajando para el *Gobierno Interno del Mundo,* se despreocupará del bienestar de la India... La Masonería ofrece una oportunidad muy especial para la práctica de la Hermandad... Debe haber una selección muy cuidadosa al principio en cuanto a la admisión, e insistir en la observancia más escrupulosa de las Obligaciones.-La Masonería ha sido dada a la India para que pueda ser una fuerza poderosa y organizada al servicio de la India".

Aparentemente, la India también debe ser separada, si es necesario, por la "grada gigante" de la revolución, para que pueda compartir esta misma "espléndida Paz", bajo cuyo yugo la verdadera Rusia ahora gime y sufre - una paz que ha de marcar el comienzo de la Fraternidad Universal y la Dominación Mundial del Centro Invisible del Gran Oriente revolucionario judeo-masónico, al cual está aliada la Co-masonería de la Sra. Besant.

El 24 de agosto de 1929, en Estados Unidos, según el *Chicago Tribune, hace* declaraciones falsas contra el Imperio Británico, que se extienden por todo el mundo.

En el Congreso Mundial de Teósofos en el Hotel Stevens, la Sra. Besant dijo que recientemente había estado tratando de ayudar a la India a obtener medidas políticas por las cuales el país pudiera deshacerse del 'yugo de Inglaterra'. Se estima que 70.000.000 de los 300.000.000 de habitantes de la India están muriendo de hambre'... 'El dominio de Inglaterra ha estrangulado la educación de la India y la fina civilización que tenía antes de la llegada de Inglaterra... El problema comenzó cuando se destruyó el sistema de aldeas bajo el cual la India prosperaba'. Y afirmó que los "impuestos" eran la causa de la hambruna generalizada (*Patriot*, 19 de septiembre de 1929).

> "... He estado tratando de ayudar a obtener el sistema de gobierno de dominio para la India, su única salvación. Espero que la revolución no llegue... Si estallara una revuelta, los ingleses, con sus bombas desde el aire y sus máquinas de guerra terrestres y acuáticas, simplemente los cortarían como el grano ante una guadaña."

Ella había anunciado previamente que iba a regresar a la India para incrementar el movimiento por la Libertad de la India, lo que podría significar una guerra de color. ¿Y qué hay detrás de este malvado trabajo de la Sra. Besant? En *The Theosophist*, octubre de 1928, se dice: "¡Los Maestros le han asegurado que el Estatus de Dominio para la India es parte del Gran Plan, y ella sabe que no se irá hasta que se logre esa libertad!". Y ella ha dicho: "Si ves a alguno de nosotros trabajando por algún movimiento en particular en el mundo, puedes saber que es parte del Plan Mundial". Y el Gran Plan es: "Un Nuevo Cielo y una Nueva Tierra, construidos sobre las ruinas de todos los viejos sistemas y civilizaciones establecidos."

CAPÍTULO III

LA SOCIEDAD ANTROPOSÓFICA

La historia temprana de Rudolph Steiner es un tanto misteriosa, pero algunos dicen que nació en 1861 en Krakjevic, Hungría, y otros que era austriaco. En 1902 se hizo miembro de la Sociedad Teosófica bajo la Sra. Besant, y fue Secretario General de la sección alemana hasta 1913, "cuando se separó de la Sra. Besant, nominalmente a causa del asunto Krishnamurti y el Pleito de Madrás; cincuenta y cinco de las Logias alemanas se separaron con él - cerca de 2.500 miembros en total. Entonces formó un nuevo grupo, bajo el nombre de "Sociedad Antroposófica", un nombre sin duda derivado de una obra, *Anthroposophia Magica*, fechada en 1650, del conocido alquimista y ocultista Thomas Vaughan.

Sus centros eran Múnich y Stuttgart, pero al no poder obtener el terreno necesario en Múnich para su templo, lo construyó finalmente en Dornach, Suiza. El "Johanneum", que más tarde pasó a llamarse "Goethenum", se terminó en 1920, y para ayudar a sufragar los enormes gastos formó una asociación llamada "Sociedad de San Juan", en alusión, según se dice, a la antigua hermandad de masones operativos. En este Goetheanum pretendía dar una nueva arquitectura, una nueva pintura y una nueva escultura. De hecho, era un símbolo de sus enseñanzas, totalmente panteísta y carente de belleza en su forma y diseño. Se incendió misteriosamente una noche a finales de 1922, pero más tarde se reconstruyó a escala más pequeña y menos costosa. Al parecer, Steiner nunca superó la pérdida de su Templo, y murió en Dornach, el 30 de marzo de 1925, siendo hasta el final un instrumento en manos de sus maestros, registrando sus enseñanzas e instrucciones.

En un artículo *del Patriot*, de octubre de 1922, una autoridad soun ha dado alguna información interesante sobre el Dr. Steiner y su historia pasada. Dice:

> "En esta etapa de mi investigación puedo referirme brevemente a la existencia de una rama de la Sociedad Teosófica, conocida como la Sociedad Antroposófica. Esta fue formada como resultado de un cisma en las filas de los teósofos, por un hombre de nacimiento judío, que estaba relacionado con una de las ramas modernas de la Carbonari. No sólo eso, sino que, en asociación con otro teósofo, se dedica a organizar ciertas empresas comerciales singulares que no son ajenas a la propaganda comunista; casi exactamente de la misma manera en que el "Conde St. Germain" organizó sus tintorerías y otras empresas comerciales con un propósito similar. Y este extraño grupo empresarial tiene sus conexiones con el movimiento republicano irlandés, con los grupos alemanes ya mencionados, y también con otro misterioso grupo que fue fundado por "intelectuales" judíos en Francia hace unos cuatro años, y que incluye entre sus miembros a muchos conocidos políticos, científicos, profesores universitarios y literatos de Francia, Alemania, América e Inglaterra. Es una sociedad secreta, pero se puede tener una idea de sus verdaderos objetivos por el hecho de que patrocinó la "Ligue des Anciens Combattants", cuyo objetivo parece ser socavar la disciplina de los ejércitos en los países aliados. Aunque nominalmente es una sociedad "de derechas", está en contacto directo con miembros del gobierno soviético de Rusia; en Gran Bretaña también está conectada con ciertos fabianos y con la Unión de Control Democrático, que se opone a la "diplomacia secreta".'... La tercera (fuerza) es la organización pan-judía, que es probablemente la cabeza de la fuente de todo internacionalismo, aunque es estrictamente nacional en su objetivo último - la Dominación Mundial... Por último, está la vasta red subterránea de Sectas Arcanas y Sociedades Ocultas que en Europa y América están representadas por las diversas Órdenes Continentales

> Rosacruces y Templarias, los Teósofos y los grados superiores de la Francmasonería Oriental, cuyo objetivo real es el derrocamiento de los ideales occidentales, la civilización occidental y la religión cristiana. De este sistema de intrincadas sociedades secretas, las diversas organizaciones Socialistas, Comunistas, Sindicalistas y Anarquistas son los topos políticos que indican la naturaleza de las madrigueras subterráneas que están minando los cimientos de nuestra civilización occidental... Se ha sugerido, y puede haber algo de verdad en la idea, que detrás de todos los movimientos subversivos hay todavía otra Fuerza sin nombre, más profunda en las sombras del submundo de la intriga secreta internacional - algo más grande que todo, y que lo dirige todo..."

Según un dirigente del *Morning Post del* 15 de mayo de 1925, el Dr. Steiner "estableció un vínculo entre los bolcheviques y las sociedades panalemanas y monárquicas, así como con los grados superiores de la masonería del Gran Oriente", y también estuvo asociado con el bolchevique Tomsky.

Como dijo el difunto Dr. Carl Unger, uno de los más devotos seguidores de Steiner, cuando se le pidió que definiera "Antroposofía" para el *Diccionario Oxford*, el Dr. Steiner escribió: "La Antroposofía es un conocimiento producido por el Yo Superior en el hombre"; es decir, el hombre cuyos "sentidos internos" han sido despertados por ciertos procesos, etc., enseñados por el Dr. Steiner en su llamada Ciencia Espiritual. Es la construcción de un medio. Para sus discípulos su definición era: "La Antroposofía es un camino de conocimiento para guiar lo Espiritual en el ser humano hacia lo Espiritual en el Universo". Aquí tenemos el axioma hermético: "Como es arriba es abajo"; la unión de la fuerza vital o Kundalini dentro del hombre con la fuerza vital universal fuera, formando el "hombre deificado", conociendo todo lo que fue, es y será, leyendo los registros impresos en la luz astral, bajo el control de estos llamados seres espirituales o maestros. Es la iniciación.

Hablando de esta iniciación en su conferencia "Cristo y el siglo

XX" (véase *Antroposofía*, Navidad de 1926), Steiner dice:

> "Los procesos a los que se sometía el alma del hombre en los antiguos Misterios eran tales que, a través de la influencia de otras personalidades más avanzadas (que a su vez habían pasado por esta "Iniciación Misteriosa"), se inducía una especie de estado de sueño (trance)... el cuerpo quedaba atrás... pero el alma (cuerpo astral) podía durante cierto tiempo contemplar el mundo espiritual (astral) *conscientemente.*"

Habiendo sido conducida de nuevo al cuerpo, "esta alma, habiendo participado en la vida espiritual (astral), podía entonces presentarse como profeta ante los pueblos..." Según esta Ciencia Espiritual, las antiguas enseñanzas-Sabiduría "emanan de los 'Iniciados'". Continúa: "En la época del comienzo de la Cristiandad, el alma del hombre había madurado para la 'Auto-Iniciación', bajo la guía de aquellos que conocían las experiencias por las que era necesario pasar, pero sin la cooperación activa de los dirigentes de los Templos o Misterios." Pero tenemos buenas razones para saber que los dirigentes de los Misterios de siguen cooperando en el plano astral, dando forma, tallando e iniciando a sus futuros instrumentos o "profetas".

Nos dice además que los Misterios,

> "entró en el gran escenario de la historia mundial a través de la fundación del Cristianismo... Jesús de Nazaret alcanzó el punto en el que... pudo unirse con un Ser que hasta entonces no se había unido con ningún individuo humano - con el Ser-Cristo... El Cristo impregnó el ser de Jesús de Nazaret" durante tres años. y "poderosas fuerzas brotan de este acontecimiento como impulso para todo el desarrollo humano posterior... Y el hecho de que fuera posible que el impulso crístico entrara en la humanidad se produjo porque el antiguo principio de la Iniciación se convirtió en *un hecho histórico*".

Después de la iniciación 'a través de mi propio ego, Dios me habla'. Es decir, se vuelve clarividente, clariaudiente e intuitivo, como en todos los grupos iluminados. Todo esto significa que el impulso crístico no es más que la fuerza iniciadora de la Serpiente o Logos de los gnósticos. En otra parte se nos dice que el Cristo fue enviado por los Dioses del Sol, la Luna y Saturno, ¡el Poder de la Serpiente!

El Dr. F. W. Zeylmans van Emmichoven escribe, *en Antroposofía*, Pascua de 1929: "En el Goetheanum de Dornach se alza un gran grupo esculpido por el Dr. Rudolph Steiner. Representa al Cristo como Representante de la Humanidad, colocado entre Lucifer y Ahriman". De este Cristo dice: "En el rostro todas las fuerzas parecen concentrarse en un punto de la frente, donde parece brillar la sabiduría divina." Esta es la Glándula Pineal, donde el Poder de la Serpiente interior se une con lo que está fuera. produciendo iluminismo y control. En sus conferencias de Stuttgart, 1919, Steiner dijo que para el rescate del mundo del materialismo el Oriente es demasiado luciferino y el Occidente (anglo-americano) es demasiado ahrimánico - conocimiento materialista. La misión de Alemania es dirigir el curso correcto entre los dos extremos y salvar al mundo. En otras palabras, ¡Alemania debía actuar como el Impulso de Cristo para el mundo!

Según la Sra. Besant, Krishnamurti, en trance, fue iniciado por los "Grandes", y así se convirtió en el "vehículo" del Maestro "Maitreya, el Cristo, el Salvador del Mundo". Como tal, enseñó al mundo en su libro "*Vida en Libertad*": "Así como cada ser humano es divino, cada individuo en el mundo debe ser su propio maestro, su propio gobernante y guía absoluto... No hay Dios excepto el hombre que se ha purificado (por la iniciación) y así ha alcanzado la Verdad". Sin embargo, como hemos visto, la individualidad de Krishnamurti está en suspenso, no es más que el "profeta" de su "dueño" y amo "Maitreya".

En su conferencia sobre "Cristianismo exotérico y esotérico", pronunciada en Dornach en abril de 1922, el Dr. Steiner expone su culto al Iluminismo cristiano. Hablando de las primeras tradiciones cristianas, dice:

> "Lo más que puede decirse es que existen en forma de notas históricas en los archivos de ciertas sociedades secretas, donde no son comprendidas. Todo lo que vaya más allá de las indicaciones fragmentarias relativas al Cristo después del Misterio del Gólgota debe ser redescubierto hoy por la Ciencia Espiritual Antroposófica... Es posible que la humanidad tenga Maestros Divinos... seres que descendieron a la Tierra desde el reino de las Jerarquías, y que... impartieron realmente enseñanzas espirituales. Los hombres que recibieron tal enseñanza... fueron capaces de inducir en sí mismos una condición de conciencia en la que sus almas (cuerpo astral) se retiraron de sus cuerpos físicos..."

Esto es Yoga, tal como se enseña en todos los grupos iluminados. La naturaleza de los llamados "Maestros Divinos" se explica así: "Los Seres de las Jerarquías Superiores están dotados de fuerzas por las que crearon Saturno, el Sol, la Luna y (a partir de éstos) finalmente la Tierra". Luego, para la evolución del hombre decretaron que era necesario el desarrollo del intelecto, y esto estos Dioses mismos eran incapaces de hacerlo, por lo que "los Dioses se vieron obligados... a entrar en un pacto con Ahriman (el "dios negro de los maniqueos, el Ahriman de los antiguos idólatras", según Eliphas Levi)... Se dieron cuenta de que si Ahriman era admitido una vez como Señor de la Muerte, y en consecuencia Señor del Intelecto, la Tierra ya no permanecería bajo su custodia...". Para evitarlo, los propios Dioses debían adquirir el conocimiento de la Muerte. Sólo les fue posible conocer la muerte tal como tiene lugar en la tierra enviando a uno de ellos mismos -el Ser Crístico- a la tierra. Era necesario que un Dios muriera en la tierra...".

> "Los Seres de las Jerarquías, pertenecientes a Saturno, Sol, Luna y Tierra, permitieron a Ahrimán desempeñar un papel en la evolución terrestre, pero lograron restringir su dominio, en el sentido de que lo utilizaron para los fines de la evolución terrestre. Sin Ahrimán, los Dioses nunca habrían podido convertir al hombre en un ser de intelecto; si no fuera porque el límite de su poder se rompió en el momento del acontecimiento crístico, Ahrimán habría logrado

> intelectualizar completamente la Tierra, reduciéndola a un estado de materialismo absoluto."

Uno no puede dejar de ver a simple vista que esto no es más que otro culto panteísta e iluminado de la O.I.A. -el Sol, la Luna y el Fuego destructor, el Poder Serpiente o fuerza vital de toda la Naturaleza- entretejido con la tierra". Es la "fijación de la luz astral en una base material", formando herramientas iluminadas. Es el Dios Pan surgido una vez más, tocando su vieja pipa misteriosa, mostrando los misterios de los triángulos entrelazados-generación, creación. Mediante esta fuerza, el mundo debía ser iniciado o iluminado, pero antes Saturno debía desintegrar y destruir todos los viejos sistemas y religiones establecidos, y de las cenizas, como el Fénix de antaño, debía surgir el nuevo reino de Lucifer - ¡la Gran Perversión! No por el intelecto y la razón, sino por la negación y la fe ciega.

Después de estudiar el "Conocimiento de los Mundos Superiores" de Steiner, o "Camino de la Iniciación", se hace cada vez más claro que significa en realidad una preparación para la obsesión de estos seres ocultos, de los que tanto habla Steiner, que, trabajando en el plano astral, buscan por todas partes incautos e instrumentos a través de los cuales puedan llevar a cabo la Revolución Mundial que conduce a la Dominación del Mundo. Por este medio estos seres instruyen y orientan, construyendo una "Ciencia Espiritual", a través de un iluminado adepto y maestro como lo fue Steiner, por medio de la cual muchos más son entrenados, instruidos y reunidos en su redil de utilidad diabólica, en gran parte bajo la creencia errónea de que el esquema está divinamente inspirado para la "evolución superior del mundo."

Aunque, como veremos, la Antroposofía ha sido declarada por Steiner como una sociedad enteramente pública, aún así escribe: "Sólo se explicará aquí tanto como pueda ser impartido públicamente". Su ciencia sigue siendo "oculta", y en todo lo que importa permanece secreta y oculta. Hay tres etapas en su esquema de iniciación:

(I) *Probación*. - El despertar de los sentidos internos mediante la meditación. Para ello, se requiere devoción, reverencia, humildad, el silenciamiento de toda crítica o juicio adverso; lo personal debe ser subyugado, la visión universal debe ser despertada para el servicio de la "humanidad". Hay que cultivar la calma, que conduce a una pasividad completa, y hay que cerrar el paso a todas las impresiones del mundo exterior; luego viene el "silencio interior", en el que los "seres ocultos" le hablan. Para el despertar de estos sentidos debe, si es posible, vivir cerca de la Naturaleza, entre los bosques perfumados de pinos y las arboledas, o contemplar las cumbres nevadas. En estas meditaciones sus pensamientos deben estar orientados por los pensamientos de hombres avanzados que, según Steiner, a lo largo de los tiempos han sido inspirados de este modo por seres similares: "¡El Bhagavad Gita, el Evangelio de San Juan, Thomas à Kempis y la Ciencia Espiritual!". Aquí tenemos el juanismo y uno de los conocidos métodos de Weishaupt empleado más o menos universalmente en el iluminismo. La Kundalini debe ser despertada por la concentración en el *sentimiento* producido por el crecimiento y la decadencia en la naturaleza, uno semejante a un "sol naciente", la fuerza vital activa, y el otro a la "luna naciente", la fuerza vital pasiva; y esto abre el "plano astral". Nunca debe *intelectualizar*, sólo *sentir*. Esto conduce a la orientación: comienza a oír. La pasividad debe extenderse "a la escucha sin crítica, incluso cuando se expone una opinión totalmente contradictoria, cuando se comete ante él el error más irremediable; entonces aprende, poco a poco, a fundirse con el ser del otro e identificarse con él". Esto le entrenaría a desprenderse de su propia personalidad y opiniones, exponiéndose a la obsesión de otro, o incluso de estos seres ocultos," en el plano astral, que sólo en tales condiciones pueden comunicarse con él, implantando sus ideas en un "recipiente vacío."

(2) *Iluminación*. - De nuevo. despertando aún más estas fuerzas positivas y negativas de la Kundalini - la fuerza unida que debe eventualmente atraer las fuerzas controladoras de los maestros - se vuelve clarividente, y ve los colores de estas fuerzas: son rojo-amarillo y azul, los polos positivo y

negativo del OD de los judíos, la luz astral. Finalmente, despierta la fuerza central y unificadora, entonces se encuentra con estos seres. Además, hay que vencer todo miedo, pues, como dice el ritual de Stella Matutina, "el miedo es el fracaso", ya que sin la fe intrépida del sujeto hipnotizado, por parte del adepto, estos seres no pueden intentar con seguridad la etapa final de esta obsesión diabólica.

(3) *Iniciación.* - Debe pasar por "pruebas" que pongan a prueba su resistencia y su fe. En ellas se disipan todas sus dudas, actúa instantáneamente inspirado por estos seres, deja de actuar y pensar por sí mismo, es controlado - "como es arriba es abajo". Ahora se convierte en un recipiente de luz, y estos maestros le enseñan cómo aplicar el conocimiento recibido y utilizarlo para la "humanidad", o más correctamente, contra la humanidad. Se le dice que "sólo debe prestar su mano a la destrucción, cuando también es capaz, a través y por medio de la destrucción, de promover una nueva vida" - el antiguo credo del Iluminismo, "¡el mal ayuda a avanzar al bien!" Es la perversión, y el camino hacia la Revolución Mundial, no hacia la "salvación y evolución superior del hombre", sino que conduce a su retroceso colectivo, y a la muerte de toda civilización cristiana, tal como se ve en la Rusia de hoy.

Lo que sigue, tomado del artículo de M. Robert Kuentz, "Le Dr. Rudolph Steiner et la Théosophie actuelle", en *Le Feu*, diciembre de 1913, es interesante por estar aparentemente escrito desde dentro.

Da textualmente veinticuatro preguntas que formuló al representante de Steiner en Francia, sobre la sociedad de Steiner y su conexión con la masonería del Gran Oriente y el rosacrucismo, cuestionario que fue evadido y nunca contestado. He aquí algunas de las preguntas:

I. ¿Existe o no similitud entre las ceremonias ocultas de Steiner y las del Gran Oriente? ¿Las fórmulas son las mismas? ¿Encuentras en ellas la historia de Hiram y las tres circunvalaciones en la oscuridad, con los ojos vendados (¡esta última debe ser familiar a los miembros de la Stella Matutina!)?

4. Los ejercicios dados por Steiner, incompletamente, en su libro *Iniciación* - ejercicios cuyos detalles y desarrollos ocultos he visto dados por el propio Steiner - ¿no conducen muy seguramente a ese estado mental masónico, tan bien conocido por mí?

5. Los ejercicios, por ejemplo, llamados "Fe", y el que desarrolla la "Pasividad", ¿no orientan al alumno de tal manera, hacia la *credulidad* por un lado y el terror de todo espíritu crítico por el otro, que la mente así trabajada está dispuesta a digerir todo lo que se le ofrece y a encontrarlo bueno y bello incluso cuando es feo y malo?

6. ¿Hay, en verdad, un gran número de tontos o mentes desequilibradas en la masonería del Dr. Steiner y pocos realmente inteligentes?

8. ¿No dice el Dr. Steiner en sus libros que la Teosofía, que no tiene credo, se eleva por encima de las religiones que tienen credos y las domina?

9. Sin embargo, ¿no oficia Steiner ante el altar en su Templo de la Rosa-Croix?

10. ¿No es el Sumo Sacerdote de esta Orden?

11. ¿No tiene las vestiduras sacerdotales, como los sacerdotes católicos?

12. ¿No se casa con los masones teosóficos?

14. ¿Desea construir el "Templo", llamado "Bóveda", en Munich, porque, además, representará el símbolo que expresa esa palabra?

> 16. ¿Por qué en los escritos de Steiner no hay rastro de todo eso, de ese "Santo de los Santos", de esa escuela masónica, donde sólo penetran los "elegidos", es decir, aquellos que han estudiado conscientemente los libros de Steiner y que han hecho los ejercicios indicados en el libro *Iniciación?*
>
> 17. ¿Juran ellos mismos (bajo pena "de vagar por el espacio eternamente sin guía") guardar el secreto de lo que van a ver en el Templo, antes de saber nada de lo que prometen con este juramento, que sin duda debe aterrorizar a los videntes y a los débiles mentales (¡similar al juramento de la Stella Matutina!)?
>
> 24. El título "Gnosis de Lucifer", de la antigua revista de Steiner, ¿no es desafortunado e innecesariamente problemático, si no significa realmente una verdadera iniciación luciferina (satánica) y gnóstica?

M. Robert Kuentz sigue dando el equívoco que obtuvo en lugar de respuesta a su cuestionario:

> "He aquí el mandato de la masonería. Responder sin rodeos a estas preguntas directas me habría conferido simplemente la iniciación propiamente dicha, en ese mismo momento, sin los ritos ordinarios ni las condiciones requeridas. La iniciación no es más que la respuesta a estas preguntas, después de la promesa bajo juramento por parte del candidato de no traicionar este secreto, y cuando el discípulo ha sido suficientemente alienado de su propio libre juicio para soportar y aceptar esta "verdad" sin horror, o sin comprender ya la naturaleza de la misma o a lo que conduce. Esta pulverización de las facultades mentales, este tratamiento de la mente por el proceso de "ejercicios ocultos" al que se somete al discípulo, que sin duda pronto se convertirá en el "paciente", explica en el Steinerismo estos adeptos de buena fe de moral incontestable que son víctimas que siguen un fin y unos maestros de los que son ignorantes, bajo la ilusión del idealismo. (Esto se aplica a todas las Órdenes de este tipo).
>
> "La respuesta del representante de Steiner fue "confesar que

> son tales dudas las que formaron un tamiz en torno a las enseñanzas de Steiner, las que dispersan a todas las mentes débiles de su esoterismo"... Tampoco quiso dar más información que la contenida en los documentos que yo ya poseía, para que "¡mi creencia en sus explicaciones no ocupe el lugar que sólo mi libre y absoluto juicio debería inspirar!"".

Hablando de su propio cuestionario, M. Kuentz comenta:

> "¿No fue un gesto caballeroso de confianza pedir, no pruebas, sino una palabra de honor negando los hechos incriminatorios. *Por lo tanto, ¡estamos obligados a aceptar los hechos*!"

Describiendo estos ejercicios pulverizadores de la mente de la Iniciación de Steiner, M. Kuentz escribe:

> Sin ir más lejos, sin embargo, se adivina fácilmente que no tiene que ver con la "Fe" sino con la "Credulidad", y con una rara y devastadora "pasividad", si se quiere poder aceptar con tranquilidad las monstruosidades religiosas e históricas plasmadas en la primera parte de este estudio. Sin embargo, Steiner llama a esta "pasividad, equilibrio" y le cedo de buen grado la originalidad de su expresión. Al describir una cualidad que permite aceptar con confianza que el "Reloj de la iglesia vecina se ha colocado súbitamente, durante la noche, en posición horizontal". El discípulo, dice Steiner, en el quinto ejercicio no debe rechazar lo extraño como absurdo. Todas las cosas asombrosas que se le presenten debe dejarlas de lado sin rechazarlas. Para llegar hasta aquí debe haber un entrenamiento completo, un régimen deprimente al que someterse, variando según el candidato; éstas son las etapas de la prostitución de la mente.
>
> "Desde el primer ejercicio, que consiste en "concentrarse en un pensamiento" (trivial para empezar), se habitúa al alumno a perder el contacto con el sentido de lo práctico y real; el segundo le inculca una loca rutina, indispensable para el perfeccionamiento de su desvarío interior. El tercer ejercicio es en verdad "pasividad". ... Es aquello que embota la fuerza del sentimiento y del sufrimiento, que apaga mecánicamente

> el entusiasmo, el horror y toda sensación fuerte y sana, que sopla sobre la mente en nombre del "temperamento equitativo" como un siroco de indiferencia. Entonces uno está listo para la "positividad" - ejercicio cuatro-veritable de erosión de la facultad crítica... Se dice que el alumno esotérico sabe bien que si aún retiene la mente crítica, debe renunciar a toda esperanza de desarrollo oculto, ¡más bien debe ayudar a curarse de tal! Sólo entonces es capaz del quinto ejercicio: "para desarrollar un cierto sentimiento de fe, ya no debe rechazar de entrada nada, sea lo que sea, que se presente a su mente".
>
> "¡Este es el terrible noviciado al que hay que someterse durante mucho tiempo para llegar a ser un iniciado apto! Se ve aquí la formación sistemática de la mente masónica; como también la inspiración insinuante y sutilmente engañosa de una especie de alucinación (o hipnosis) que asegura su docilidad. Estos ejercicios ocupan todas las facultades y tienen curiosas precisiones.

¡Lee esto!

> "Los ejercicios interiores se hacen por la noche y por la mañana en la cama. Debes imaginarte que estás en mares de luz desde los que las ondas de fuego entran en el cuerpo. Entonces la cabeza, la mitad del cuerpo y todo el cuerpo deben vivir sucesivamente por separado: por la frente (glándula pineal) entra la luz, y oyes una voz en la raíz de la nariz que dice: "Los rayos puros de lo divino están en ti". El corazón a su vez oye algo parecido, sólo que los rayos pasan a través de él. Luego habla el abdomen (¡no te rías!), para que la fuerza del mundo salga por el ombligo"

Ahora sabemos que el movimiento de Steiner no sólo está aliado con la Francmasonería del Gran Oriente, si no que también es Rosacruz; con respecto a esto último tienen que guardar silencio forzosamente ya que, como los Illuminati de Weishaupt, ningún Rosacruz puede admitir que lo es. M. Robert Kuentz describe así la "Iniciación al Grado de Aprendiz Rosacruz" de Steiner:

"Por la noche comienzan por reunir a todos los nuevos adeptos, y después de un pequeño sermón de Steiner, vago y fraternal, se os dice que firméis un papel por el que reconocéis que Steiner es *el Gran Maestre de la Orden de la Rosa-Croix*; se añade que debéis suscribir los gastos de la Orden, que debéis considerar a vuestros inferiores como vuestros iguales, y termina con la fórmula del juramento indicada en mi cuestionario... Se os dice de antemano que os vistáis preferentemente de blanco. Entras, reconoces a los teósofos; hay un aire de misterio; todos hablan en voz baja... Te vendan los ojos y te quitan todo el metal: cadenas, anillos, etc. Un oficial detrás de ti te pone las manos sobre los hombros, entonces comienza la procesión.

El primer diálogo tiene lugar ante la puerta del Templo... La puerta del Templo se abre, y pasas dentro, y circunvalas la habitación tres veces, sentándote tres veces, durante las cuales el "Maestro de Ceremonias" declama con voz religiosa, misteriosa y como una esfinge, las conocidas fórmulas del rito utilizado por el Gran Oriente... Entonces por fin te sientas todavía con los ojos vendados, y sientes que algo sucede en tu cintura y cuello. De repente el vendaje es levantado por el guía, y ves frente a ti una calavera que Steiner sostiene bajo tu nariz. Steiner tiene una escolta, una a cada lado, un diácono y un vicediácono (¡como en la misa católica liberal!), portadores de velas de cera: todo en una densa oscuridad. La venda vuelve a caer: al cabo de un tiempo te la quitan del todo, estás... *Iniciado*: empiezas a ver la luz. Esta luz proviene de velas de cera colocadas en tres altares; por todas partes cuelgan cortinas negras, símbolo de la oscuridad que siempre está cerca... Steiner, el Sumo Sacerdote, está completamente vestido de rojo, con una larga cola mefistofélica y un gorro rojo; está ante un altar, en forma de cubo, sobre el que hay un crucifijo, una copa y una vela; los dos servidores, con delantales masónicos, están ante otro cubo sosteniendo velas; el Gran Maestro de Ceremonias está cerca de Steiner (una mujer de la alta nobleza bávara, bien conocida por los teósofos, ocupaba a veces este cargo; llevaba una especie de alba y casulla). Te miras y ves delante el delantal masónico con el triángulo y la paleta. Pones la mano sobre el Evangelio de San Juan (juanismo); luego te dicen la contraseña, el signo de aprendiz y el nombre sagrado que sólo puedes balbucear; es YAKIM. Luego con dos espadas extendidas se hacen curiosos signos delante de ti. Luego un sermón de Steiner sobre la leyenda de Hiram y Salomón... Luego el Banquete, durante el cual se busca el Templo subterráneo, la Bóveda, que se está construyendo entonces en Munich (sin duda el banquete panteísta del iluminismo). Segundo discurso de Steiner, que se ha quitado la túnica roja y ahora lleva un alba de encaje; habla del Triángulo y del ojo de Dios (?), que está en el centro del Triángulo y del ser del hombre. (Este es el Triángulo de la manifestación, y el ojo es el poder manifestado - el Principio Creativo Universal, la luz astral del Iluminismo, pues tal es el Steinerismo). Cierre de la ceremonia, que ha durado cuatro horas: golpes rituales con mazos en los tres cubos; velas apagadas y encendidas de nuevo, se retiran los paños negros del entierro; se os rodea de rojo de sangre de buey (rubí el color de la unidad); ¡por fin es la luz! ... ¡Ite missa est! ... ¡Estás *Iniciado!*

"No conozco forma más precisa e insidiosa que el ocultismo de Steiner (de este satanismo del siglo XX).

"Esta es la conclusión a la que me ha llevado mi investigación... Steiner ataca primero al individuo cuyas facultades trastorna; luego arruina la sociedad sacando a sus adeptos de entre ella; y por último y sobre todo al hacer del hombre Dios (el 'Hombre Deificado') su ritual laico desafía y abrasa la religión con la anarquía de Lucifer. Para justificar y concluir este estudio, no podemos hacer nada mejor que citar a M. Ferrand: "¡Conocer a los teósofos es un deber social, desenmascararlos un deber político y combatirlos un deber religioso!".

"Añadamos que el Aprendiz-Rosacruz no es más que la periferia de la Orden Rosacruz. Siguen Órdenes menores y Órdenes sagradas en las que la iniciación va más lejos... ¡mucho más lejos!"

Robert Kuentz habla del "Templo subterráneo", el "Santo de los

Santos" que Steiner estaba construyendo entonces en Munich. Presumo que éste contenía la "Bóveda" o Tumba de los Adeptos, que figura en todos los grados y ceremonias rosacruces superiores.

A pesar de la naturaleza secreta y "oculta" de las enseñanzas de Steiner, que conducen a la iniciación final y a la pérdida de la personalidad bajo el control de estos supuestos seres espirituales o maestros en el astral, y a pesar de sus grados secretos masónicos y rosacruces, Steiner, en su *Hoja Informativa*, Xmas 1923, escribió:

> "La Sociedad Antroposófica es una organización enteramente pública: la política no la considera entre sus tareas. (Todas las publicaciones de la Sociedad estarán abiertas al público, al igual que las de otras sociedades públicas. Lo mismo ocurrirá con las publicaciones de la Escuela de la Ciencia Espiritual; pero con respecto a estas obras, los responsables de la escuela se reservan desde el principio el derecho de negar la validez de las opiniones que no estén respaldadas por las cualificaciones adecuadas, es decir, por la formación de la que son fruto las propias obras. En este sentido, y como es habitual en el mundo científico reconocido, no admitirán la validez de ningún juicio que no esté basado en los estudios previos requeridos. Las publicaciones de la Escuela de Ciencia Espiritual contendrán, pues, la siguiente nota:
>
> "Impreso en manuscrito para los miembros de la Escuela de Ciencia Espiritual, clase "Goetheanum" ... ninguna persona se considera capacitada para formarse un juicio sobre el contenido de estas obras que no haya adquirido a través de la propia escuela o de una manera equivalente reconocida por la escuela - los conocimientos preliminares requeridos; otras opiniones no serán tenidas en cuenta: los autores declinan tomarlas como base de discusión."

El investigador de esta fiable (?) Ciencia Espiritual adquiere así su conocimiento:

> "Él, por las facultades que están en él (¡sus sentidos internos despiertos!), entra conscientemente en los mundos donde habitan los seres espirituales y tienen lugar los procesos espirituales. Ve seres espirituales y procesos espirituales, y ve también cómo los seres y los procesos del mundo físico surgen de lo espiritual. La escuela conducirá a sus miembros a las regiones del mundo espiritual que no pueden revelarse en ideas, donde es necesario encontrar los medios para expresar la imaginación, la inspiración y la intuición. Aquí también los diversos departamentos de la vida -artístico, educativo, ético, etc.- serán llevados a aquellas regiones donde reciben la luz esotérica y el impulso para el trabajo creativo."

Si sustituimos "astral" por "espiritual" y hombres de carne y hueso que trabajan en el plano astral "por-seres-espirituales", llegamos de nuevo al juego milenario de estos judíos cabalistas, que buscan la Dominación Mundial a través de crédulos incautos y herramientas iluminadas-permeando, de esta manera, todos los departamentos de la vida nacional, social y religiosa con sus ideas de desintegración y sistemas de perversión.

Otro método desarrollado por el Dr. Steiner para producir este iluminismo destructor de la mente es la "Euritmia", construida, como en otras Órdenes ocultas, a partir de la inspiración mística y mágica. Aquí estamos jugando con las fuerzas ocultas de la Naturaleza, y se convierte en magia, blanca o negra, según la fuente inspiradora. Hoy en día existen muchas formas sencillas de danzas eurítmicas, suecas y folclóricas bastante inofensivas e incluso saludables. La mayoría de estas Órdenes se han creado a través de comunicaciones de maestros ocultos, en gran parte o en su totalidad, con fines sub versivos; por lo tanto, la euritmia inspirada en ellas sería un peligro no sólo para el individuo, sino también para el país en el que se enseña, ya que, como nos dice Eliphas Levi: "La magia negra es un contagio de vértigo y una epidemia de sinrazón"; incluso como la que padece hoy en día nuestro país.

Primero debemos comprender que el hombre mismo es un

pequeño universo - el *Microcosmos* - dentro del Gran Universo - el *Macrocosmos* - ligado por las mismas leyes y construido con las mismas fuerzas. El éter lo impregna todo y lo une todo: "como es arriba es abajo". En su "Euritmia", Steiner utiliza las vocales para representar las actividades planetarias, y las consonantes las del Zodíaco. En el siglo XVI, Cornelius Agrippa atribuyó las cinco vocales y las consonantes j y v a los siete planetas; las consonantes *b, c, d, f, g, l, m, n, p, r, s, t,* a los doce signos del Zodíaco; *k, q, x, z,* a los cuatro elementos, y h, la aspiración, al espíritu del mundo - el éter.

Además, Arthur Avalon, en su traducción del sánscrito *del Tantra de la Gran Liberación*, dice:

> "Un Mantra se compone de ciertas letras dispuestas en una secuencia definida de sonidos, de los cuales las letras son los signos representativos. Para producir el efecto diseñado, el Mantra debe entonarse de la manera apropiada, de acuerdo con el ritmo y el sonido... un Mantra es *una potente fuerza apremiante*, una palabra de poder."

En uno de los Tantras se dice: "Temo, ¡oh Señor! que incluso lo que Tú has ordenado para el bien de los hombres, a través de ellos resulte para mal". ¿Es, pues, la euritmia del Dr. Steiner para el "gran bien o para el gran mal"?

Su euritmia parece ser mágica, despertando y volviendo a despertar las fuerzas correspondientes en el hombre y en el universo, tal como sabemos que ocurre en todas las ceremonias de estas órdenes ocultas. Las vibraciones son puestas en movimiento por el sonido, el ritmo, el color y el movimiento, atrayendo por polaridad las fuerzas magnéticas más sutiles de la Naturaleza, creando vínculos no sólo con fuerzas universales semejantes, sino con otras mentes que trabajan con el mismo conjunto de vibraciones, teniendo la misma nota clave, sin duda, ¡con aquellos que inspiraron la euritmia! En *Antroposofía se* dice: "La euritmia es en verdad una expresión del Canto de las Estrellas, del discurso de los dioses al hombre". Se trata de la flauta del dios pagano Pan, las vibraciones de la armonía de siete voces de los planetas. Siendo los dioses las fuerzas de la Naturaleza, así con los antiguos egipcios Osiris representaba el Sol, Isis la Luna, Apofis el fuego destructor -sol, luna y fuego del Poder de la Serpiente, la luz astral que Eliphas Levi nos dice que es en sí misma una fuerza ciega, pero que bajo el ímpetu de voluntades poderosas es la base de toda magia, tanto negra como blanca. De nuevo dice *la Antroposofía*: "El movimiento en la euritmia pasa en forma plásticamente visible a la *luz*, y es visto por el ojo". Por consiguiente, estos movimientos atraen y hacen descender esta misma luz astral, y estas fuerzas son atraídas hacia el individuo que "se convierte en portador del yo espiritual", ¡o no es el espíritu de otra mente obsesionante!

Nos preguntamos, pues: ¿Acaso Steiner, mediante la clarividencia, la clariaudiencia y las enseñanzas impresionistas, inspiradas por los maestros o "seres espirituales", evolucionó y construyó su euritmia? ¿No eran estos maestros el mismo Poder Invisible que dirige e instruye a todos estos grupos ocultistas para la realización de sus planes mundiales? Si es así, ¿no es esta euritmia simplemente un medio de crear "recipientes de luz", receptores y transmisores de estas fuerzas, hipnóticamente controlados por estos maestros, ciegamente obedientes a todas sus sutiles y secretas sugestiones? ¿No son sólo mantras eurítmicos, potentes fuerzas apremiantes, que despiertan la Kundalini, creando iluminismo, provocado por la fuerza de voluntad de estos maestros desde el exterior?

En La *Red Socialista*, citando el relato de Walter Pahl sobre la religión del "Movimiento Juvenil de Alemania", la Sra. Webster escribe:

> "Ya no eran cristianos, así que liberaron el cuerpo y se entregaron a *"la danza de la tierra y las estrellas dentro de nosotros*", con el fin de restaurar la gran armonía y santidad en nuestras vidas. *La danza, de hecho, ofrece la mayor emoción religiosa a una gran parte de nuestra juventud alemana*". Es aquí donde podemos rastrear la inspiración de la danza eurítmica practicada por los Steineritas de Alemania,

etc. "

En *Antroposofía,* el primer número de esa publicación trimestral steinerista, encontramos un artículo sobre la "Euritmia", en el que se dice: "La Euritmia ha surgido de la esencia de la Ciencia Espiritual Antroposófica, y se basa en la comprensión *de la verdadera naturaleza del hombre y su relación con la Tierra, así como con los Misterios Planetarios y Zodiacales del Cosmos.*" ¿No es esto "la tierra y las estrellas dentro de nosotros" del "Movimiento de la Juventud"?

De nuevo, citando a los Steineritas:

> "El cuerpo etérico obtiene su movilidad interior de los mundos planetario y zodiacal (¡mundos estelares!), por tanto de las fuerzas cósmicas... En la Euritmia, el ego traslada conscientemente la movilidad al cuerpo físico (tierra)... (el ego puede atraer estas fuerzas a los distintos cuerpos). El espíritu de la vida se expresa".

Esto es fijación de la luz astral en un cuerpo material; es la iluminación o iluminismo como se representa en el dibujo "Anthropos", -como es arriba es abajo- al principio del segundo número de su trimestral. ¿Acaso esta danza emocional del "Movimiento de la Juventud" en Alemania no despierta la Kundalini de la misma manera y con el mismo propósito? Y de hecho, ¡ambos movimientos son totalmente panteístas!

Al tratar de explicar la *razón de ser* del culto de Steiner y su euritmia, que incluso ahora está penetrando en la educación y en las escuelas -como dicen los "Protocolos": "Reeducación de la juventud mediante nuevas religiones temporales"- podría servir de algo compararlo con las danzas rítmicas y el culto de la primitiva Secta Rusa, el "Khlysty", o "Pueblo de Dios", al que pertenecía Rasputín, ese genio licencioso y malvado de Rusia.

El culto del Dr. Rudolph Steiner es, como hemos visto, en gran parte gnóstico, y es maniqueísmo, que supone dualismo en la

Deidad, desigualdad en el Absoluto, inferioridad en el Poder Supremo. Es luciferino. Tiene por meta la deificación panteísta del hombre.

La Khlysty - una secta dirigida por Cristos u hombres deificados - se remonta generalmente a mediados del siglo XVII. Se dice que su fundador fue un soldado fugitivo de , Danila Philippovitch, que arrojó sus numerosos libros de piedad al Volga, declarando que era una reencarnación de "Dios Padre", y que no había más Dios que él mismo, que el único "Libro de Oro" de la inspiración estaba dentro de cada uno de nosotros; ¿no es esto la "intuición", el dios de Krishnamurti, el "Genio Superior" de los Rosacruces, el "Dios interior" de Mme Blavatsky? Junto con Ivan Timothéiévitch Souslov, su "Cristo", vagó por Rusia difundiendo su culto, y se decía que este culto era una forma de gnosticismo, en particular maniqueísmo y montanismo. Montanus se entregó a un libertinaje sin límites de frenesí y éxtasis, como es evidente entre los Khlysty; pretenden espiritualizar la materia, pero en realidad materializan el espíritu, y el culto de los Khlysty muestra una concepción panteísta de la Deidad. La secta era más o menos secreta, y el recién afiliado juraba mantener en secreto todo lo que veía y oía durante las ceremonias; sufrir el fuego, el knout, la tortura y la muerte, antes que renegar de su fe. Además, estaba obligado al celibato, ¡aparte de su secta!

En su culto oficiaban el Padre, la Madre, los Profetas y las Profetisas, y su forma principal y más popular era el "fervor". El fervor consistía en numerosas figuras rítmicas de danzas circulares siempre en movimiento con el sol, siempre acelerándose, y acompañadas de cánticos y exclamaciones, a veces "¡Eva Evo!" - el grito de las Bacantes del dios Dioniso, el I.A.O. de los Rosacruces—los cantos marcando el ritmo el fervor. Producía la ilusión de moverse como en alas, y solía prolongarse durante muchas horas; a veces terminaba con la pronunciación de la "palabra" o de profecías, o se apagaba la luz, seguida de una orgía sexual. Pronto se dieron cuenta de que no podían vivir sin este fervor; antes renunciarían a un dogma o a una regla moral. El objetivo del fervor era el descenso del "Espíritu" o luz astral, divinizando y creando "Cristos": ¡iluminismo!

En su libro *The Russian Sect, the People of God*, or the Khlysty, M. J. B. Severac cita lo siguiente como explicación de este fervor:

> "La historia de todos los tiempos, escribe M. Ribot, abunda en procesos fisiológicos, empleados para producir éxtasis artificial... por así decirlo, tener la divinidad dentro de uno mismo. Hay formas inferiores, la intoxicación mecánica producida por la danza, la música rítmica de los primitivos, que los excita y los pone en condiciones de inspirarse; el soma, el vino, la Dionisia, las orgías de Ménades, el derramamiento de sangre tan extendido en los cultos de Asia Menor, la diosa Atys, los coribantes, los galos, que se mutilan y se cortan con espadas; en la Edad Media los flagelantes, y en nuestros días los faquires y los derviches, etc."."

M. Séverac dice:

> “El fervor del pueblo de Dios tiene su lugar junto a estos ejemplos de procesos fisiológicos de forma inferior destinados a alcanzar esta divinidad”.

Esta Euritmia del Dr. Steiner, que también va acompañada de música rítmica, por muy erudita, científica y ocultamente que esté pensada y aplicada, alcanza ni más ni menos que el fervor de estos gnósticos primitivos, los Khlysty. Su dios no es ni más ni menos que el dios de todo el Iluminismo, el principio creador de toda la Naturaleza, y en ambos grupos buscan despertar la Kundalini, la serpiente interior, para que puedan ser, según ambas creencias, "penetrados" por el "espíritu" universal de la Naturaleza desde fuera, a fin de producir la condición conocida como "deificación", un Iluminismo que puede unirlos, desconocidos para ellos mismos, con sus "maestros", el judío cabalista, el originador del misticismo gnóstico. Así se convirtieron en un oráculo o instrumento.

Dmitry Merejkovsky, el escritor histórico ruso, hace que uno de sus personajes en "Pierre le Grand" describa así el credo de los

Khlysty, un credo aplicable a muchos movimientos más o menos degradantes y desequilibrados de hoy en día:

> "Te explicaré un gran misterio: si deseas vivir, mortifica, por la gloria de Dios, no sólo tu cuerpo, sino también tu alma, tu razón y hasta tu conciencia. *Libérate de todas las reglas y de todas las leyes, de todas las virtudes del ayuno, de la abstinencia y de la virginidad.* Libérate de la santidad. Desciende a ti mismo como a una tumba. Entonces, muerto misteriosamente, resucitarás, y en ti morará el Espíritu Santo, y nunca lo perderás, hagas lo que hagas." "¡Creía volar sin saber hacia dónde volaba, si hacia el Cielo o hacia el abismo, hacia Dios o hacia el Diablo!".

Este es el camino de la cruz del Iluminismo, y conduce sin duda al abismo y a la degradación moral.

En las conferencias de Steiner, pronunciadas en Stuttgart en 1918, nos hacemos una idea muy clara de su punto de vista político en aquella época, y nos vemos obligados a concluir que no era el de un elevado maestro espiritual. He aquí un auténtico resumen:

> "Habla de la guerra en todo momento como alemán, y da la impresión de que Alemania debería haber ganado, y eso le habría complacido. Habla extensamente de la violación de Bélgica, pero no dice ni una palabra de condena. Explica el sistema bolchevique; aparentemente lo aprueba, ya que da como suya la opinión de que sólo los trabajadores deben tener derechos, el capital es erróneo y debe desaparecer; los medios de vida no deben depender del trabajo, etc. Cuando compras, por ejemplo, un abrigo, con tu dinero estás comprando el trabajo de los hombres, ¡y él lo condena! El dinero sólo debe servir para comprar bienes. (No explica las contradicciones).
>
> "Una obra de arte está, digamos, en Roma; un 'burgués' (capitalista) puede ir allí a verla; su dinero ordenará el trabajo de muchos ferroviarios, etc... para permitirle disfrutar de la vista de esa obra de arte. ¿Por qué un pobre obrero, al que pertenece tanto como al burgués, no puede verla? Hay que

llevar las obras de arte a los obreros de todas partes. El dinero que se deja con interés compuesto en un banco se duplicará en catorce años, y sin embargo el capitalista habrá permanecido ocioso. El dinero es el poder de apropiarse del trabajo ajeno.

"Existen en Inglaterra sociedades ocultas que inspiran la política inglesa. Conocen el curso de la evolución para las próximas décadas, y utilizan sus conocimientos para la ventaja material de Inglaterra. Los ingleses tratarán de mantener a los pueblos al este del Rin (Europa Media y Rusia) en un estado de debilidad, manteniendo entre ellos instituciones socialistas; a fin de explotar su trabajo como esclavos, en beneficio del Imperio Británico como Amos.

"Son los ocultistas ingleses los que han provocado el derrocamiento del zar y la llegada al poder del bolchevismo. Están haciendo experimentos socialistas a expensas de Rusia y de Europa Central. Pero como los pueblos de habla inglesa (Inglaterra y América) sólo podrán desarrollar el ocultismo materialista que, en última instancia, destruiría su evolución, utilizarán en su provecho los otros tipos de ocultismo que desarrollarán sus víctimas: el ocultismo higiénico de los alemanes y el ocultismo eugenésico de los rusos y los asiáticos.

"Los ocultistas ingleses ya están en posesión de conocimientos que pronto permitirán a los patronos hacer funcionar sus máquinas mediante una fuerza que acabará con la mayoría de los obreros. Las masas de obreros ociosos se rebelarán con ira, pero los ocultistas ingleses conocen los medios que los someterán. (¡Steiner no explica los medios!). La causa del actual malestar en Europa es el tipo de cosas que un clero "perezoso" ha estado predicando en las iglesias durante mucho tiempo, porque su predicación no tiene conexión con los hombres y las vidas. Steiner explica extensamente lo que quieren los bolcheviques y lo que han hecho. Aunque no pierde ocasión de insultar a las iglesias, es muy cortés con los bolcheviques y se cuida incluso de decir que no los critica. Cuando explica lo que han hecho con sus oponentes, no utiliza la palabra "asesinato" ni siquiera "ejecución"; dice que los han "ahuyentado" o se han deshecho de ellos.

Sobre la política británica dice que son muy poderosos y que conseguirán gobernar el mundo porque son esencialmente egoístas; dice que el egoísmo no debe ser criticado, ya que forma parte de la evolución, del desarrollo de la autoconciencia. Los franceses están acabados, porque sus cualidades de lógica, intelecto, razón, etc. no son más que el perfeccionamiento de la civilización romana. La única nación del mundo que distingue el bien del mal es la nación alemana (1918). Al parecer, Steiner está tan ansioso por demostrar que lo que dice va en serio, que añade: "Las demás naciones no entienden nada en absoluto". ¡La política alemana es siempre idealista!

"El teléfono, la radio, los trenes expresos y otras comodidades modernas se han puesto a nuestro servicio a costa de la miseria de millones de trabajadores. Fue muy fácil para los primeros teósofos ingleses de la segunda mitad del siglo XIX tomar con benevolencia la nueva enseñanza en sus confortables habitaciones bien calentadas con carbón extraído en las terribles condiciones a las que nunca dieron importancia. La humanidad como un todo colectivo está a punto de traspasar el umbral más o menos conscientemente, y este paso trascendental lo dará el proletariado. Si el pensamiento del proletariado sigue siendo caótico y erróneo, es porque sigue imitando la mentalidad burguesa.

"Ya en 1880 los líderes ocultistas angloamericanos, dirigiendo a los líderes políticos, sabían de la próxima Guerra Mundial y se prepararon para ella. Los líderes alemanes no sabían nada, y no quisieron tomar la advertencia, ¡por eso perdieron! La guerra física fue ganada fácilmente por Inglaterra, pero será seguida por una guerra espiritual entre el Este y el Oeste (Este-India, Rusia y Alemania; Oeste-Anglo-América), que será mucho más peligrosa para el Oeste. Por ejemplo. La India, que está medio muerta de hambre (¡según la Sra. Besant!), se rebelará y será ayudada por poderosas

> fuerzas espirituales de su pasado. Alemania debe cumplir su misión, de lo contrario la civilización europea se arruinará".

Observaciones. - De principio a fin, en ese curso de unas ocho conferencias, Steiner abusa casi continuamente de todos y de todo excepto de sí mismo y de sus enseñanzas. Repetidamente saca conclusiones generales e incluso cósmicas de condiciones alemanas puramente locales (por ejemplo, el control autocrático del Gobierno sobre la educación, la religión y la prensa), y amenaza al mundo entero con terribles catástrofes si no se alteran esas condiciones. Su estado de ánimo es, obviamente, que en toda la evolución cósmica Alemania está AHÍ y el resto en ninguna parte.

Cuando se le preguntó qué pasaría con el dinero y el capital en su plan "Triple", dijo que no tenía que preocuparse por esos detalles, porque su plan estaba tan claramente fundado sobre una base práctica, que cada detalle funcionaría por sí mismo en la dirección correcta.

En este loco esquema comunista de un "Estado Triple", evolucionado de nuevo a partir de esta peligrosa "Ciencia Espiritual", bajo la dirección de seres desconocidos en el astral, Steiner abogó por que todas las naciones, pueblos y razas se dividieran en *tres* Corporaciones *internacionales*, independientes y autónomas (¡sin cabeza, como alguien comentó!) - espiritual (religión y educación), política y económica. Y para cubrir los enormes gastos de este esquema desintegrador formó una sociedad anónima llamada "Der Kommende Tag Act" - "El día que viene, Ltd.", o como se conoce en Inglaterra, "Futurum, Ltd.", pero pronto se descubrió que era demasiado comunista para las ideas inglesas y fue cerrada. Entre sus partidarios se encontraban el difunto Dr. Carl Unger y el Dr. Arensohn.

Otra de las experimentaciones de Steiner, basada en esta "Ciencia Espiritual", es su "Nueva Terapia", y para dispensar los resultados de esta llamada "Investigación Médica Antroposófica", se constituyó el 19 de enero de 1925 la British Weleda Co., Ltd., con un capital de 2.000 libras esterlinas en acciones de 1 libra esterlina. Los primeros directores fueron Daniel Nicol Dunlop, Heinrich Dank, austriaco, y Josef Emanuel Van Leer, holandés. El International Laboratorien de Arlesheim, Suiza, poseía 1.050 acciones el 5 de marzo de 1925, recibidas por derechos vendidos en el Imperio Británico (excepto Canadá) para ciertos remedios medicinales. El negocio se describe como el de Químicos y Farmacéuticos; oficina, 21 Bloomsbury Square.

En sus laboratorios llevó a cabo sus "investigaciones para la medicina del futuro - el arte de curar a través del conocimiento espiritual". No tenía ningún título médico, pero aparentemente basó su "Nueva Terapia" en investigaciones psíquicas, mediante las cuales afirmaba ver los procesos externos en la Naturaleza, y sus relaciones con los procesos dentro del cuerpo humano, afirmando mediante procesos especiales ser capaz de detener la actividad vegetal requerida y liberarla dentro del organismo humano como energía cinética, ¡atrapando la energía cósmica! Dejaríamos que aquellos que aún están libres de esta "Ciencia Espiritual" destructora de mentes, se den cuenta del posible peligro de someter sus mentes y cuerpos a esta nueva y psíquica terapia.

Además, como el propio Dr. Steiner ha declarado que "todas las publicaciones de la Sociedad estarán abiertas al público como lo están las de otras sociedades públicas", aconsejamos encarecidamente a todos los miembros de la Sociedad Antroposófica y a los interesados en las enseñanzas del Dr. Steiner que obtengan no sólo estas ocho Conferencias de Stuttgart, sino también la *Apología Germánica* de Steiner, escrita al final de la Guerra, y tanto si han recibido la formación que el Dr. Steiner consideraba esencial para la verdadera comprensión de tales enseñanzas como si no, juzguen por sí mismos si, como el Sr. Dunlop quiere hacernos creer, se trata de enseñanzas de un líder espiritual cuyo objetivo es "convertir la vida y la mente del hombre hacia el fin del mundo". Steiner para la verdadera comprensión de tales enseñanzas o no, juzguen por sí mismos si, como el Sr. Dunlop nos quiere hacer creer, éstas son las enseñanzas de un líder espiritual cuyo objetivo es "volver la vida y la mente del hombre hacia las verdaderas cosas del espíritu", o de un Illuminatus, subversivo y revolucionario, que aspira a la destrucción de toda vida nacional, de los viejos sistemas establecidos y del propio cristianismo.

CAPÍTULO IV

LA STELLA MATUTINA Y LA ROSAE-RUBEAE ET AUREAE CRUCIS

Tenemos en nuestro poder una de las copias originales de una breve historia de la Stella Matutina, redactada por el Dr. Felkin en 1912, antes de viajar a Nueva Zelanda por primera vez. Fue allí para fundar un Templo en Havelock North, en gran parte por sugerencia de un miembro de Londres, padre de la Comunidad de la Resurrección y de Mirfield, un colegio de formación para clérigos jóvenes, que había estado haciendo trabajo misionero en Nueva Zelanda, y al mismo tiempo un poco de propaganda para la Stella Matutina. En 1921, cuando dos de los Jefes de Londres, que tenían razones para sospechar que la Orden era subversiva, se levantaron contra el Dr. Felkin, exigiendo información más definida e investigaciones sobre la verdadera naturaleza de la S.M. y su más reciente conexión alemana, esta historia, a petición de ellos, fue revisada y anotada por uno de los Jefes originales, el Dr. Wynn Westcott, quien escribió al final: "Doy un asentimiento general a todo lo que no he marcado-*(Firmado)* Sapere Aude 5-6; Non Omnis Moriar 7-4", siendo estos sus lemas Exterior e Interior. Además, aconsejó a los dos Jefes que no entregaran al Dr. Felkin ni a sus delegados ningún documento de la Orden que tuvieran en ese momento en su poder, hasta que obtuvieran información definitiva y satisfactoria. Nunca se obtuvo nada satisfactorio, y desde 1919, cuando se despertó definitivamente la sospecha, hasta el momento presente, un pequeño grupo ha llevado a cabo investigaciones, y poco a poco la sospecha se ha convertido en una certeza.

La Orden de la "Stella Matutina", o como se la llama en los manuscritos originales, *"La Orden de los Compañeros de la Luz Naciente de la Mañana - la Aurora Dorada en el Exterior"*, fue creada a partir de ciertos manuscritos cifrados, encontrados por un clérigo, el reverendo A. F. A. Woodford, en 1884, en un viejo puesto de libros de Farringdon Street. Llevó estos manuscritos al Dr. Woodman y al Dr. Wynn Westcott, ambos muy conocidos y altos masones, y eruditos en la Cábala; los manuscritos consistían en notas y diagramas aproximados de los cinco rituales de la Orden Exterior (O-O a 4-7), junto con ciertas conferencias sobre conocimientos elementales de ocultismo y cabalística. Se decía que estos manuscritos iban acompañados de una carta en alemán en la que se decía que si alguien se interesaba por descifrarlos y se comunicaba con "Sapiens Dominabitur Astris", c/o Fräulein Anna Sprengel, residente en Hannover, recibiría información interesante. Una vez descifrados los MSS, S.D.A. les dijo que elaboraran los rituales, lo que fue hecho por un masón, MacGregor Mathers, asistido por el Dr. Wynn Westcott. Entonces se les dijo que si eran diligentes se les permitiría formar una rama elemental de la Orden Rosacruz en Inglaterra, y finalmente S.D.A. escribió a Wynn Westcott y le autorizó a firmar con su nombre (o el suyo) cualquier orden o documento necesario para la constitución de una Orden, y prometiendo más tarde más rituales y enseñanzas avanzadas si la Orden preliminar tenía éxito. El 1 de marzo de 1888, se redactó una Orden según un diseño dado en los MSS, y fue firmada por el Dr. Woodman, MacGregor Mathers, y, por S.D.A., por Wynn Westcott, los tres de los cuales recibieron el grado honorífico de 7-4 de S.D.A., para permitirles actuar como jefes en el nuevo Templo.

Se enviaron varias cartas entre estos hombres y S.D.A., c/o Fräulein Anna Sprengel, pero ninguno de ellos llegó a conocerla, y nunca se supo nada más que Anna Sprengel murió en un oscuro pueblo alemán en 1893. Estos manuscritos no llevan fecha ni dirección, ni están firmados por ningún adepto, salvo en la carta que los acompaña. Al descifrarlos, se descubrió que estaban redactados en inglés, aunque las cartas recibidas estaban en alemán. Por lo tanto, nos induce a creer que estos MSS. no eran obra de la S.D.A., y que sin duda estaban destinados al uso de la gente de habla inglesa de , posiblemente con la idea de penetrar en Inglaterra y en la masonería inglesa, y que fueron depositados a propósito en la librería por algún miembro de visita en Inglaterra.

Entre otras instrucciones dadas en los MSS. encontramos, "Evita a los Católicos Romanos, pero con piedad"; y la obligación a tomar en la Iniciación era, "El candidato que pide la Luz es llevado al altar y forzado a tomar una obligación de secreto bajo pena de expulsión y muerte o parálisis por corriente hostil de voluntad." En la versión elaborada esto se convirtió en: "Además (de la expulsión) bajo la terrible pena de someterme voluntariamente a una mortal y hostil corriente de voluntad puesta en movimiento por los Jefes de la Orden, por la cual caigo muerto o paralizado sin, arma visible, como fulminado por un relámpago."

A.E. Waite, en su *Brotherhood of the Rosy Cross*, 1924, citando de las *Transacciones e Historia* de la "Societas Rosicruciana in Anglia", recapitula mucha de la información anterior sobre "el Templo de Isis Urania de los estudiantes Herméticos de la Aurora Dorada", siendo el nombre hebreo "Chabreth Zerech Aur Bokher". Waite concluye que estos MSS cifrados son posteriores a 1880 (pero posiblemente formaron parte de la reorganización de los Illuminati de Weishaupt en 1880). "Los grados, además del *Neófito*, eran cuatro (los cuatro elementos o el Tetragrammaton) -*Zelator, Theoricus, Practicus y Philosophus*; también un subgrado, el Portal, que conducía de la Aurora Dorada" a la *Rosoe Rubeae* et *Aureae Crucis*, la Orden Interna. Aparte de los MSS. y MSS cifrados, encontrados en bibliotecas por MacGregor Mathers, la mayor parte de la enseñanza primitiva -aún utilizada en la Stella Matutina- fue recibida clarividentemente por la Sra. Mathers, una hermana de M. Henri Bergson, el escritor judío-francés, de los "Jefes Ocultos y Secretos de la Tercera Orden"; en contra de su deseo, fue inducida a prestar juramento de secreto antes de que se le diera la enseñanza, y más tarde estos Jefes desconocidos dijeron: "En el caso de Mathers, el antiguo Jefe, había un adepto humano (como intermediario o enlace etérico), y también se le dio comunicación por clarividencia, clariaudiencia y enseñanza impresa sional, mediante la cual se le dio la verdadera interpretación de los manuscritos existentes". le fue dada". También descubrimos que Mathers realizaba trabajos políticos bajo el mando de estos Jefes Secretos, y que estaba involucrado en asuntos bélicos y militares.

En 1897 el Dr. Wynn Westcott dimitió de la Orden, y desde entonces dejó de tomar parte activa u oficial en el trabajo. Su propia versión de la razón fue que el Presidente de la Sociedad de Médicos Forenses de Londres se enteró de que estaba enseñando magia y le hizo dimitir de la Orden.

René Guénon, en *Le Théosophisme*, 1921, dice: "La sociedad secreta inglesa de 'La Orden de la Aurora Dorada en el Exterior' es una sociedad de ocultistas que estudian la magia práctica más elevada, algo parecida al rosacrucismo. Hombres y mujeres son admitidos en igualdad de condiciones. Hay tres oficiales principales. *Imperator, Praemonstrator* y *Cancellarius*". Dice además, MacGregor Mathers escribe en una carta, *Lucifer* julio 1889: "Esta sociedad estudia las tradiciones occidentales ... La Sociedad Teosófica está en relación amistosa con ellos". La carta lleva los siguientes lemas "Sapiens dominabitur astris (el adepto continental), Deo duce comite ferro (Mathers), Non omnis moriar (Westcott), Vincit omnia veritas (Woodman)". Termina con estas palabras: "Publicado por orden del Superior, ' Sapere Aude ' (Westcott), Cancellarius en Londres". René Guénon continúa diciendo que en 1899 y 1903 se armó mucho revuelo en París por un intento del Sr. y la Sra. MacGregor (Mathers) de restaurar el culto a Isis. El Sr. MacGregor Mathers representaba la G.D. en París, y era miembro de la Sociedad Teosófica.

El Chronicle del 19 de marzo de 1899 daba cuenta de este intento:

> "M. Jules Bois, el literato... descubrió recientemente aquí a un Sumo Sacerdote y a una Suma Sacerdotisa de Isis... y los indujo a realizar sus 'devociones' en público, en el Teatro

> Bodinière... Esta pareja de devotos de antiguas deidades profesan haberse convertido al extraño y apasionado misticismo del culto a Isis durante sus viajes por Egipto. Pretenden que constituyeron los ritos y ceremonias de la religión, y desde hace algún tiempo han estado llevando a cabo sus devociones en una capilla subterránea que establecieron en su residencia ... Después de las oraciones preliminares, la Suma Sacerdotisa llevó a cabo la ceremonia de "desvelar a los dioses", y luego invocó a Isis con tal pasión y fuerza ... que salvó por completo la situación... que de otro modo podría haberse convertido en ridícula... en conclusión... los hombres (en la audiencia) fueron provistos de unos pocos granos de maíz, que, depositados en el "altar", traerían el éxito en la empresa que tenían entre manos, aunque fuera de carácter político y mundano."

A. E. Waite fue uno de los primeros miembros de la "Golden Dawn", pero en una reunión celebrada en la residencia del Dr. Felkin en 1903, según la historia del Dr. Felkin, "se produjo una escisión, ya que Waite y sus seguidores negaron la existencia de la Tercera Orden, se negaron a tener exámenes en el interior, se opusieron a todo el trabajo oculto, y dijeron que debían trabajar sobre líneas puramente místicas". Se redactó un Concordato entre los dos Templos, pero en 1912 llegó a su fin, ya que se demostró inviable por ambas partes. Cuando Waite y los que se separaron de él se marcharon, se llevaron consigo ciertas propiedades y conservaron el nombre de "Amanecer Dorado", y el Dr. Felkin y sus partidarios acabaron convirtiéndose en el "Stella Matutina" político-pseudo-religioso, un Templo de mediumnidad. Waite seguía utilizando los mismos rituales mágicos, algo modificados, para adaptarlos a sus ideas místicas. Dejó de ser Jefe de la "Aurora Dorada" alrededor de 1915, y poco después entró en suspensión. Él, sin embargo, formó un nuevo Templo, llamándolo la "Cruz Rosada", y todavía, tenemos razones para creer, utilizando los viejos rituales de Cypher MSS, y conservando así el vínculo con estos desconocidos Rosacruces e Illuminati continentales.

Desde principios de los noventa, la "Stella Matutina" (entonces conocida como la "Aurora Dorada") ha sido dirigida e instruida por jefes desconocidos, actuando bajo varios seudónimos. Curiosamente, en una época se sugirió que el Dr. Falk, el judío cabalista que llegó a Londres en 1742, era el autor de los manuscritos cifrados originales, pero esto no se puede confirmar. En esta Orden oímos hablar de ellos por primera vez como "Los Jefes Ocultos y Secretos de la Tercera Orden", bajo los cuales trabajaban Mathers y su esposa. En 1900 el Templo de Londres se rebeló contra Mathers, quien había "emitido un manifiesto a los miembros (internos) de la T.A.M., exigiendo lealtad personal hacia él... y este manifiesto fue muy resentido por los miembros más antiguos de Londres". Se celebró una reunión y fue destituido. En un interesante documento, impreso en Londres durante esta revuelta, Mathers es descrito como "el conde de Glenstrae, de otro modo el conde MacGregor", y su emisario, que fue enviado desde París para tomar posesión, en nombre de Mathers, del Templo y propiedades de Londres, conocido diversamente como "E. A. Crowley, Aleister MacGregor, Conde Svareff... ¡llegó vestido de las Highlands, con una máscara negra sobre el rostro y una tela escocesa sobre la cabeza y los hombros, una enorme cruz dorada o de oro sobre el pecho y una daga al costado! Huelga decir que el farol fue descubierto y, tras algunos problemas, Crowley fue destituido y expulsado. Durante esta revuelta, Mathers escribió a los "rebeldes" el 2 de abril de 1900:

> "Por lo tanto sé... cuando los Grandes Adeptos de este Planeta, todavía en el cuerpo de la carne, los Jefes Secretos de nuestra Orden están conmigo... y les digo claramente que si fuera *posible* removerme de mi lugar como Cabeza Visible de nuestra Orden -lo cual no puede ser sin mi consentimiento, debido a ciertos vínculos mágicos- no encontrarían más que perturbación y problemas cayendo sobre todos ustedes hasta que hubieran expiado un Karma tan severo como el de oponerse a una corriente enviada al final de un siglo para regenerar un Planeta. Y por primera vez desde que estoy relacionado con la Orden formularé mi petición a los Jefes Supremos para que *la corriente Punitiva* esté preparada para ser dirigida contra aquellos que se rebelen, si lo consideran conveniente."

De nuevo, en 1902 el Dr. Felkin y el jefe del Templo de Edimburgo "Amen Ra", estaban contactando con esta Tercera Orden a través de los "Maestros Solares". Ahora bien, éstos eran los maestros ocultos de una Orden del Sol, todavía, según se nos dice, existente, y a la que pertenecían estos jefes, estrechamente relacionada con la "Aurora Dorada" e influyente en ella, y que se inició en Edimburgo en algún momento a principios de los años noventa. Se nos dice en la historia que después de la revuelta de 1900, "se decidió entonces que la Orden debía ser gobernada por un comité de diez. Esto fue durante un año, pero no fue muy satisfactorio, y entonces se decidió volver a la regla de tres jefes, y Fratres L.O., F.R. (Dr. Felkin), y S.S. (Edimburgo), fueron nombrados jefes (3 de mayo de 1902)". El 28 de mayo de 1902, encontramos al Dr. Felkin diciendo:

> "Le aseguramos que estamos totalmente de acuerdo con la opinión de que si de hecho la Orden carece de la guía e inspiración de inteligencias superiores, su razón de ser ha desaparecido. Sin embargo, a algunos miembros se les ocurrió que podría ser posible, volviendo a la constitución original, restablecer un vínculo con la Tercera Orden. Ahora hay motivos tangibles para creer que este paso no se ha dado en vano, y aunque nosotros, como jefes nominales, no rendiremos lealtad a la ligera a ninguna fuerza, poder o ser que pretenda actuar como la Tercera Orden, las perspectivas nos parecen lo suficientemente alentadoras como para justificar nuestra propia actividad continuada en la Orden, y también sugerimos vuestra cooperación."

Estos maestros controlaron y dirigieron tanto la Orden Exterior como la Interior de esta manera hasta por lo menos 1911-13 - esto incluía instrucciones concernientes a rituales y regulaciones del Templo, e incluso su actitud hacia Waite, quien se separó de ellos.

En 1909 se exigió un compromiso, que debía firmarse antes de que estos maestros dieran a los jefes enseñanzas posteriores y más elevadas; les comprometía a creer absolutamente en los mensajes, enseñanzas y rituales dados por estos seres desconocidos, y decía:

"Frater F.R. (Dr. Felkin) - Su comunicación ha sido sometida a los Jefes internos y secretos que gobiernan la Orden de la R.R. et A.C., y en respuesta dicen - las comunicaciones con la Tercera Orden (secreta) se reanudan, pero sólo a través de los medios actuales, y usted debe tomar un compromiso por todo lo que usted considera más terrible y sagrado de nunca traicionar ese medio al hombre mortal... Siempre ha habido algún vínculo de conexión entre la Segunda y la Tercera Orden en cada Templo que recibe enseñanza, a través del cual se da tal enseñanza... Un miembro de nuestro Consejo, siendo también un adepto de la Tercera Orden de la RR et A.C., creyendo que en el Templo de Amoun había estudiantes serios, llenos de fe y ansiosos de progreso, estaba dispuesto a actuar como intermediario, y a permitir que pasaran las comunicaciones y las enseñanzas. Debes comprender que éste es el camino permitido, y que no hay otro... Un grupo pequeño y fiel es mucho más poderoso que un gran cuerpo dividido contra sí mismo. Por lo tanto, ten valor... si la siguiente promesa... es escrita y firmada por cada miembro de la Orden con derecho y deseo de recibir más enseñanzas en la R.R. et A.C., el Adepto que he mencionado pedirá permiso para reabrir las comunicaciones: Declaro, en presencia y en nombre de todo lo que considero más terrible y sagrado, que creo plenamente en la autenticidad de los mensajes y comunicaciones, las enseñanzas y los rituales de la Orden de la ... Que no sé, ni trataré de saber, cómo se transmiten o reciben, pero los recibiré sin cuestionarlos de su medio designado, y que si en lo sucesivo me asaltan dudas, revelaré tales dudas sólo a los Maestros. En ningún caso intentaré, directa o indirectamente, destruir o debilitar la fe de otro, sino que, por el contrario, intentaré eliminar las dudas y confirmar la fe. Ni traeré, ni haré. Escucharé acusaciones o imputaciones de mala fe contra cualquiera de mis hermanos o hermanas de la Orden, pero reprenderé a cualquiera que intente hacerlo en mi presencia y le recordaré su compromiso de hermandad. Y si en el pasado he transgredido alguna vez el juramento, prometo que, en la medida de mis posibilidades. Y esto se aplicará también a todas las comunicaciones de la Tercera Orden de la R.R. et A.C. que puedan ser avaladas por los Maestros de la Orden (del Sol) a través de su medio designado. Por último, si en algún momento me viera incapaz

> de mantener este compromiso, no diré nada a mis hermanos y hermanas de la Orden para debilitar su fe, sino que pasaré tranquilamente a la clandestinidad".

Que esto fue tomado y firmado tenemos razones para creer, pues el Jefe arriba mencionado escribe, Abril II, 1911:

> "Hasta ahora he mantenido una fe perfecta en los Maestros y he seguido sus consejos".

He aquí otra curiosa e interesante comunicación recibida de esta Tercera Orden por el Dr. Felkin:

Ordo R.R. et A.C.

> "Los Jefes Internos y Secretos de la Tercera Orden, al V. H. Frater F. R. Imperator del Templo de Amoun, saludando.
>
> "Por la presente, por la mano de Q.M. nuestro escriba, sancionamos y aprobamos para uso general el ritual 5-6 enviado para su aprobación, y que aquí devolvemos. La demora en sancionar esto fue inevitable, ya que ninguna palabra o letra o símbolo de cualquier ritual puede ser legalmente alterado por la constitución de la Orden después de haber sido sancionado, excepto por el consentimiento de un consejo de la Tercera Orden, que sólo se reúne ocasionalmente, o bajo poderes conferidos por ellos a ciertos adeptos. Sin embargo, no descartaréis del todo el ritual en uso, sino que conservaréis el mismo y las copias que tengáis de él, para referencia y para uso en ocasiones especiales si así se os ordena, pero no es necesario que hagáis nuevas copias.
>
> "La contraseña para los seis meses siguientes será Osiris Onophris-Osiris el Justificado, significando que vuestro celo y el progreso de vuestro Templo han encontrado el favor de los Jefes Internos de la Tercera Orden, y que por ello estáis justificados y significando también que vuestras esperanzas y confianza deben estar en aquel a quien el Señor del Universo (I.A.O. - el Principio Creativo) ha justificado por cualquier

> nombre que los hombres le llamen. Que os vaya bien".

Además, lo siguiente muestra cómo los adeptos desprevenidos son controlados y utilizados por estos Maestros, 19 de mayo de 1902:

> "Al acudir a ti no lo hizo por iniciativa propia, sino obedeciendo a un impulso de los Jefes de la Tercera Orden, que deseaban utilizar su aura como vehículo para probarte y examinarte. Pero esto era totalmente desconocido para él, que fue utilizado inconscientemente".

Hacia 1908 apareció de repente otro maestro astral, un árabe-Ara Ben Shemesh; dijo, el 26 de enero de 1909, que vino

> "de "El Templo en el Desierto", y los que viven allí son los "Hijos del Fuego". Hay tres rangos - *Neófitos o Catecúmenos; los Aceptados* y *Probados*; y los *Moradores.* Los últimos son los que llamamos Maestros. Viven en comunión personal con la Divinidad (deificados), y no estando ya atados en la carne (liberados) su vida material es enteramente una cuestión de voluntad. Mientras se les requiera como maestros, tanto tiempo podrán seguir habitando el tabernáculo terrenal. Cuando hayan completado su tarea, sólo tienen que dejar de querer y se desmaterializarán. Christian Rosenkreutz vino a nosotros y aprendió mucho. De nosotros tomó las letras C.R., cuya verdadera interpretación es uno de los grandes misterios del Universo."

Decía que el Templo estaba en el Cercano Oriente - ¡Mesopotamia! - y profesaba ser un maestro personal de los Felkins, pero gradual e insidiosamente dominaba y controlaba la Orden, y no sólo en Inglaterra, sino también en Nueva Zelanda, preparaba a la Orden y a sus miembros para el papel que se esperaba que desempeñaran en el drama de este Gran Movimiento Mundial, que, según él, iba a producir la "Unión de Oriente y Occidente". Hacia finales de 1918, este trabajo se llevó a cabo a su satisfacción en Nueva Zelanda, pero, según dijo, se impartirían nuevas enseñanzas al Templo de Londres, Amoun, que les resultarían difíciles de asimilar. Luego, en 1917-19, el Señor de la Luz - el cabalístico "Príncipe de los Semblantes", el transmisor de la luz - y sus Doce Hermanos hicieron su intento de tomar posesión y controlar este Templo por medio de un Triángulo de adeptos, como se explicará más adelante.

Además, se decía que Christian Rosenkreutz, el místico y quizás totalmente mítico Jefe de los Rosacruces, había sido contactado en la Bóveda de la R.R. et A.C., y también se dijo que iba a reencarnarse hacia 1926-33 poseyendo algún cuerpo adulto - sospechosamente parecido a la obsesión; por último, encontramos a estos maestros personificando a un Cristo (solar) con Cruz de Luz y Rosas Rojas -un símbolo de lo que se espera de todos los adeptos así controlados- crucifixión a través del sufrimiento y sacrificio absoluto de su propia individualidad, sobre la Cruz del Iluminismo -¡un verdadero Christian Rosenkreutz!

Volvamos al Dr. Felkin y a la historia de su jefatura. Más tarde se sintió insatisfecho con la situación de la Orden, y nos cuenta en su historia que en sus viajes por Alemania hizo muchos esfuerzos por ponerse en contacto con rosacruces, y

> "... finalmente conoció a un profesor, a su hija adoptiva y a otro caballero cerca de Hannover, que él creía que eran indudablemente rosacruces. Sin embargo, se mostraron muy reservados y reacios a dar mucha información, porque dijeron que, aunque le conocían como hombre de ciencia, no era masón ni pertenecía a ninguna sociedad oculta de la que tuvieran conocimiento. Debido a ello, Frater F.R. se dirigió inmediatamente a su viejo amigo ... de Edimburgo, y fue iniciado como masón en la Capilla de Mary, Logia de Edimburgo, n° I, el 8 de enero de 1907.
>
> "En 1908 Frater F.R. con Soror Q.L (su esposa) entraron por fin en contacto... con varios miembros de la Tercera Orden en Alemania".

Sin embargo, como hemos visto anteriormente, ¡el Dr. Felkin

aparentemente firmó un compromiso en 1909, dado a la misteriosa Tercera Orden astral! Otra vez:

> "En junio y julio de 1912 el Frater F. R. y la Soror Q. L. pudieron ir a Alemania, y en total visitaron cinco Templos Rosacruces en diferentes partes del Continente, y fueron iniciados ellos mismos, obteniendo la Soror Q. L. grados equivalentes a nuestro 7-4 y el Frater F. R. 8-3... Los rituales, al no estar en forma de MS, son memorizados. "

Trajeron notas de estas ceremonias 6-5 a 8-3, y las elaboraron, utilizando para ello el "Libro de los Muertos" egipcio, algunos extractos de los escritos de Mabel Collins, también el "Himno de Hermes", y un mantra -una fuerza apremiante- que les dio el árabe de "El Templo en el Desierto", ¡y éstas se convirtieron en los Grados Superiores del R.R. et A.C.! Éstos, a medida que se avanzaba de grado, son impartidos cada vez más en el plano astral por los jefes ocultos, mientras el adepto se encuentra en estado de trance o semitrance, provocado por la ceremonia de preparación y apertura, o por estos mismos jefes ocultos. El último grado, 10-1, no se da nunca en el plano material, sino enteramente en el astral; el adepto está en trance y completamente bajo control hipnótico, ¡y a partir de entonces no es más que el oráculo y el vehículo de estos Maestros! ¡Es el Iluminismo!

La historia continúa:

> "Pero se ha llegado a un acuerdo por el cual cualquier persona que domine el alemán, el francés, el italiano o el neerlandés, que tenga 5-6 años, puede ser enviada al extranjero con una introducción firmada por F.R., y si se considera que un candidato está suficientemente desarrollado, se le puede dar uno o más grados. Esto no es esencial, ya que, si se introducen cuidadosamente los nuevos métodos en nuestro plan de estudios (procesos psíquicos que conducen al Iluminismo), los candidatos progresarán igual de bien sin necesidad de ir al extranjero."

Se sabe que algunos miembros de la R.R. et A.C. han tenido formación y grados bajo Steiner, y algunos Steineritas han sido miembros de la R.R. et A.C. De nuevo, la historia dice: 'F.R. recibió el encargo de representar a la Orden (Continental) en Gran Bretaña e Irlanda, y también en el Hemisferio Sur'.

Dr. Steiner fue interrogado, marzo de 1921, y el informe dijo:

> "El Dr. Felkin estaba ansioso por obtener una carta del Dr. Steiner, e hizo muchos intentos para conseguirla y ser nombrado su único representante en Inglaterra. El Dr. Steiner, en una carta al Dr. Felkin, de la que yo (nuestro informante) era portador y que leí, decía que no podía acceder a su petición, pues aunque estaba dispuesto a admitir que la Orden del Dr. Felkin era beneficiosa y útil, su manera de trabajar era muy diferente... El Dr. Felkin fue espectador de una de las ceremonias del Dr. Steiner en Munich. El Dr. Steiner no le dio ninguna calificación, ni en Munich, pero el Dr. Steiner dio al Dr. Felkin una gran cantidad de instrucción, tal como la que da a otros alumnos que la desean."

Además, su maestro árabe le dijo al Dr. Felkin:

> "Sigue con Steiner, que no es el fin último de la búsqueda, y entraremos en contacto con muchos estudiantes serios que nos conducirán al verdadero Maestro de la Orden, que será tan sobrecogedoramente impresionante que no dejará lugar a dudas".

En 1914 el Dr. y la Sra. Felkin llegaron hasta Pyrmont en Hannover, con la intención de volver a ponerse en contacto y recibir más notas e instrucciones, pero la Guerra intervino, y se vieron obligados a regresar a Inglaterra hacia finales de agosto. Creemos que fue principalmente gracias a la ayuda que le prestaron los masones de Hannover y Amsterdam que él y Q.L. consiguieron por fin salir de Alemania. Cuando interrogaron a su maestro astral, el árabe, el 9 de agosto, éste "repitió que nuestro trabajo aún no ha terminado, y hasta que lo haga estamos a salvo... Lamento que esto haya sucedido ahora, *no se esperaba hasta algunos meses después*". Al parecer, ¡el plan no funcionó hasta la fecha!

9 de junio de 1918, F.R. escribe:

> "Por lo que me dijeron en el extranjero, yo tenía la impresión... de que unos pocos, me dijeron DOCE, iban a ser escogidos de entre todos los Templos para ser entrenados y estar preparados para ayudar a C.R.C. cuando volviera a manifestarse hacia 1926-33 ó 35. Todo eso me lo habían dicho cara a cara en 1926, cuando fuimos a Alemania. Todo eso me lo habrían dicho cara a cara en 1914 cuando fuimos a Alemania. Teníamos entonces los billetes que nos llevaban a un lugar al sudeste de Austria, donde debíamos ser recibidos y llevados a la Antigua Bóveda, y también conocer a varios Jefes Ocultos. Por qué no nos dijeron que fuéramos antes es un misterio, ya que podríamos haberlo hecho si nos lo hubieran dicho. Sabían cuándo nos proponíamos ir".

¡La guerra "no se esperaba" tan pronto! En sus "Sugerencias" para el futuro funcionamiento de la Orden, el Dr. Felkin dijo en 1916:

> "Además de C.R.C. (Christian Rosenkreutz), hay ciertos miembros que todavía funcionan en el plano material; la mayoría de ellos llevan vidas muy apartadas (¡se dice que todos los del grado igual a 9-2 se retiran del mundo!), y sólo se puede entrar en contacto con ellos después de haber superado muchas dificultades... Q.L. y yo mismo también nos hemos reunido con ellos en diversas ocasiones, y hemos recibido instrucciones y ayuda"

Al leer lo anterior debemos darnos cuenta de que el Dr. Felkin era un mero instrumento en manos de algunos hombres subversivos, que le informaban como les parecía conveniente para su juego.

¿Cuál es entonces la verdad sobre esta misteriosa Tercera Orden, y la pretensión del Dr. Felkin de ser la "única autoridad alemana"?

Hay amplia evidencia para mostrar que la Stella Matutina y el R.R. et A.C. no son, constitucionalmente, de ninguna manera afines a la Masonería Británica, sino que están vinculados con Masones Continentales y Rosacruces - sutil y secretamente subversivos y controlados por estos "Jefes Desconocidos", *todos todavía* "funcionando en el plano material."

Para continuar con la historia del Dr. Felkin:

> "... Los métodos que (S.D.A., c/o) Fräulein Anna Sprengel, sancionaba eran (según estos alemanes) totalmente contrarios a los métodos que estaban y siempre habían estado en boga en Alemania, y puede mencionarse ahora que los tres primeros grados eran muy parecidos a los tres primeros grados de la masonería ordinaria (¡y sin embargo Steiner los aprobaba como útiles!), y, de hecho, hasta una fecha que no puede darse con exactitud, la masonería y el rosacrucismo iban de la mano. Fue hacia 1597 cuando los masones se separaron totalmente de los rosacruces y decidieron modificar su procedimiento, negándose en lo sucesivo a admitir mujeres en sus ceremonias. Esto se debió en parte a circunstancias políticas, ya que tanto los masones como los rosacruces trataban de influir en el desarrollo político de las naciones entre las que vivían y trabajaban... Prácticamente las logias masónicas se convirtieron en agencias políticas muy activas, mientras que las ramas rosacruces eran más secretas en sus operaciones, y era, y es, una regla absoluta que nadie confiese ser rosacruz. Esto era tan estricto que a los Rosacruces que se conocían entre sí no se les permitía hablar o discutir asuntos relacionados con su sociedad dentro de los confines de una ciudad o pueblo. Había reglas definidas para cuando un miembro de la Fraternidad iba a un nuevo lugar y se encontraba con un Frater o Soror. Se fijaba una hora para reunirse fuera del pueblo o ciudad con referencia a ciertos puntos cardinales. Es cierto que en varias ocasiones se produjeron fugas de SMS. Una se debió a la acción de un cierto número de sacerdotes católicos romanos que pertenecían a la Orden; y de nuevo en 1777 se produjo una filtración de rituales en París, lo que hizo que nuestros Fratres y Sorores continentales fueran aún más estrictos en sus

> métodos... F.R. había recibido la promesa de que el Consejo investigaría la condición de la Rama de la Orden en Londres con la que estaba conectado, y que si era posible entraría en relaciones definitivas con él... Se llegó entonces a un acuerdo definitivo entre E.O.L. (de quien se hablará más tarde) en nombre de F.R., y los jefes de la Sociedad Rosacruz en Alemania, para que él trajera los 'procesos' necesarios para el desarrollo psíquico a F.R., quien es el único autorizado para transmitirlos (a sus miembros con el propósito de despertar el Kundalini y traer el Iluminismo)".

En 1916 encontramos al Jefe de Amen Ra, Edimburgo, escribiendo al Dr. Felkin sobre esta supuesta conexión alemana:

> Sea cual fuere el origen de los rituales y las enseñanzas (Stella Matutina y R.R. et A.C.), indudablemente nos llegaron de Mathers, siendo él, como sé con certeza, el intermediario de Autoridades Superiores (Jefes Ocultos)... Vuestro Templo persigue, y aún persigue, esto hasta cierto punto - cuando entráis en contacto con los alemanes. Luego vino el compromiso (exigido por estos alemanes, ¡de no trabajar con Mathers!), cuyo efecto fue, utilizar todo el trabajo de Mathers y repudiarlo, también afirmar que se debía tener más enseñanza y ayuda en otras líneas... dadas a miembros escogidos aparentemente, como recompensa por aceptar la posición alemana, todo el tiempo, como digo, utilizando y basándose en el trabajo de Mathers. Esto de nuevo no podía emanar de nada más que de fuentes alemanas ... el curso honesto sería dejar atrás todos los rituales y enseñanzas, y comenzar de *novo* en el sistema superior."

De nuevo, otro miembro escribe al Dr. Felkin en relación con lo anterior:

> "No puedes, por supuesto, aceptar su proposición, porque has aceptado la *autoridad exclusiva* de Alemania, ¡pero esto él no lo sabe!".

A pesar de esta afirmación de "autoridad única" de Alemania, el

Dr. Felkin se vio tristemente necesitado de más enseñanza avanzada para sus adeptos, que clamaban por ella; y habiendo recibido aparentemente poca o ninguna de su conexión alemana, escribió en 1913 al Jefe de Amen Ra en Edimburgo, buscando sacar de su pozo de conocimiento oculto. En respuesta, este Jefe escribió:

> "A mí personalmente me importa poco: Tengo montones de MSS. y enseñanzas que van mucho más lejos de lo que solía creer posible... Toda la enseñanza que he obtenido se la transmitiré con gusto en las mismas condiciones en que la he recibido... Recibí los MSS. como Archon Basileus Adjunto en este país. (5 de agosto de 1913). Mi comisión como tal proviene de la Tercera Orden -o para no hacer ninguna ambigüedad de estas palabras de aquellos Adeptos Superiores de a quienes llamo así- y puedo pasárselos a aquellos que reconozcan mi autoridad y posición. Esto, por supuesto, implica también el reconocimiento de Mathers, que me ha confiado su autoridad".

A pesar de la promesa anterior de no trabajar con Mathers ni con ninguno de sus seguidores, algunos de estos MSS. se convirtieron en la enseñanza 6-5 bajo el Dr. Felkin.

La siguiente carta, escrita a un miembro alemán por el adepto E.O.L. arriba mencionado, quien fue entrenado por un tiempo por la conexión alemana, es interesante, en el sentido de que muestra el método propuesto para la penetración de Inglaterra y la Masonería Británica por el Iluminismo Continental y del Gran Oriente, 1912.

> "QUERIDOS SEÑOR Y HERMANO (Barón C.A.W.),-
>
> "He oído hablar al Dr. F. de la propuesta de Bund Internacional, que parece en muchos aspectos un plan excelente al que deseo todo el éxito. Como. Como el nombre del Dr. S- es tan potente en el continente, está destinado a prosperar allí. En Inglaterra tiene un grupo de admiradores, pero su nombre no es tan conocido. Las condiciones en

Inglaterra también son peculiares. El propio Dr. S. me dijo que reconocía la diferencia. Por lo tanto, le escribo a usted, ya que tenemos un doble vínculo - la Fraternidad Rosacruz tanto del Continente como en Inglaterra, podemos hablar libremente. Lo que digo ahora deseo que sea expuesto ante el Dr. S. por usted, y el riesgo es mío. Porque si no hablo sin temor ni favor, nadie más podrá hacerlo.

"El Dr. S. es un estadista en sus esquemas (...). Pero un estadista, cuando indaga sobre las condiciones de un país desconocido para él, no acude sólo a los miembros de un partido del mismo. Para la política austriaca no consultaría sólo a magiares, ni para la alemana, sólo a miembros del Bloque Católico. En Inglaterra, los pocos miembros de la Orden Continental son todos teósofos, es decir, miembros de la T.S. Ninguno de ellos es miembro de la Francmasonería inglesa. Ven las cosas desde el punto de vista de la S.T., y tienen que usar sus gafas. Yo soy el único miembro de la Orden Continental que no es ni ha sido nunca miembro de la T.S.; no le debo ninguna lealtad a la Sra. Besant. Estoy, como el Doctor sabe, enteramente con él en la política de abandonar la formación oriental e india por la europea o cabalística; soy también francmasón inglés, de modo que puedo darle el punto de vista de los otros partidos.

"El ocultismo inglés se divide a grandes rasgos en (I) miembros de la S.T., es decir, los seguidores de la Sra. Besant encabezados por los co-masones en un sentido; (2) miembros de las Órdenes Herméticas y Francmasones; (3) Independientes, ya sea en pequeños grupos o individuos.

"La primera clase es la única realmente conocida por el Doctor. De la segunda, el Dr. F. es muy representativo. De la tercera, el Sr. T. P.... Ahora bien, cuando el Doctor venga a establecer su BUND, hay ciertas consideraciones de gran importancia. Con respecto al Grupo I, el S.T. y sus ramas, no puedo pretender decir lo que sucederá. Tanto el Sr. S. como el Sr. C. conocen a la gente de T.S. y su estilo de trabajo - por conferencia, etc. El riesgo, sin embargo, es con respecto a los Grupos 2 y 3. Llamará tanto la atención como la Sociedad

Quest de G. R. S. Mead, y puede suscitar grandes prejuicios, ya que muchos se lo tomarán exactamente con el mismo espíritu con el que Inglaterra se tomó el telegrama alemán al Presidente Krüger. Hablo muy en serio cuando digo que para muchos el BUND será considerado así: "No nos importa la Sra. Besant más de lo que nos importaban Jamieson y su incursión, pero después de todo, la Sra. Besant es inglesa; ¿quiénes son estos alemanes para interferir?" Puede sonar ridículo, pero conozco mi país.

"El siguiente punto, muy serio por cierto, es la actitud de los francmasones. Hay que tenerla en cuenta. Aquí, por un momento, debo aparentemente hacer una digresión. Deseo contrastar el trabajo de los Grupos I, 2 y 3. El Grupo I trabaja en las líneas familiares de conferencias, publicaciones en revistas, etc. El Dr. S. hace prácticamente lo mismo. El Grupo I atrae a un gran número de mujeres ociosas que tienen el tiempo libre para tomar un poco de ocultismo con su té de la tarde, prácticamente todos los miembros son personas con tiempo y dinero. Atrae a muchos, pero cada conferenciante es propenso a conseguir seguidores personales, de ahí los cismas, es decir, la Búsqueda.

"El Grupo 2 es poco numeroso. Trabaja por Logias y hace circular manuscritos. Su enseñanza se realiza por correspondencia, por oficiales individuales, etc. Rara vez da conferencias. Se dirige a una clase totalmente diferente, llega a estratos sociales más variados, tiene una proporción mucho mayor de hombres. Al estar muy organizado, tiene más coherencia; al mismo tiempo, cada templo tiende a ser celoso de las interferencias externas. La mayoría de sus hombres son francmasones. Algunos Templos enteros son francmasónicos, por ejemplo la Societas Rosicruciana en Anglia. Ahora bien, esta gente está muy ocupada, hay muy pocas mujeres y hombres ociosos, adinerados o acomodados entre ellos, son muy orgullosos e independientes. Con el tiempo, si pueden obtener la enseñanza a su manera, por MSS. en circulación, por visitas de miembros de Logia a Logia, por o a través de sus propios Jefes, estoy seguro de que todos ellos, dado el tiempo, se unirán a su BUND. Pero no aceptarán ningún dictado de la S.T., no tolerarán a Jefes que no conozcan, no les importará asistir a ciclos o conferencias para los que no tienen tiempo ni ganas Estos organismos son más antiguos que la S.T. y no lo olvidan. Si se les tiene en cuenta, te ayudarán. Si no se les tiene en cuenta, ni se opondrán ni te tendrán en cuenta. Simplemente dejarán en paz al BUND, igual que dejan en paz a la T.S., a los co-masones, etc. Hay que llegar a *ellos desde dentro, no desde fuera.*

"Al tercer grupo puedo ayudarle con el tiempo. Pero no pretendo saber cómo actuarán ahora. La mayoría de ellos no aceptará ninguna autoridad sobre ellos. Ahora llego al punto francmasónico.

"Aquí piso un terreno muy delicado. Pero creo que debo exponer el caso, como he dicho, sin temor ni favor. El Doctor es un gran hombre como para molestarse conmigo. Después de todo, todo lo que deseo es asegurar que la mejor enseñanza llegue a los más aptos de la manera más fácil.

"En la actualidad establecer una rama definida de la Orden Continental dando grados, etc, en Inglaterra será un asunto muy difícil. Usted no es masón. A veces llamamos a nuestra Orden, la Orden Continental, *Masonería Esotérica.* Los grados son muy parecidos a la masonería. El doctor S. tiene, en efecto, algún vínculo con ciertos masones ingleses o escoceses -me dio el nombre- de los que deriva cierta autoridad, un vínculo en lo físico (¡no en lo etérico!).

Ahora bien, la masonería inglesa no es ocultista, aunque tiene Logias ocultistas, y la mayoría de los ocultistas ingleses que no son T.S. son masones, aunque sean hombres. La masonería inglesa presume de la Gran Logia de 1717, la Logia Madre del mundo. Son un cuerpo orgulloso, celoso y autocrático. La co-masonería deriva del Gran Oriente de Francia, un cuerpo ilegítimo según la normativa inglesa. Ningún masón inglés puede trabajar con co-masones. Ahora los masones que le dieron al Dr. S. su enlace son considerados - será mejor que el Dr. F. me verifique aquí - como excéntricos que inventan grados espurios. Si la Gran Logia inglesa se entera de cualquier cosa llamada "Masonería Esotérica", derivada de tales fuentes, bajo los miembros de Chiefs Once T.S., bajo una cabeza en Berlín, no preguntará quién es el Dr. S. o cuál es la naturaleza de su trabajo; simplemente dirá "ningún Masón inglés de los Masones Libres y Aceptados puede unirse a ninguna sociedad que trabaje con Ritos pseudo-masónicos", es decir, ¡nadie de la Masonería aceptada ordinaria puede asistir a ninguna reunión o tomar ningún grado en este cuerpo ilegítimo! ¡Finis!

"Entonces nosotros que somos miembros de la Logia del Dr. S. y que somos Francmasones estaremos en una triste situación Por el momento esto me afectaría sólo a mí, bueno, y al Dr. F. también. Pero si la masonería esotérica se respira en Inglaterra, y el fiat va contra ella, ningún masón inglés deseará unirse al BUND. [*Nota del Dr. Felkin:* 'Esto es lo que ya ha sucedido con los "Antiguos Masones" (mixtos), con quienes muchos masones regulares tendrían una amistad personal perfecta, pero su juramento se lo impide'].

"Después de todo este jarro de agua fría, me preguntaréis qué sugerencia útil me imagino que tengo que hacer. Bueno, quizá nada muy útil. Aún así, esta es mi sugerencia práctica. Que se ponga en marcha el Bund. Que los Sres. S. y C. consigan todos los MSS que puedan, y que establezcan relaciones con los organismos del Grupo 2. O bien que suministren la enseñanza escrita que pueda darse a los jefes de las Logias que se incorporen, y que no busquen ninguna interferencia con las Logias, o bien que formen un comité definido bajo el Dr. S. con personas representativas en él. Todo esto debe hacerse lentamente.

"El sistema de tener gente en las Logias como el Dr. F. para enseñar los 'procesos' (ver arriba en la Historia del Dr. Felkin) dentro del Grupo 2 es el más práctico, y tener oficiales del BUND como los Sres. S. y C., uno de los cuales debería unirse a una Logia inglesa, para ir entre Inglaterra y el Continente, y conseguir la enseñanza escrita probablemente funcionará bastante bien.

"Pero si se quiere establecer una Logia de la Orden Continental en Inglaterra, el Dr. S. se encontrará con la dificultad masónica. Esto es realmente grave, y nadie de la S.T. lo comprenderá, ni siquiera ningún Francmasón Continental. Mirad mi posición y de nuevo la del Dr. F.: si se nos prohibiera toda asociación con los Francmasones, es decir, prácticamente todas las Logias del Grupo 2, o bien la asociación con el BUND. O bien debemos ser aislados de nuevo, o nuestra utilidad para fines generales ha desaparecido. Si el Dr. S. convocara a una o dos personas no teosóficas para discutir con él, vería esto de inmediato. La solución práctica se encontrará en un compromiso. Si evita el nombre de "Masonería Esotérica" y permite tal vez un ritual como los usados en la Societas Rosicruciana o en la S.M., y tiene como oficiales en Inglaterra a un grupo mixto, incluyendo a los Jefes de las principales Logias Herméticas, etc. -así como gente de la S.T., que se unirán a cualquier cosa del Dr. S.- tendrá éxito. De lo contrario, mucho me temo que sólo unas pocas personas de T.S. y unos pocos a quienes el Dr. F. y yo ... podamos influenciar directamente, serán todos los que se unirán al principio. Como cisma teosofista, y como cisma masónico intruso extranjero, el BUND despertará todos los prejuicios ingleses posibles contra él. Devotos del Doctor como somos, ambos lo lamentaríamos.

"Suyo fraternalmente".

La Sra. Nesta Webster, en su *Secret Societies* and *Subversive Movements,* escribe sobre un Congreso Masónico celebrado en Ginebra en septiembre de 1902, en el que se adoptó por unanimidad una propuesta "tendente a la creación de una Oficina Internacional de Asuntos Masónicos"; y el Hermano Desmons, del Gran Oriente de Francia, declaró que el "sueño de su vida" siempre había sido que "todas las democracias se reunieran y entendieran de tal manera que un día formaran la República Universal."

De nuevo cita a Lord Ampthill como pro-Gran Maestro de los masones británicos, el 2 de marzo de 1921 en respuesta a una invitación a los masones británicos para asistir a un Congreso Masónico Internacional en Ginebra; dijo:

> "Otra consecuencia de ciertos acontecimientos de la Guerra es hacer más firme nuestra resolución de mantener, en la medida en que esté en nosotros, a la Francmasonería estrictamente alejada de la participación en política, ya sea nacional o internacional... Por estas razones, la invitación a participar en la Conferencia Internacional de Francmasones propuesta en Ginebra no puede ser aceptada... no podemos sustraernos al pleno reconocimiento del Gran Arquitecto del Universo, y continuaremos prohibiendo la introducción de discusiones políticas en nuestras Logias."

Bajo esta nueva autoridad Continental el Dr. Felkin, en 1916, antes de salir finalmente a Nueva Zelanda, redactó una "Nueva Constitución", debida y astralmente aprobada por los jefes ocultos, y bajo esta Constitución intentó establecer tres templos filiales en Inglaterra, esperando de esta manera vincular a Yarios grupos masónicos esotéricos externos bajo la sombra de la Srella Matutina, ayudando así a avanzar al "Bund Internacional".

En esta Nueva Constitución el Dr. Felkin dice:

> "Como usted sabe, yo personalmente puedo permitir la creación de cualquier rama de las Sociedades Rosacruces. Pero como me voy de Inglaterra, naturalmente siento que tales sucursales deben estar en estrecha relación con la Stella Matutina y la R.R et A.C. Me propongo, antes de irme de Inglaterra, formar tres de tales sucursales, y dependerá de usted hacer los arreglos que desee con respecto a la utilización de sus habitaciones, etc., o no... Las dos que me propongo formar en Londres podrían pagarle a usted una suma anual por el uso del Templo, o no, Las dos que me propongo formar en Londres podrían pagarle una suma anual por el uso del Templo y la Bóveda, en un día definido a ser establecido por usted, o usted podría arreglar que ellos le paguen a usted la mitad de sus cuotas de iniciación, lo que debería ser, creo, el Templo Madre. Con respecto a una Rama

en Bristol, que yo voy a formar, ellos pueden actualmente trabajar su Exterior enteramente allí, y hacer arreglos con usted cuando ellos tengan candidatos para el Interior.

"Las condiciones en las que debería fundar estas tres ramas son las siguientes:

"I. Cada Rama debe ser absolutamente autónoma y gobernada por tres Jefes que sean actualmente 5-6 de pleno derecho en el R.R. et A.C., y deben seguir exactamente las tradiciones de nuestra Orden.

"2. A los tres primeros Jefes los nombraré yo mismo; si alguno de ellos renuncia al cargo, los Jefes Gobernantes y los Tres Adeptos del Templo Madre (Amoun) consultarán con los dos Jefes restantes el nombramiento de un sucesor.

"3. Los Templos Hijos deben financiar sus propios Templos, y el Templo Madre no es responsable de sus finanzas de ninguna manera, excepto en la medida en que se ha indicado anteriormente; deben pagar cuotas de alguna forma si hacen uso de las habitaciones del Templo Madre.

"4. Los Miembros de los Templos Hijos que sean 5-6 de pleno derecho pertenecerán al Colegio de Adeptos de la R.R. et A.C. en Anglia...

"5. Con respecto a la Rama de Bristol (Hermes), los tres primeros Jefes serán: V. H. Sorores Lux Orta est, Magna est Veritas, Benedicamus Deo, estos últimos sólo actuarán hasta que una Frater de ese distrito esté cualificada.

"6. El primer Templo de las Hijas de Londres se limitará a los miembros de la Societas Rosicruciana de Anglia, que hayan cursado al menos el Grado 4. Debo mencionar aquí que la razón por la que me veo obligado a formarlo es la siguiente: Cuando E.O.L. y yo hicimos nuestros arreglos para el reconocimiento de nuestras Fratres Continentales, ellos estipularon, y él estuvo de acuerdo, que a los Rosacruces

Masónicos, de los cuales hay un gran número, se les debería dar la oportunidad de vincularse con nosotros. Los tres primeros Jefes de este Templo serán: V. H. Fratres Pro Rege et Patria, Fortes Fortuna Juvat, Faire sans dire.

"Con respecto al tercer Templo Filial (Merlín), hay unos cincuenta o sesenta miembros del Templo (Amanecer Dorado) que solía ser gobernado por S.R. (Waite) y un número de miembros de la Sociedad Antroposófica que están buscando ser admitidos. Se me ha señalado, que como estas personas han trabajado en líneas diferentes a las nuestras, no sería bueno admitirlas en la S.M., ya que indudablemente causarían confusión en el Templo de la S.M.. Propongo, pues, que formen un Templo propio, y que los tres primeros Jefes sean:V.H. Fratres Cephas, Benedic Animo mea Domino, y Non Sine Numine. Este Frater no lo conocéis, pero ha sido miembro de la Sociedad durante veinticinco años, es T.A.M. de pleno derecho, y fue durante muchos años uno de los tres Chieis Gobernantes de S.R..

"7. Los tres primeros jefes gobernantes de los Templos Hijos se convertirían en los tres primeros adeptos de sus respectivas Bóvedas si las tuvieran.

"Asumo toda la responsabilidad por la formación de estos tres Templos Hijos, y depende de ti hacer todo lo que esté en tu mano para ayudarles a ser una potencia añadida al Movimiento Rosacruz.

"Nuestra contraseña para los presentes seis meses es ACHAD, que significa 'Unidad', y es mi gran deseo que todas las Fuerzas Rosacruces dispersas a nuestro alcance se reúnan en un todo armonioso en lugar de desviarse hacia una inutilidad comparativa, o hacia canales indeseables.

"(*Firmado*) FINEM RESPICE CHIEF, 18 de junio de 1916."

Por lo tanto, habiendo formado y lanzado el petardo subversivo de su Amo, el Dr. Felkin, en medio de la Guerra, se marchó a la atmósfera comparativamente tranquila de Nueva Zelanda, y dejó a su más o menos inexperto trío de Jefes Gobernantes manejar estos elementos ardientes y enfrentar lo mejor que pudieran las inevitables explosiones. Como era de esperar, ha dejado su rastro de tragedias y sufrimiento. De estos Tres Templos Hijos, el único que ha sobrevivido es el Templo de Hermes de Bristol, que estaba, y sin duda está, bajo la influencia de las enseñanzas subversivas y panteístas del Dr. Rudolph Steiner.

Que los Steineristas todavía sueñan con un "Bund Internacional" de este tipo es bastante evidente en su *Antroposofía-*, Pascua 1929, en la que se dice: "Esto conduce a toda clase de ‘movimientos’ bajo los cuales se ocultan los verdaderos anhelos. Sin embargo, los hombres entrarán cada vez más en las metas que Rudolph Steiner reveló, y se convertirán así en sus seguidores." Y este sueño - espiritual, político y económico - es el sueño de la Masonería Judaica del Gran Oriente.

Además, el maestro árabe del Dr. Felkin, 9 de enero de 1915, da la siguiente instrucción interesante:

> "El entrenamiento alternativo para aquellos de los que hablábamos debe ser definitivamente fijado ahora y puesto al mismo nivel que los Templos Hijas, como un grupo especial para la curación. Debería llamarse los Sanadores o Terapeutas, y el Padre F. debería ser nombrado especial y definitivamente su jefe, y los que deseen seguir esa formación deberían ser tomados de todos los diferentes Templos y mantenerse en contacto unos con otros."

¿No ha desembocado esto en la Cofradía Sanadora Stella Matutina de San Rafael, que es por tanto Masonería Continental e Internacional?

Después de que los Jefes de Londres habían cerrado el Templo en 1919, el Dr. Felkin escribió: "He escrito una y otra vez que A.B.S., el árabe, no tiene nada que ver con la Orden". Sin embargo, ya el 9 de junio de 1912, encontramos a este árabe instruyendo al Dr. Felkin, Q. L. y Q.A. en la Bóveda de Londres:

> "*Re* Nueva Zelanda, tendremos una oportunidad como no ha ocurrido en miles de años al ir a una atmósfera totalmente nueva y clara que nos dejará libres para formar símbolos frescos sin prejuicios por ninguna tradición anterior. Es muy importante que todo sea nuevo, limpio y fresco; en la medida de lo posible debemos tratar de descartar los errores recientes y obtener el simbolismo más exacto.
>
> "Seleccionar a unas pocas personas para que se dediquen por completo al trabajo oculto, incluida la curación, y a otras para que se ocupen de las necesidades materiales de los pocos, para vivir juntos a partes iguales en una especie de monasterio dividido; otros pueden ir y quedarse por períodos. Siempre debe haber una cámara de invitados y una especie de ala especial de curación.
>
> "Todo lo que llevemos debe ser cuidadosamente purificado, consagrado y envuelto en blanco. Habrá que cuidarlo durante un tiempo considerable. Se desarrollará en gran medida de forma independiente. Nombre del templo: "Esmeralda del Mar N° 49-Smaragdine Thalasses".
>
> "La nueva empresa es mucho más importante (que Londres)... Está muy impresionado por la importancia del suelo virgen, ninguna orden oculta ha estado allí antes, los teósofos sólo rompen el suelo".

De nuevo, el 15 de julio de 1919, uno de los Jefes de Nueva Zelanda escribió "a los Jefes Gobernantes en Anglia":

> "Durante casi seis años A. B. S. nos enseñó regularmente, reuniéndose con nosotros todas las semanas. Sus enseñanzas nos resultaron muy útiles y sus consejos sólidos... Comprenderán que pasamos momentos difíciles tras la fundación de la Orden en Nueva Zelanda. Considero que la ayuda de A.B.S. y el hecho de que tuviéramos un grupo equilibrado y unido en el centro, nos permitió seguir

> adelante..."

Como los "Jefes Ocultos y Secretos" le dijeron al Dr. Felkin en 1909:

> "¡Un grupo pequeño y fiel es mucho más poderoso que un cuerpo grande dividido contra sí mismo!".

Las siguientes instrucciones, recibidas en 1914 por el Dr. Felkin de este árabe, son significativas del trabajo exigido a la Orden:

> "Nuestra función es dirigir la nueva vida que brotará cuando las perturbaciones actuales hayan limpiado el terreno; es como si una grada gigante pasara sobre la faz del mundo, y cuando eso se haga los que son como nosotros (Illuminati) deben estar listos para *sembrar la semilla*. Esta guerra era un medio inevitable de destruir el viejo orden de cosas para hacer sitio al nuevo; que ya se han implantado las ideas de paz y unidad (pacifismo o apatía y Fraternidad Universal), pero no podían extenderse libremente hasta que lo viejo se hubiera roto en pedazos. Es la 'Torre alcanzada por el Rayo' - el 'Rasgamiento del Velo'. "

Esto, según Papus y otros cabalistas, significa fijación de la luz astral en una base material -iluminismo individual y universal.

Las instrucciones continúan:

> "La vitalidad está siendo forzada a la acción en este momento, y la reacción será el agotamiento completo a menos que aquellos que no están tomando parte en el conflicto almacenen *un poder para ser liberados tan pronto como el conflicto cese*. No sólo nuestro propio grupo, sino todos los que conocemos deben ser instruidos para dedicarse a este objetivo. Los medios para ello son la meditación y la oración... En la meditación, la contemplación y el éxtasis, el espíritu humano busca liberarse de la tierra y elevarse a las mayores alturas de las que es capaz (¡Como en la *Vía de Iniciación* de Steiner!)... pero el cerebro humano es como el transmisor de

> una estación inalámbrica, su maquinaria es limitada, sin embargo puede enviar una vibración que continúa haciendo eco a través del espacio hasta que encuentra su correspondiente receptor, y para cada aspiración hay una respuesta... Y la oración es también una invocación; no sólo te pone en comunión con aquello a lo que rezas, sino que también despierta y formula fuerzas que antes estaban latentes (como en la misa católica liberal). Un hombre que reza al diablo entra en la comunión del mal, pero también formula las fuerzas malignas que reaccionan sobre todos aquellos que no están positivamente en busca del bien. Pues nunca debes olvidar que cualquier fuerza que pueda ser contactada a través de tal oración no es sólo un receptor negativo, sino también un transmisor positivo que envía sus corrientes y vibraciones a todos aquellos que son capaces de recibirlas. (En sintonía con ellas)".

Continúa diciendo que al formar un círculo que busca esta *paz y esta luz*, no sólo contactan con estos seres nvisibles supremos controladores que gobiernan el mundo, sino que también abren canales muy poderosos a través de los cuales estos seres pueden verter sus influencias y sugerencias - ¡beneficiosas se llaman!

Lo anterior es aparentemente un ejemplo de "Influencias Recíprocas entre los Mundos Visible e Invisible" el Comité Supremo Desconocido del que habla Wronski en su *Misticismo y Magia*. El R.R. et A.C. es Iluminismo y Rosacruz, ligado a la Masonería del Gran Oriente, y el maravilloso trabajo de los Rosacruces debía comenzar en Rusia, pero ¿dónde está la "Paz y la Luz"?

Todo esto recuerda mucho a los métodos de camuflaje de Weishaupt.

> "... Debe ejercerse la mayor cautela para no revelar al novicio doctrinas que puedan sublevarle. Para este propósito los iniciadores deben adquirir el hábito de 'hablar hacia adelante y hacia atrás' para no comprometerse. Hay que hablar", explicó Weishaupt a los superiores de la Orden. 'a veces de

> una manera, a veces de otra, para que nuestro verdadero propósito permanezca impenetrable para nuestros inferiores'".

Existen tres formas de iniciación: individual, grupal o universal. Las tres conducen a un control consciente o inconsciente por parte de un poder central que, de alguna manera misteriosa, hace sentir su influencia, a menudo vista y oída de forma clarividente y clariaudiente, pero *nunca* físicamente presente o visible. El sistema en los tres es el mismo: cabalístico. Secretamente aquí y allá se preparan individuos; éstos forman de nuevo grupos o centros desde los que se extienden las influencias hasta formar una verdadera red magnética que cubre el mundo entero. Como rayos de un sol oculto, estos grupos son aparentemente divergentes y separados, pero en realidad todos salen del mismo cuerpo central. Estudiando todos estos grupos y movimientos diferentes, se ve que el sistema es una insidiosa y secreta difusión de ideas, orientando y creando la visión requerida de la vida, etc., derribando finalmente todas las barreras de la familia, la religión, la moral, la nacionalidad y todo pensamiento de iniciativa propia, siempre bajo el manto de una nueva y más moderna religión, un nuevo pensamiento; una nueva moral, un nuevo cielo y una nueva tierra; hasta evolucionar en un gigantesco robot que sólo responde a la voluntad y a las órdenes de una Mente Maestra secreta. Sueñan que son individuos libres, originales, autodeterminados; no son más que la luna negativa reflejando y reproduciendo la luz del mismo Sol oculto y cabalístico. Los Illuminati lo llaman *regeneración*; en realidad es muerte y desintegración individual, seguida de una resurrección como "portadores de luz" negativos de este Sol cabalístico. Como se dice "en el grado 6-5 del R.R. et A.C.: "Levántate, resplandece, porque ha llegado tu luz y la gloria de tu Señor está sobre ti". ¡La luz y la gloria del Sol cabalístico! ¡El Iluminismo!

En el número ocultista de julio de 1929 de la *Revue Internationale des Sociétés Secrètes*, hay un diseño interesante y raro llamado, 'El Dragón y la Mujer, ' que representa aparentemente el Pentagrama de la masonería iluminada y revolucionaria, un símbolo de los poderes mágicos y potentes por los cuales el centro misterioso esperaría obtener el imperio sobre el universo y así gobernar a los hombres. La parte inferior es el Dragón del Apocalipsis con las siete cabezas; escrita a través de su cuerpo está la palabra "Kabalah", como también en hebreo, "Schem Hamphoras" y "Yod, He, Vau, He" - el Tetragrammaton. El Schem Hamphoras, las claves cabalísticas de Salomón, las claves de la ciencia universal, por cuyas combinaciones se dice que se revelan todos los secretos de la Naturaleza. Las cuatro letras, la base material por así decirlo, son las cuatro bestias de la visión de Ezequiel; son la Esfinge con cabeza de hombre, cuerpo de toro, alas de águila y garras de león. También las cuatro propiedades de la luz astral o Fuego Serpiente -disolver, coagular, calentar y enfriar- que, dirigidas por la voluntad, se dice que modifican toda la naturaleza, produciendo vida o muerte, salud o enfermedad, etc., de acuerdo con el impulso dado. Además, es la cruz de la vida o de la generación: la Kundalini.

La muerte y la desintegración deben preceder a la llamada regeneración; por eso la cola del Dragón termina con la cabeza del buitre de Saturno, el destructor, que sostiene en su pico la espada mágica del adepto con las medias lunas duales de la unidad en la empuñadura; ésta se clava en el cuerpo del Dragón, pues la sangre debe ser derramada. Bajo el Dragón arde el fuego, debe ser inmolado, como el Fénix de antaño, para que de sus cenizas resurja renovado y regenerado. Como ha dicho Rabaud Saint-Etienne: "Todo, sí todo debe ser destruido, ya que todo debe ser rehecho"- es la revolución. El número de la bestia es el 666, que cabalísticamente es el 9, el número de la generación. Las siete cabezas representan los siete planetas o poderes del Sol o colores del prisma; cabalísticamente están colocadas en el Triángulo Entrelazado, las fuerzas creativas duales, cada ángulo tiene un planeta con el Sol en medio. Juntas representan el poder mágico completo: ¡el Talismán hebreo, el Escudo de David!

Sobre esta base se eleva la mujer BABALON, la madre de todos los cultos panteístas y abominables. Ella está de pie en la actitud hermética, "como es arriba es abajo", su mano izquierda levantada sostiene una antorcha encendida en forma de la letra hebrea Shin; esta letra, junto con el Tetragrammaton abajo, forma el Pentagrama - el "Cristo" o instrumento de la masonería revolucionaria iluminada. En la antorcha figura esta curiosa inscripción, descifrada por M. Henri Guillebert: "En cuanto a los niños, matadlos en gran número. Santo, santo, santo es el acto de inmolarlos, como también de exterminarlos". ¿No es este Saturno de nuevo, que siempre devora a sus propios hijos - la revolución y la anarquía? En su pecho está escrito "Democracia", el instrumento negativo e inspirado de todas las revoluciones. La inspiración se muestra por la letra "M" Sobre la glándula pineal, ,donde la cabeza y la cola de la serpiente se unen, produciendo el iluminismo. Ella es la intermediaria, que recibe y transmite la influencia de lo alto. De una copa en su mano derecha vierte sobre el fuego de abajo todas las abominaciones e impurezas, incitando así el holocausto, preparando la dominación de los Poderes invisibles. Las viejas civilizaciones deben ser desintegradas y los sistemas establecidos destruidos.

Ahora bien, en 1914 en las instrucciones recibidas del maestro árabe de la R.R. et A.C. se decía: "Antes de cualquier ceremonia, ya sea en el templo o en privado, hay que desterrar *el fuego* (energía) e invocar *la tierra*, y realizar el ritual de invocación de *Saturno* "¡para traer la paz y la calma!"". Pearce nos dice, en su *Text-book of Astrology*: "La influencia de Saturno es la más duradera y maligna de todos los planetas", no trae sobre el mundo paz sino desintegración, sufrimiento, desgracia, guerra de clases y anarquía. "Saturno se asemeja a una tisis, que, aunque apenas perceptible en su progreso, es difícil de evitar por cualquier esfuerzo de la habilidad humana". ¿No es esto cierto del crecimiento canceroso de las influencias de estas sociedades secretas subversivas y de la propaganda bolchevique?

Es curioso observar con todos estos instrumentos iluminados de la "Mano Oculta" cómo la curación magnética y la política mágicamente inspirada iban de la mano. Uno sólo tiene que considerar a los actuales Illuminati en Inglaterra para ver que este es el caso. En la Stella Matutina, desde el difunto Dr. Felkin, su antiguo Alto Jefe, hasta su Gremio de Sanación de San Rafael, dirigido por cierto grupo influyente de miembros clericales, se encuentra la curación magnética unida a una forma sutil de influencia política invocada que a menudo termina en comunismo, socialismo y pacifismo, inculcando débilmente la doctrina de la paz y el amor a tus enemigos a cualquier precio, todo ello inspirado por sus "maestros ocultos."

Ceremonias como las arregladas por el maestro árabe fueron llevadas a cabo en el R.R. et A.C. durante la Guerra para establecer el poder del Pentagrama, con especial concentración en Rusia y otros países, preparando centros de fuerza para el trabajo diabólico de esta "Mano Oculta"; enlazando magnéticamente el grupo en Nueva Zelanda con los grupos en Inglaterra, formando una banda alrededor del mundo controlada por el Poder Invisible llevando a cabo la idea del "Protocolo" de la cadena magnética irrompible de la Serpiente Simbólica.

En su *Magia trascendental*, Eliphas Levi explica así esta "cadena mágica":

> "Hacer la Cadena Mágica es establecer una corriente magnética que se hace más fuerte en proporción a la extensión de la cadena... ¡Aquí está el secreto de su fuerza, que ellos (los clérigos) atribuyen únicamente a la gracia o voluntad de Dios! ... La concentración es por aislamiento, y la distribución por la cadena magnética".

Es decir, los "apartados" como receptores de las fuerzas de los maestros y los transmisores de las mismas.

> "Esta fuerza es de por sí ciega, pero puede ser dirigida por la voluntad del hombre, y está influida por las opiniones dominantes. El Fluido Universal (fuerza vital)... siendo el medio común de todos los organismos nerviosos y el vehículo de todas las vibraciones sensibles, establece una solidaridad física real entre las personas impresionables, y transmite de una a otra las impresiones de la imaginación y del pensamiento."

En todos los grupos iluminados las ceremonias, los ejercicios, las enseñanzas y los mensajes de los maestros ponen en movimiento una corriente magnética, y como explica Elipbas Levi:

> "La acción de la corriente es transportar, y a menudo exaltar más allá de toda medida, a personas impresionables y débiles, organizaciones nerviosas, temperamentos inclinados a la histeria y a la alucinación. Tales personas se convierten pronto en poderosos vehículos de fuerza mágica y proyectan eficazmente la luz astral *en la dirección de la propia corriente.*"

¡Como se ve en las cifras meteóricas de todas las revoluciones! Para luchar con éxito contra semejante corriente se requiere una voluntad y una iniciativa concentradas y firmes. Juntos, estos numerosos grupos forman la cadena magnética que transmite las fuerzas de los judíos cabalistas a la vida social, religiosa, política, económica, artística, curativa y educativa. Como el difunto Dr. Felkin escribió en 1917: "Somos la pequeña levadura que leuda la masa". Según Weishaupt, ¡los artistas están entre los instrumentos más deseables!

Creo que debe entenderse claramente que el objeto de este libro no es mostrar que el Gran Arcano Hermético es en sí mismo malo, sino más bien su perversión, y que el conocimiento y el poder de aplicar estas leyes ocultas de la naturaleza pueden convertirse, en manos de adeptos malvados y ambiciosos, más especialmente "jefes desconocidos", en un tremendo peligro para la "Humanidad" incauta y desprevenida. El poder utilizado en el Iluminismo se basa en gran parte en un profundo conocimiento de la ciencia de la luz, de la forma (símbolos geométricos), del movimiento (ritmo), de los números, del sonido, del color (Minutum Mundum), de los olores, etc. Todo ello, en forma de correspondencias, se utiliza en las sociedades ocultas, para despertar fuerzas-vibraciones que actúan sobre la mente y el sistema nervioso de hombres y mujeres. Como dice el ritual 5-6 del R.R. et A.C.: "Los colores son las fuerzas y las firmas de las fuerzas, e Hijo de los Hijos de las fuerzas eres tú".

Por ejemplo, tome un cuadrado con un símbolo en el centro, coloreado de un rojo brillante, y coloque alrededor de ese símbolo y en yuxtaposición a él el color complementario o negativo correcto de ese rojo; al instante todo el cuadrado parpadeará y cobrará vida con vibraciones.

Como ilustración de las vibraciones sonoras, el difunto Max Heindel, de la "Fraternidad Rosacruz", California, escribió en su *Cosmo-Concepción Rosacruz:*

> "Estas vibraciones sonoras invisibles tienen un gran poder sobre la materia concreta. Pueden tanto construir como destruir. Si se coloca una pequeña cantidad de polvo muy fino sobre una placa de latón o cristal y se pasa un arco de violín por el borde, las vibraciones harán que el polvo adopte bellas figuras geométricas. La voz humana también es capaz de producir estas figuras; siempre la misma figura para el mismo tono. Si se hace sonar una nota o un acorde tras otro - un violín - se llegará finalmente a un tono que hará que el oyente sienta una vibración distintiva en la parte posterior inferior de la cabeza... esa nota es la "nota clave" de la persona a la que afecta. Si se toca lenta y suavemente, tonificará los nervios y restaurará la salud. Si se hace sonar de forma dominante, fuerte y durante el tiempo suficiente, matará tan seguro como la bala de una pistola".

De Quincey ha dicho:

> "Este Templo (el de Salomón) ha de construirse con hombres, con piedras vivas, y el verdadero método y arte de construir con hombres corresponde enseñarlo a la magia (rosacruz)".

Estas son, pues, algunas de las fuerzas empleadas en la construcción de este Templo de piedras vivas.

Ahora bien, es interesante descubrir que el maestro árabe del Dr. Felkin era también un constructor que utilizaba piedras vivas, pues lo encontramos diciendo:

> "Las piedras deben estar todas antes de que el círculo pueda ser útil. Cada piedra debe tener la forma adecuada. Cada una debe ser capaz de mantenerse erguida mano a mano con las demás. La Luz dentro de cada una debe fortalecerse para irradiar lo suficientemente lejos, y mezclándose con las otras se formará un arco iris (uniéndose y formando la llamada 'Luz Blanca Divina o Brillo', el I.A.O. o Poder de la Serpiente). Debe haber armonía entre los miembros y autoconfianza. Cada piedra percibirá intuitivamente dentro de sí un símbolo que denotará a la vez la función de la piedra individual y su aptitud para cumplirla. Este símbolo debe ser vigilado y desarrollado desde el interior, porque aunque el símbolo está en la mente del árabe y por lo tanto se sugiere a cada uno desde el exterior, debe desarrollarse desde el interior, encontrándose gradualmente con la impresión del exterior. La fuerza necesaria para desarrollar estos símbolos desde el exterior sería tan grande que implicaría un derroche de fuerza, y no es la manera correcta de hacerlo."

Las piedras debían ser siete planetas para el círculo interior y los doce signos del zodíaco para el exterior.

Como ejemplo de estos métodos, lo siguiente es esclarecedor: Uno de los miembros del grupo del árabe estaba muy agotado después de una sesión, y el árabe le explicó la razón:

> "Debe ser más positiva, consiguiendo decididamente *dejar de formular pensamientos en determinados momentos,* haciendo así que el fondo de su aura se suavice. Antes de encontrarse con vibraciones fuertes, debe hacer una cruz armada igual en el interior de su aura; ésta se encontrará con la que yo hago también en el exterior. Hecho esto, formará una puerta por la que entrarán las vibraciones, y entonces vendrán de forma equilibrada."

Por lo tanto, si se seguían estas instrucciones, tras haber inducido un estado de pasividad y haber abierto una puerta, derribando así toda oposición, el árabe sería libre de verter las vibraciones y sugestiones que fueran necesarias para dar forma a esta piedra para el nicho que estaba destinada a ocupar en este templo de piedras vivas.

Una vez más, lo que sigue muestra cómo un adepto más avanzado es utilizado, incluso a gran distancia, para actuar sobre otro adepto para la promoción de estos planes. El Dr. Felkin, de Nueva Zelanda, escribió el 4 de febrero de 1918 al Jefe Gobernante de Inglaterra:

> "De repente sentí una presencia allí (en su estudio), y era un hombre alto, no muy distinto de Tagore (oriental), vestido con una especie de traje marrón y zapatos marrones con la punta hacia arriba. Manos largas, hermosas y blancas, y sin tocado. Dijo: 'Se acerca el momento de una gran crisis, enviad toda la ayuda que podáis a Het-ta (el Jefe gobernante), que necesita ayuda'. Las vibraciones eran tan fuertes que mi mente se entumeció. Intenté decir algo más, pero las palabras me parecían incomprensibles. Cuando hizo una señal... una nube le envolvió y desapareció. Vino dos veces la semana pasada".

La supuesta ayuda consistía en acabar con la posible oposición del Jefe Gobernante de Londres a sus diabólicos planes. Sus esfuerzos tuvieron éxito, pero por poco tiempo. ¿Quién puede decir quiénes son estos trabajadores mágicos invisibles, que construirían este Templo de piedras vivas, de hombres y mujeres, cuyas vidas "devorarían"? Sólo ellos guardan los verdaderos secretos, y por eso siguen siendo los Maestros.

En cuatro artículos publicados en el *Morning Post, del* 25 al 29 de octubre de 1927, Sir Oliver Lodge discute. "Su objetivo es abogar por las investigaciones científicas de todos los fenómenos psíquicos, etc., aparte del uso de médiums o de la fotografía, métodos ambos que considera, con razón, poco fiables como prueba de la realidad de las comunicaciones con los muertos. Escribe que los estudiantes de metapsíquica,

> "Los que estudian la metapsíquica son conscientes de los hechos que han sugerido la existencia de un cuerpo *etérico*,

> es decir, de algún instrumento físico que puede transgredir las limitaciones del espacio y realizar hazañas imposibles para un organismo más material. La *clarividencia viajera* (o proyección astral) es una de ellas, la aparición es otra... El éter es abundantemente sustancial, y puede transmitir todo tipo de fuerza conocida."

El éter, dice, tiene tres propiedades: "coeficiente dieléctrico, permeabilidad magnética y velocidad de la luz". Estas tres, según Clerk Maxwell, están conectadas, y juntas pueden formar "definitiva y absolutamente la unidad": ¡la fuerza electromagnética, el Poder de la Serpiente, el éter que todo lo penetra!

En las sociedades ocultas se hace mucho trabajo psíquico y magia con el propósito de desprender el cuerpo astral de la materia - conservando siempre un vínculo de conexión - de modo que pueda ser proyectado a voluntad a través del éter a cualquier distancia y a una velocidad increíble. Más a menudo son la voluntad y la magia del Maestro las que, sin que el adepto lo sepa, retiran y envían el cuerpo astral del adepto de aquí para allá - siguiendo en cierto modo el método de un médium bajo control hipnótico-, creando enlaces etéricos y realizando de otro modo el trabajo de ayudar a llevar adelante los planes de estos Illuminati. Él es su instrumento. Como ilustración de esto, la Sra. Felkin escribe, en una breve Historia de la Orden, 1919:

> "La Orden Oculta es por lo tanto Internacional, no perteneciendo a ninguna raza o nación. Aunque siempre es secreta y oculta, los Maestros de vez en cuando seleccionan a uno o dos para enviarlos como maestros cuando el mundo esté preparado para ellos... Tales maestros se reúnen alrededor de las Órdenes secretas internas, y a los miembros de éstas que se consideran dignos se les envían mensajeros de los maestros ocultos para darles enseñanza, no materialmente sino en el plano astral.
>
> "Si los alumnos tienen el valor, la paciencia, la perseverancia y la lealtad de seguir esta enseñanza y de practicar los

> métodos, llegará el momento en que recibirán instrucciones directas de los maestros ocultos, ya sea individualmente o en grupos; y puede ser que los alumnos sean conducidos finalmente a uno de los grandes templos secretos ocultos que hay aquí y allá en el mundo. Nosotros, vuestros jefes, podemos decir que sabemos esto a ciencia cierta, porque así lo hemos recibido y visitado. Está en vuestro poder hacer lo que nosotros hemos hecho, pero requiere paciencia, fe, abnegación y ordenar la vida exterior antes de que se pueda recibir la enseñanza interior. Debe haber sacrificio, y debes estar dispuesto a renunciar incluso a tu propia voluntad a veces y eliminar mucho trabajo y placer que otros pueden parecer disfrutar."

Lo anterior es sin duda inspirado por estos mismos maestros con el fin de engañar y obtener las herramientas necesarias para su Gran Obra. El camino hacia tal enseñanza es la "iniciación", y eso ya hemos visto que conduce a la pérdida de la personalidad y a una posible obsesión.

El Templo que visitaron los Jefes era un Templo del Sol, al que fueron llevados astralmente por el árabe. Tenía muchas capillitas, cada una de las cuales representaba uno de los doce signos del Zodíaco y los planetas, etc., y tenía como jefes a un Triángulo de Maestros: el Maestro de la Luz, el Maestro de la Paz y el Maestro de la Rosa. Participaron en muchas ceremonias y recibieron muchas enseñanzas. De este Templo dijo el árabe, el II de noviembre de 1911:

> "Cada capilla presagia una fuerza vital que ahora vamos a empezar a experimentar. Hemos estado juntando, por así decirlo, los ingredientes, y ahora el FUEGO tiene que encenderse, y los ingredientes tienen que hervir. Hasta que esto no haya sucedido no podrá completar nuestras instrucciones, porque no podremos penetrar el velo que siempre pende sobre Oriente...

Volvió a explicarlo:

> No debemos forzarnos, pero si se presenta alguna oportunidad, debemos estar listos para aprovecharla, porque ayudaría a unir la cadena (magnética) que él ha estado formando gradualmente en el plano psíquico. Todas estas ceremonias y personas que hemos visto cuando estábamos con A.B.S. han sido con un propósito definido que él está llevando a cabo lentamente, pero cuando podemos recoger un eslabón aquí y allá en el plano material, esto refuerza enormemente el efecto del otro".

De nuevo recibimos otro mensaje del supuesto Christian Rosenkreutz que dice: 15 de junio de 1919:

> Estamos llegando a una crisis, y aquellos que han sido admitidos en el Interior tienen derecho a una declaración clara de lo que nosotros mismos creemos con respecto a la Orden. Si avanzamos sin miedo, confiando en lo que hemos recibido, él (C.R.C.) permanecerá como hasta ahora, detrás de nosotros, utilizándonos como instrumentos en el trabajo que ha emprendido. Si hemos de ser *instrumentos*, debemos dejar a un lado el pensamiento del yo y pensar sólo en el mensaje".

Para mostrar de qué manera la Sra. Felkin es utilizada como portavoz de estos poderes peligrosos e insidiosos, la siguiente declaración, hecha por el Dr. Felkin, es más que significativa (junio de 1919):

> Ayer tuvimos un espléndido Día del Corpus Christi (ceremonia para bajar la luz a la Bóveda Interior y al Templo y reafirmar el vínculo con estos maestros)... cuando pasamos por la Bóveda parecía como si atravesáramos fuego líquido. Más tarde, cuando se hizo descender el "Divino Resplandor Blanco" (luz astral), la luz eléctrica parecía realmente tenue de tan fuerte que era. Todo el mundo estaba muy impresionado; cuando Q.L. (la Sra. Felkin) habló, su voz parecía haber cambiado bastante, y después dijo que había dicho cosas que no estaba preparada para decir, pero que las palabras le salieron.

Esto es muy similar al ensombrecimiento de Krishnamurti por Maitreya; ¡fue una obsesión parcial de estos maestros, C.R.C. o el árabe! ¡Es el resultado de una fe ciega y crédula!

Para disipar cualquier duda o sospecha sobre los mensajes, el árabe dijo:

> "Los visitantes angélicos pasan constantemente, traen sus mensajes rápidamente, pueden tocarte con sus alas, pueden pasar a tu lado, vistiéndote con su atmósfera por un momento, pero en estos momentos misteriosos y maravillosos dejan dentro de tu ser un mensaje de lo divino, y perderías una oportunidad si no aceptaras este mensaje y meditaras sobre él; podría pasar mucho tiempo antes de que volvieran, y cuando vinieran, podría ser demasiado tarde para el mismo mensaje... Mantén tus oídos alerta y tus ojos siempre abiertos, y no temas aceptar tales mensajes. Su uso no puede perjudicarte mientras permanezcas bajo la protección de la Orden. Mientras habites en el Sagrado Corazón y te arrodilles humildemente al pie de la Cruz en la que tu Maestro murió por ti."

No el Cristo de los cristianos, sino el Maestro del Gran Oriente judeo-masónico. Y según el árabe, su verdadero símbolo de la vida eterna es la *Elipse, el* camino de la Luz que sigue toda la Naturaleza: se muestra en el huevo, del que emana la vida, que contiene todas las cosas. Su sabiduría es, pues, la sabiduría de la Naturaleza, y no la del Divino Creador Omnipotente.

Así engañan y esclavizan a los que quieren utilizar como instrumentos. ¿Cómo, por lo tanto, estos investigadores científicos van a satisfacerse a sí mismos y a otros de que estas apariciones espirituales y los fenómenos que las acompañan no son estos amos ocultos que se hacen pasar por maestros espirituales y espíritus de los muertos que buscan a quien devorar? Tanto para los ocultistas como para los espiritistas, ésta es una cuestión de suma importancia; ambos buscan un Nuevo Cielo y una Nueva Tierra, una Nueva Raza y una Nueva Era - ¡el viejo sueño de Israel!

Es curioso observar las siguientes instrucciones, enviadas desde Nueva Zelanda por el Dr. Felkin y dadas por el supuesto Christian Rosenkreutz en la Bóveda del Templo Interior; se trata, al parecer, de un sutil método de vibraciones recíprocas a establecer entre el Templo de Nueva Zelanda y el de Londres, uniéndolos por medio del Poder de la Serpiente o fuerzas más finas de la Naturaleza, inaugurando un poderoso instrumento, una cadena magnética controlada por este misterioso Centro, que busca siempre así dominar a la humanidad. He aquí las instrucciones y explicaciones:

> "El Jefe Gobernante en Londres debe hacer como estamos haciendo aquí llevar a cada uno de los 5-6 miembros por turno a la Bóveda y presentarlos personalmente a C.R.C., recibiendo para cada uno de ellos una carta especial del paquete TAROT. Cuando cada uno es presentado C.R.C. les da una carta, y esta carta es una clave para el desarrollo del individuo (su símbolo)... Si ellos pueden, y nosotros podemos conseguir el Templo completo de 78 (¡número de la baraja de Tarot!), nuestros Templos serán capaces de funcionar al máximo, y si cada uno puede descubrir el verdadero significado espiritual (astral) de su propia carta, cada Templo entonces, como un todo (estará completo). Cuando estos dos Templos estén completos en sus miembros Internos se polarizarán, y se despertarán las corrientes recíprocas, y los que reciban las cartas similares (en los dos Templos) harán parejas y deberán estar en contacto entre sí, pues cada carta tiene un aspecto positivo y otro negativo... Cuando llegue el momento los dos Templos deberán estar preparados para actuar en concierto."

Aquí tenemos de nuevo la "cadena irrompible" de los "Protocolos", ¿y con qué propósito? "Las escalas de construcción existentes pronto se derrumbarán, porque estamos continuamente desequilibrándolas para desgastarlas más rápidamente y destruir su eficiencia" ¡Revolución Mundial y la destrucción del odiado Imperio Británico!

En *el Gran Conocido,* un libro escrito por el jefe del

"Movimiento Sadol", un grupo masónico iluminado de California bajo el control de la Gran Escuela (o Gran Logia Blanca), encontramos un método por el que se les enseña a contactar con estos maestros desconocidos, de los que se habla como "los muy sabios y poderosos Luminosos". Enseña que "el cuerpo material, a medida que evoluciona en los planos espirituales de la vida, se convierte en una dinamo de poder y LUZ siempre crecientes." Hablando de esta condición, Eliphas Levi, en su *Historia de la Magia*, escribe: "Esto puede tener lugar cuando, a través de una serie de ejercicios casi imposibles... nuestro sistema nervioso, habiéndose habituado a todas las tensiones y fatigas, se ha convertido en una especie de pila galvánica viviente, capaz de condensar y proyectar poderosamente esa Luz (astral) que embriaga y destruye. Intenta demostrar que conduce a la maestría y al dominio de sí mismo, pero, si se examina atentamente, se comprueba que no es más que mediumnidad consciente inspirada por un engaño astuto y deliberado, que da al adepto una falsa confianza, induciéndole a desprenderse de sus sentidos físicos y a trabajar sobre el astral, donde, encerrado por fórmulas dadas por estos mismos maestros, está perpetuamente a su merced.

El método es común a otros grupos iluminados -la R.R. y la A.C., así como la Orden del Sol de Edimburgo- y puede ser utilizado por uno o por un grupo de adeptos. La habitación se prepara con fórmulas que, por ser secretas, no se dan, pero que sirven para encerrar y aislar a los trabajadores de y para despertar ciertas fuerzas y establecer las vibraciones necesarias para que se produzca el contacto. El adepto debe sentarse frente a una cortina negra, concentrándose conscientemente y esforzándose por "salvar el abismo de la percepción sensorial", que debe cruzarse si se quiere establecer el contacto. Esto puede realizarse en forma de sugestión, palabras, símbolo, imagen, mediante la venida del propio Maestro en su cuerpo astral, o incluso mediante la proyección del propio cuerpo astral del adepto a un Templo o a cualquier otro lugar deseado, ¡siempre bajo el control del Maestro! No hay manera de poner a prueba a esos maestros; hay que confiar en ellos, una cuestión de fe ciega, la abrogación de toda razón, que conduce inevitablemente a la Mediumnidad y no a la Maestría. Tal fue el método utilizado por los adoradores en el santuario del Árabe; ¡ellos debían formar un dínamo de poder y Luz, que sería utilizado para la *regeneración* mundial venidera por los Illuminati!

La verdad es que parece haber mucho método en toda esta locura. El único nombre posible para ello es Magia Negra, y uno puede sorprenderse de las blasfemas y sediciosas efusiones de nuestro clero "rojo", algunos de los cuales al menos son miembros de la Stella Matutina y de la R.R. et A.C., ¡cuyo principal objetivo era, y es, apoderarse del mayor número posible de clérigos para taladrar desde dentro, desorganizar la Iglesia y ponerla en ridículo público, incluso como hace el Soviet! Ahora bien, ¿quiénes son esos maestros y qué es la Gran Logia Blanca"?

En las publicaciones y procedimientos de los teósofos y algunas otras sociedades secretas, la Gran Logia Blanca es frecuentemente mencionada como un Poder Superior exterior que dirige los asuntos de estas sociedades terrenales. En muchas referencias parecería que la Logia está compuesta por seres sobrehumanos o incluso celestiales, y en otras que son meramente humanos. Nuestra propia creencia es que se trata de un grupo de hombres de carne y hueso, que pueden formar *vínculos etéricos*, desde cualquier distancia, con los líderes de estas sociedades, y que trabajan secretamente por medio de esa Luz que puede "matar o dar vida", intoxicando, cegando y, si es necesario, destruyendo a hombres y mujeres incautos, utilizándolos como instrumentos o "portadores de Luz" para llevar a cabo este loco y malvado plan de Dominación Mundial por el Dios-Pueblo-el Judío Cabalístico.

Según el difunto Max Heindel, discípulo de Steiner y difunto jefe de la "Rosicrucian Fellowship", California:

> "Hay en diferentes lugares de la tierra un número de estas escuelas de los misterios menores, cada una de ellas compuesta de DOCE Hermanos, y también de un miembro *Decimotercero*. Este último es el eslabón entre las diferentes

> escuelas, y todos estos jefes o miembros decimoterceros componen lo que ordinariamente se conoce como la Logia Blanca - a saber, un cónclave supremo de los Mayores entre nuestros Hermanos, que están ahora a cargo completo de la evolución humana, y planean los pasos que debemos seguir para avanzar."

Durante algunos años, el Dr. Felkin y un grupo de miembros de la R.R. y de la A.C. se reunían los domingos para ponerse en contacto y hacer trabajo astral con el maestro árabe, cuya misión era, como hemos visto, realizar la unión de "Oriente y Occidente", formando una cadena magnética de adeptos alrededor del mundo como medio de control por parte de estos maestros. La siguiente es una de las experiencias astrales más significativas. Tal como tuvo lugar, fue registrada palabra por palabra por el escriba, y el "canal" -que, con otras dos personas, la vio- fue nuestro informante:

> "16 de *abril de* 1916.
>
> "Una habitación oscura con suelo pulido y paredes oscuras. Gente sentada alrededor de una larga mesa pulida. Un anciano sentado a la cabecera en un sillón tallado. Hay luces en apliques alrededor de las paredes que se reflejan en el suelo pulido. Todos visten túnicas oscuras; el anciano lleva un curioso gorro, parecido al del Sumo Sacerdote judío, curvado a los lados como cuernos. Es rojo y está bordado con oro y joyas. En el centro de la mesa hay un brasero; de vez en cuando alguien le echa un poco de incienso. Cada uno tiene ante sí un plato de incienso, cada uno de un tipo diferente, y todos lo rocían a su vez. El asiento a los pies de la mesa, similar al de la cabecera, está vacante, por lo que hay *trece* en total; hay seis personas a cada lado de la mesa. Habla el anciano. Tiene los ojos brillantes y oscuros, con los párpados algo caídos. Parece decir: "Se acerca la hora y aún no estamos totalmente preparados. Yo debo quedarme aquí para mantener el fuego encendido, pero vosotros debéis volver cada uno a su país, y cuando volvamos a reunirnos aquí la silla vacante estará ocupada'. Todos hacen una señal con la mano izquierda, como si trazaran rápidamente una línea con

> ella sobre la mano derecha, que estaba sujeta con los dedos rígidamente juntos, el codo derecho apoyado sobre la mesa. Llevan anillos de sello profundamente grabados en el primer dedo, grandes piedras oscuras. Puede que nos encontremos con el que ha de volver a este país. Es difícil verles las caras, ya que llevan dominó con capucha sobre la cabeza. Ahora todos se ponen de pie y repiten un verso en latín. Primero algo al unísono-I Juan IV.7-12 (¡Juanismo!). Luego cada uno dice a su vez una palabra de uno de los textos. El que viene dice "Amor". Luego dicen juntos: "Nobis hoc signum". El anciano parece italiano o judío... Afuera está muy montañoso... Ahora está de pie, y se ha puesto a un lado de su silla, que parece estar sobre dos escalones, de modo que está a la altura de la mesa. La gente pasa junto a él y cada uno le da un apretón y una contraseña. Esta contraseña parece ser la palabra de cada uno que se ha dicho en la frase. Se alinean frente a una puerta con cortinas y le miran. Él lleva al cuello una pesada cruz de oro con la que los bendice. Hacen un gesto parecido a un salaam y desaparecen tras la cortina. Sobre la mesa, delante del asiento del anciano, hay una varita de loto de ébano negro. El loto está cerrado en forma de cono y tiene una luz alrededor. El anciano se queda solo; recorre la mesa y deposita en el brasero los restos de incienso de cada plato. Ahora se quita su curiosa gorra y la pone sobre la mesa junto a la varita. Se quita el dominó y se queda muy pensativo. No tiene más de cincuenta y cinco o sesenta años, lleva una sedosa barba oscura, bigote oscuro, el pelo oscuro con raya en medio, rizado y apenas asomando en la parte superior. Lleva una sotana. Ahora coge su varita, aprieta un pequeño botón en el mango y la flor se abre. La flor es de nácar con un centro de cristal brillante. Es plana, pero brilla con la luz. Está diciendo algo en un idioma extranjero sobre la Ley: '¡La Ley se cumplirá!"-.

El motivo de mostrar lo anterior fue: "El árabe quiere que nos demos cuenta de que, en todo el mundo, los portadores de la Luz del futuro se están preparando". Hay, pues, hombres misteriosos todavía en el cuerpo de la carne - que aparecen astralmente, y establecen enlaces etéricos, y construyen canales a través de los cuales pueden preparar al mundo para la llamada "Llama de

Pentecostés" o Iluminismo Mundial, que ha de traer la "República Universal" del Gran Oriente Judío.

Ahora bien, la Stella Matutina y la R.R et A.C. tienen por amos ocultos a un jefe y a Doce Hermanos, como veremos más adelante, que trabajan a sus órdenes.

En las Profecías de Jane Lead, 1681-1704, que son Rosacrucianas e Iluministas, y corresponden estrechamente a las enseñanzas de la S.M., y son, con sus siete Profetas sucesivos la inspiración de la actual Sociedad Panacea, encontramos: "Él (el Maestro) ahora también elegirá y asignará DOCE personas principales como los constructores de los cimientos... según las instrucciones de su Cabeza principal: y así continuar, para multiplicar el número de discípulos, hasta que sean innumerables". Las Profecías se refieren a un Segundo Advenimiento.

Con respecto al uso de I John, la Sra. Nesta Webster, en su *Secret Societies and Subversive Movements, escribe:*

> "Así, el Dr. Ranking, que ha dedicado muchos años de estudio a la cuestión ... en un artículo muy interesante publicado en la revista masónica, "Ars Quatuor Coronatorum", observa: "Que desde el comienzo mismo del Cristianismo se ha transmitido a través de los siglos un cuerpo de doctrina incompatible con el Cristianismo en las diversas Iglesias oficiales. Que los cuerpos que enseñan estas doctrinas profesan hacerlo bajo la autoridad de San Juan, a quien, como ellos afirmaban, los verdaderos secretos habían sido confiados por el Fundador del Cristianismo, que durante la Edad Media, el principal apoyo de los cuerpos gnósticos y el principal depositario de este conocimiento (juanismo) fue la Sociedad de los Templarios." Y dijo además: "El historial de los Templarios en Palestina es una larga historia de intrigas y traiciones por parte de la Orden." "

Muchos de los grupos de hoy en día creen estar en comunicación directa con Cristo.

De nuevo cita a Lecouteulx de Canteleu:

> "En Francia, los Caballeros (Templarios) que abandonaron la Orden, en adelante ocultos, y por así decirlo desconocidos, formaron la Orden de la Estrella Flamígera y de la Rosa-Croix, que en el siglo XV se extendió por Bohemia y Silesia."

Curiosamente, el símbolo de la Stella Matutina es la Estrella de Cinco Puntas, y el de la R.R. et A.C. la Estrella de Seis Puntas y la Rosa-Cruz.

Además, nos dice que en las "Logias Melchisedeck", el grado Rosa-Croix ocupa el lugar más importante. Que la Orden solía describirse como los "Hermanos Asiáticos", cuyo centro estaba en Viena, aunque sus verdaderos orígenes son oscuros.

> "Su título adicional de 'Caballeros y Hermanos de San Juan Evangelista' sugiere una inspiración juanista... de Luchet, que como contemporáneo estaba en posición de adquirir información de primera mano, describe así la organización de la Orden que, como se verá, era completamente judaica. 'La dirección superior se llama el pequeño y constante Sanedrín de Europa ... la Orden posee los verdaderos secretos y las explicaciones, morales y físicas, de los jeroglíficos de la muy venerable Orden de la Francmasonería'. El iniciado tiene que jurar sumisión absoluta y obediencia inquebrantable a las Leyes de la Orden... '¿Quién,' pregunta de Luchet, 'dio a la Orden estos supuestos secretos? Esa es la gran e insidiosa pregunta para las sociedades secretas. Pero el iniciado que permanece, y debe permanecer eternamente en la Orden, nunca lo averigua; ni siquiera se atreve a preguntarlo. Debe prometer que nunca lo preguntará. De este modo, los que participan en los secretos de la Orden siguen siendo los maestros'". (Véase la promesa del Dr. Felkin a la Tercera Orden en 1909).

Esto es profundamente cierto en las sociedades secretas actuales. En las Profecías de Jane Lead, se habla de la "Corte Superior y el Consejo", y leemos: "Para ascender a los grados sucesivos de la Orden de Melquisedec, se requiere todo el holocausto". En la S.M. encontramos un ritual especial para la invocación de Melchisedeck, y también un Grado superior en la R.R. et A.C. Como dijo el Conde de Saint-Germain de su Sacerdocio de Melchisedeck: "Guiarás el curso de las estrellas, y los que gobiernan los imperios serán gobernados por ti". ¿No es esto igualmente cierto de estas sociedades secretas de hoy en día, o al menos del poder que está trabajando a través de ellas?

Además, la Sra. Nesta Webster escribe con referencia al "Maestro" de la Co-Masonería de la Sra. Besant:

> "Pero en el tercer grado se confía la asombrosa información, con una apariencia de gran secreto, de que no es otro que el famoso Conde de Saint-Germain, que en realidad no murió en 1784, sino que sigue vivo hoy en Hungría bajo el nombre de Ragocsky... el Maestro es en realidad un austriaco de nacimiento real".

En la *Historia de la Magia de* Eliphas Levi una nota dice: "Saint-Germain testificó por su parte... que era hijo del príncipe Ragocsky de Transilvania".

Ahora bien, es interesante observar entre las Órdenes de hoy en día cuán estrechamente se corresponden las fechas de sus diversas consumaciones:

Teósofos y Orden de la Estrella de Oriente — 1926. El Maestro Mundial Venidero apoyado por doce Apóstoles. ¡Ha venido y se ha ido sin cautivar ni convencer al Mundo!

S.M. y la R.R. et A.C. —1926 a 1933-5. Reencarnación de Christian Rosenkreutz, con un probable apoyo de doce sacerdotes.

Sociedad *Panacea* - 1923-7. Segundo Advenimiento apoyado por doce mujeres Apóstoles.

Espiritistas - 1925-8. ¡Una catástrofe que conduce a un mundo y a una Iglesia purgados y purificados! ¡Un nuevo Cielo y una nueva Tierra!

¿No debemos por tanto concluir que todos estos Movimientos no son sino "canales" utilizados por la "Gran Logia Blanca" - o es "el pequeño y constante Sanedrín" de los Sabios Ancianos de Sión? - para lograr la Dominación Mundial por los Judíos - pues ellos decretan: "¡La Ley debe cumplirse!".

He aquí otra enseñanza pictórica significativa dada al Dr. Felkin en 1916 por su Maestro Árabe. Describe la gran Obra Mundial de estos Maestros Ocultos, tal como se ha llevado a cabo hoy en Rusia, y como se intenta ahora entre todas las demás razas y naciones: es la Iniciación Revolucionaria Mundial; es la *solución* y la *coagulación* -la destrucción y la reconstrucción- de la Judeomasonería Iluminada del Gran Oriente; porque "todo, sí, todo debe ser destruido, ya que todo debe ser rehecho". Es el establecimiento del Reino de Adonai, el Señor Judío del Universo, construido sobre las ruinas de todas las antiguas civilizaciones.

> "Es la imagen de una mujer, llorando y sentada: es el Espíritu de la Tierra. Detrás de ella hay otra figura vestida con ropajes vaporosos; es Adonai, el Señor del Universo. Tiene los brazos extendidos y una corona sobre la cabeza; en la mano izquierda lleva una espada que apunta hacia arriba, con gotas de sangre que corren por la hoja hasta la empuñadura. En la mano derecha lleva una copa de la que mana sangre que cae sobre la túnica verde de la mujer. El personaje de atrás acerca la copa a los labios de la mujer; ella bebe y sus lágrimas caen en la copa; él gira la espada y se la clava en el costado para traspasarla. Mientras hace esto, aún con la copa en los labios, sus brazos la abrazan, y uno de ellos, o ambos, dicen: "Yo soy tú, un d dondequiera que me busques me encontrarás". Y las dos figuras parecen disolverse en la LUZ y emerge una figura tremenda y gloriosa".

Esta iniciación puede ser tanto individual como universal, y hemos visto cómo tal iniciación significa indecibles sufrimientos y sacrificios y la pérdida de la propia personalidad; de ella emerge un mero autómata iluminado sin vida.

La siguiente enseñanza cabalística, un tanto recóndita, fue dada a Mathers, uno de los primeros Jefes, por los "Jefes Ocultos y Secretos", y fue transmitida al Dr. Felkin por el entonces Jefe del Templo de Amen Ra, Edimburgo. Es una curiosa descripción de cómo una Tríada o Triángulo de adeptos, formando un enlace etérico, poniendo en acción "vibraciones recíprocas" con los maestros ocultos, debían transmitir sus influencias y controlar la Orden. Se da aquí en beneficio de los pocos que puedan seguirlo, ya que explica lo que sucedió más tarde cuando los maestros intentaron establecer tal Triángulo de Poder en la R.R. et A.C. en 1917-19. Para los que no puedan o no quieran seguirlo, puede pasarse por alto.

LA LEY DE LA REVOLUCIÓN ENREVESADA DE LAS FUERZAS SIMBOLIZADA POR LOS CUATRO ASES ALREDEDOR DEL POLO NORTE

> En el libro T. (el Tarot) está escrito: "También el Dragón (es decir, Draco, la constelación del Polo Norte de los cielos) rodea el polo de KETHER de los cielos celestes". Se establece además que las cuatro Fuerzas simbolizadas por las cuatro Princesas o Amazonas gobiernan los cielos celestes desde el Polo Norte del Zodíaco hasta 45 grados de Lat. Norte de la eclíptica, y desde el Trono de los cuatro Ases que gobiernan en KETHER. Y de nuevo se afirma que el Trono de los
>
> As de Copas = Cabeza de Draco.
>
> As de Espadas = Parte anterior del cuerpo.
>
> As de Pentáculos = Parte posterior del cuerpo.
>
> As de Bastos = Cola de Draco.

"Observa, pues, la forma de esta Constelación de Draco. Está enroscada en cuatro lugares respondiendo a la regla de los Ases. Porque en las cuatro Fuerzas de Yod, He, Vau, He, el fuego y el agua son contrarios y también la tierra y el aire son contrarios. Y el Trono de los elementos atraerá y se apoderará, por así decirlo, de la fuerza del elemento, de modo que aquí están las fuerzas de antipatía y simpatía, o lo que se conoce químicamente como repulsión y atracción...

"Se dice que KETHER está en MALKUTH y de nuevo que MALKUTH está en KETBER, pero de otra manera. Porque hacia abajo, a través de los cuatro mundos, el MALKUTH de lo menos material se enlazará con el KETHER de lo más material. De la síntesis de las diez correspiraciones del Aur procede la influencia en... el KETHER de ATZILUTH, y el eslabón o hilo conector del AIN SOPH se extiende a través de los mundos, a través de todos los diez sephiroth y en todas direcciones... Ahora bien, el símbolo de la conexión entre el MALKUTH de YETZIRAH (mental) y el KETHER de ASSIAH (material) tendrá una forma parecida a la de un reloj de arena, y el hilo del AIN SOPH, antes mencionado, atravesará su centro y formará la conexión entre los mundos. De modo que el símbolo de la conexión entre los planos es éste, y también lo es el *modus operandi* de la traslación de la fuerza de un plano a otro. De ahí que el título de la esfera de KETHER de ASSIAH signifique el comienzo del movimiento giratorio.

Del diagrama del símbolo del reloj de arena se desprende que MALKUTH de YETZIRAH será el transmisor de las fuerzas yetziráticas a KETHER de ASSIAH, que este último será el receptor de las mismas, y que el símbolo del reloj de arena o doble cono será el traductor de un plano al otro. Consideremos, pues, la nomenclatura del décimo sendero (que responde a MALKUTH) y del primer sendero (que responde a KETHER).

"El décimo camino que responde a MALKUTH:

"Se llama la Inteligencia Resplandeciente, y se llama así

porque está exaltada por encima de toda cabeza y está sentada en el Trono de BINAH, e ilumina el esplendor de todas las Luces y hace que la corriente de la influencia fluya desde el Príncipe de los Semblantes" (es decir, Mettatron o el Señor de la Luz).

"El primer camino que conduce a KETHER:

"Se llama la inteligencia maravillosa u oculta (la Corona más elevada). Pues es la Luz para hacer comprender lo Primordial sin comienzo, y es la Gloria Primordial - pues nada creado es digno de seguir su esencia."

"De donde se desprende que MALKUTH es como el recolector y síntesis de todas las fuerzas en su lugar o mundo: mientras que KETHER, siendo superior a todos, también en su lugar y mundo, será el recipiente y organizador de las fuerzas del plano de más allá, a fin de distribuirlas en sus sephiroth subordinados de una manera debidamente ordenada.

"Y por lo tanto cualquier fuerza de las multitudinarias e innumerables fuerzas en MALKUTH puede actuar a través del cono superior del símbolo del reloj de arena, y por medio del cono inferior traducir su operación en el KETHER de abajo, pero su modo de transmisión será a través de sus conos por el hilo del AIN SOPH o de lo no formulado. De modo que en la transmisión entre los dos mundos lo formulado debe primero convertirse en no formulado antes de que pueda reformularse en nuevas condiciones (¡muerte y desintegración!). Pues es evidente que una fuerza formulada en nuestro mundo, si se traslada a otro, se desformulará según las leyes de un lugar de naturaleza diferente, del mismo modo que el agua en su estado fluido estará sometida a leyes diferentes de las que la rigen cuando se encuentra en las condiciones del hielo o del vapor.

"Y como ya se ha dicho, habiendo una división elemental principal del sephira MALKUTH en el diagrama MINUTUM MUNDUM, cada uno de éstos tendrá su fórmula correlativa de transmisión al KETHER siguiente. De ahí el dominio de los cuatro knaves o Princesas del Tarot alrededor del Polo Norte en el libro T. atribuido a los Cielos-(El triángulo y la Unidad).

"Ahora bien, como KETHER tiene que recibir de MALKUTH, es necesario *que* en y alrededor de KETHER *haya una fuerza que participe de la naturaleza de MALKUTH, aunque más sutil y refinada en su naturaleza,* y por lo tanto es que las fuerzas finales "Él" o Princesa tienen su dominio colocado por encima de KETHER, para que así puedan atraer del MALKUTH de lo superior y formar la base de acción para los Ases. Para que una materia refinada pueda atraer a su semejante, y para que las fuerzas espirituales no se pierdan en el vacío y no produzcan más que una destrucción errónea y arremolinada por falta de una base asentada. Y aquí está la fórmula mutua en todas las cosas, de un espíritu y de un cuerpo, viendo que cada uno suple al otro aquello de lo que el otro carece. Sin embargo, también en esto debe haber una cierta condición, de lo contrario la armonía no será perfecta, porque a menos que el cuerpo sea refinado en su naturaleza, obstaculizará la acción de los espíritus afines a él; y a menos que el espíritu esté dispuesto a aliarse con el cuerpo, este último se verá perjudicado por ello, y cada uno naturalmente reaccionará sobre el otro... Pero es tan necesario gobernar el espíritu como refinar el cuerpo, y de qué sirve debilitar el cuerpo por la abstinencia si al mismo tiempo se fomenta la falta de caridad y el orgullo espiritual. Es simplemente traducir un pecado en otro, y por eso son necesarias las fuerzas finales de "He" en KETHER, como se dice en el décimo sendero de YETZIRAH: "Se llama así porque está exaltado sobre toda cabeza y sentado en el Trono de BINAH". Ahora bien, en el Árbol las sephiroth CHOKMAH y BINAH están referidas al mundo BRIÁTICO, que se llama el Trono del mundo Atziluthico, al cual se refiere KETHER en el Árbol, y refiriéndose a los dominios de las cuatro Princesas, hallarás que en la esfera incluyen a CHOKMAH y BINAH así como a KETHER.

"Ahora no habrá una sino cuatro fórmulas de la aplicación de las cuatro fuerzas de MALKUTH en la revolución del ACE en KETHER, y éstas actuando no individualmente sino simultáneamente y con un grado diferente de fuerza. Y viendo que (si MALKUTH y KETHER estuvieran en el mismo plano o mundo) la transmisión de estas fuerzas del uno al otro procedería más o menos en líneas directas, en este caso (viendo que MALKUTH y KETHER están en planos y mundos diferentes) las líneas de transmisión de estas fuerzas son atrapadas y arremolinadas por el cono superior del símbolo del reloj de arena en el vórtice, donde y a través del cual pasa el hilo del unformulado - es decir, AIN SOPH (enlace etérico). De allí se proyectan en una circunvolución giratoria (pero de acuerdo con su naturaleza) a través del cono inferior del símbolo del reloj de arena hasta KETHER. De aquí resulta que estas fórmulas son de la naturaleza del Dragón o de la *Serpiente*; es decir, que se mueven en circunvoluciones, y por eso se las llama fórmulas del Dragón o de la Serpiente (con alas, el aire; con aletas, el agua; o con pies, la tierra).

"Otra acción de las fuerzas de MALKUTH de YETZIRAH que se transmiten en KETHER de ASSIAH será la de los *rayos vibratorios* continuados que actúan desde el centro de la circunferencia, y que ponen en acción las fuerzas del Hilo del unformulado (AIN SOPH).

"Recordemos lo que está escrito en el capítulo de los Carros, Ezequiel Iv. 5-6: 'Y miré, y he aquí un torbellino tempestuoso que salía del norte, y una nube poderosa y un fuego que se arremolinaba violentamente sobre sí mismo y de en medio como un ojo de resplandor de en medio del fuego, y de en medio formas de cuatro carros'. "

Este es, pues, el método por el cual estos Maestros diabólicos de la Cábala trabajan en el plano mental o astral, formando vínculos etéricos a través de los cuales pueden actuar sobre una Orden y de nuevo a través de ella directamente sobre el mundo. Un ejemplo de cómo se intentó esto en el R.R. et A.C. se dará en breve, mostrando cómo estos Maestros trataron de formar un Triángulo de adeptos "KETHER, CHOKMAH, y BINAH, a través del cual su OJO de Poder debía manifestarse. Pero primero el Triángulo debía convertirse, por así decirlo, en un "recipiente vacío", que debía llenarse de luz astral -iluminarse-, una dinamo, condensando y proyectando las fuerzas de los Maestros, recibiendo sus instrucciones, y como autómatas transmitiéndolas a los que les rodeaban. De esta manera, como una epidemia o como un fuego salvaje, estas enseñanzas y fuerzas se propagan a lo largo de la cadena magnética, orientando una Orden, un grupo, una nación y el mundo. Se trata de un plan diabólico que sólo podría haber surgido de una mente cabalística.

Pero primero intentemos la difícil tarea de explicar este éter universal o fuerza vital que es la base de su poder.

Cuando un candidato desea entrar en la Stella Matutina, debe firmar un formulario de consentimiento personal y secreto, en el que se afirma que el objetivo de la Orden es el "desarrollo espiritual", es decir, despertar los sentidos internos. Además, se les dice que la razón de este secreto es que las enseñanzas pueden utilizarse tanto para la magia negra como para la magia blanca, por lo que se convertirían en un peligro si se dieran a conocer. El gran objetivo, sin embargo, de todas estas sociedades secretas es entrenar al miembro para que suelte su control sobre las cosas materiales, y funcione conscientemente en el plano astral; porque sólo en ese plano pueden estos maestros diabólicos, sin traicionarse a sí mismos, contactar, influenciar, enlazar y utilizar a los adeptos en sus planes secretos universales. En los primeros grados de la S.M. los neófitos reciben meditaciones, ejercicios respiratorios y procesos traídos de Alemania por E.O.L., el adepto que había sido entrenado allí para actuar como enlace etérico entre el cuerpo alemán y la Orden en Inglaterra. Éstos despiertan y elevan las fuerzas sexuales no utilizadas, la Kundalini o "serpiente interior" del adepto, y despiertan los sentidos internos.

Un poco antes de entrar en la Orden Interior, el adepto avanza una etapa más en este desarrollo astral; es iniciado en los misterios de la visión táwica, una forma de Yoga. Brevemente, según los yoguis, existe en el Universo un Gran Aliento o Swara

-*evolución* e involución; es el principio creador universal o fuerza vital. Es *Pingala*, el aliento positivo o solar, *Ida*, el aliento negativo o lunar, y *Susumna*, el fuego unificador o desintegrador. Es el Poder de la Serpiente o Triángulo de manifestación en toda la creación. Dentro del adepto es la Kundalini, y la fusión de ésta con la fuerza vital universal exterior, el Nirvana, es el fin de todo yoga. Además, hay cinco modificaciones de este Gran Aliento, llamadas *Tatwas*, éteres o materia refinada, cada una de las cuales tiene vibraciones distintas, funciones diferentes, una forma y un sentido diferentes; cada una de ellas está cargada a su vez con las cinco. Son semejantes al éter y a los cuatro elementos: el Pentagrama.

Ellos son: (I) *Akasa* - éter (llamado espíritu), oscuro, forma de huevo: sonido. (2) *Vayu* - gaseoso, *aire, esfera* azul: tacto. (3) *Tegas* - ígneo, fuego, triángulo rojo: vista. (4) *Apas - líquido, agua,* media luna plateada: sabor. (5) *Prithivi - sólido, tierra,* cuadrado amarillo: olor. Los cuatro estados de la materia terrestre existen en nuestra esfera - y cada uno invade constantemente el dominio del otro, y así obtenemos lo que se llama los Tatwas mezclados o intercargados. Estos Tatwas o alientos fluyen en rotación regular por todo el sistema nervioso del cuerpo humano, exactamente igual que en el universo exterior: como es arriba es abajo.

Ráma Prasád, en un libro, *Nature's Finer Forces*, escrito para los teósofos en 1889, nos dice que todo el proceso de la creación, en cualquier plano de la vida, es realizado por estos Tatwas en sus aspectos negativo y positivo, y que todo lo que ha existido o existe en nuestro planeta, en todos sus aspectos, tiene un registro legible en el éter. Dice además que a voluntad "el yogui practicante puede traer cualquier imagen de cualquier parte del mundo, pasado o presente, ante sus ojos", y "un yogui en contemplación puede tener ante el ojo de su mente a cualquier hombre a cualquier distancia, y puede oír su voz también"; que sólo requiere mentes simpáticas - es decir, sintonizadas en el mismo tono. Lo llama "los fenómenos de telegrafía mental, psicometría, clarividencia y clariaudiencia, etc.". También vibraciones recíprocas. Una vez más, se nos dice en un MS S.M.: "El estudiante llegará a ser capaz de mirar en el futuro a voluntad, y tendrá todo el mundo visible ante sus ojos, y será capaz de dominar la Naturaleza; este poder también pone al descubierto el funcionamiento secreto del mundo." Por el poder de esta fuerza vital, querida y dirigida y controlada por un adepto, "un enemigo puede ser destruido, el poder, la riqueza, el placer, etc., obtenidos." También puede causar o curar enfermedades, y mediante ella puede ejercerse el control hipnótico. Y mediante este poder se puede engendrar apatía en cualquier cuerpo o grupo, ¡una forma de hipnotismo de masas! ¡En estas ordenes el uso de este poder esta siempre controlado por los maestros!

Estas son, pues, las fuerzas utilizadas en todos los grupos iluminados para provocar el llamado desarrollo y logro espiritual, y mediante estas fuerzas y su profundo conocimiento de sus potencialidades, este misterioso centro trata de influir en la mente y las acciones del adepto, no para el bien de la humanidad, sino para su esclavización. Siempre en la Stella Matutina el adepto tiene la seguridad de que mientras permanezca dentro de la Orden, utilizando los métodos de la Orden, ¡ningún mal puede caer sobre él! En esta Orden se utilizan estos símbolos Tatwa coloreados, con sus correspondientes fórmulas y nombres divinos cabalísticos, que son potentes fuerzas astrales, para obtener la visión astral según la naturaleza del Tatwa, utilizando siempre incienso para ayudar a desprender el astral del cuerpo material. Al principio estas visiones son vagas y leves, pero van aumentando en claridad y aparente realidad a medida que el adepto se desarrolla, hasta que de repente un día, aparentemente de la nada, aparece un misterioso monje o hermano vestido de marrón, un guardián de la Orden, un maestro, o incluso un falso Cristo, y se hace cargo de la expedición astral, llevando al adepto tal vez a algún monasterio aislado, fortaleza rocosa, templo, caverna sombría, ¡o incluso al Polo Norte! donde generalmente se realiza algún rito siniestro y mágico y se dan instrucciones simbólicas o en palabras. Estas aventuras astrales continúan y crecen en intensidad hasta que gradualmente la visión de la vida del adepto se orienta hacia los esquemas mundiales de estos maestros, y el nicho que él mismo ha de ocupar.

Los peligros para la individualidad y la mentalidad del adepto son, en efecto, grandes y muy reales. Por ejemplo, dos adeptos internos, que no sabían nada del Maestro Atarab del Dr. Felkin, por medio de estos Tatwas encontraron el camino, una y otra vez, a un monasterio aislado situado en lo alto de un precipicio rocoso que daba a un arroyo algo turbio, ¡y antes de entrar en el monasterio tuvieron que dar una señal de reconocimiento que más tarde resultó ser la del Maestro árabe! Dentro del monasterio se intentó obsesionar a uno de estos adeptos, o a ambos, y ¿quién puede decir que no fueran finalmente controlados por ese maestro? Ambos continuaron durante mucho tiempo estas visitas astrales, ¡y siguieron siendo instrumentos fieles cuando otros dudaron y se marcharon! Otros adeptos que utilizaban la misma Tatwa llegaron al parecer al mismo monasterio, donde se les mostró el pastos, o tumba, en la que yacía, según se les dijo, ¡el Maestro que había sido asesinado! Sin duda Adoniram o Hiram, el Maestro de los Templarios cuya muerte era siempre celebrada por los Templarios, ¡como prenda de venganza! El Dr. Felkin escribió que también había visitado astralmente este mismo monasterio.

Con el tiempo, este trabajo se vuelve como la intoxicación del hachís, incitando un eterno deseo de más y más sueños y gimnasia astrales, y gradualmente la propia personalidad del adepto se retrae, la vida se vuelve sombría, los maestros dominan cada uno de sus pensamientos y actos, él se convierte en su instrumento, llevando a cabo sus órdenes siniestras, engañosas y a menudo poco comprendidas. Esta es la "liberación" o libertad dentro de estas Órdenes, y, como los Khlysty rusos con su "fervor", la vida para el adepto pronto se vuelve muerta sin excitación astral. Se convierte en el trabajo de su vida e incluso en su religión.

A lo largo de toda la historia del R.R. et A.C. encontramos "canales" controlados, formando vínculos etéricos con estos maestros ocultos, que son casi invariablemente, desgastados mental y físicamente, por medio de pruebas y ensayos, hasta que absolutamente exhaustos se aferran a la "paz y descanso" -

autoinmolación y esclavitud- ofrecidos por sus torturadores ambiciosos, fanáticos y diabólicos.

El Dr. Felkin, en su ya citada historia, escribe:

> "Frater F. R. (Dr. Felkin), 1910, pudo presentar a E.O.L. (que estaba en el extranjero buscando salud) a los miembros de la Tercera Orden (en Alemania). Estos Fratres dijeron entonces que para formar un vínculo etérico definitivo entre ellos y Gran Bretaña era necesario que un Frater de Gran Bretaña estuviera bajo sus instrucciones durante un año... Frater E. O. L. decidió que se pondría bajo la instrucción de la Tercera Orden. Comenzó su enseñanza inmediatamente, y después de residir por algún tiempo en Alemania del Norte y Austria, fue enviado por un tiempo a Chipre. Luego fue enviado a Egipto, después al Monte Carmelo, y debería haber ido a Damasco, pero no lo hizo. Luego fue enviado a Constantinopla (¡donde estuvo en estrecho contacto con el "Partido del Joven Turco"!), y finalmente regresó a Alemania, donde, habiendo pasado sus pruebas, fue iniciado por dispensa especial en los primeros grados de la Sociedad Rosacruz, correspondientes a nuestro 6-5."

Aunque se suponía que la Tercera Orden alemana estaba formando a E.O.L., encontramos al omnipresente maestro árabe diciendo, el 29 de enero de 1911: "E.O.L. obtendrá todo lo que pueda de Steiner, y encontraremos a alguien más con el tiempo". Y de nuevo, el 5 de julio de 1911:

> "Está siguiendo sus propios deseos en lugar de la búsqueda que le fue propuesta. Debería haber ido a Damasco, pero no se le puede conducir; recibió los mensajes que se le dieron y no los ha aceptado. El árabe hará un esfuerzo más y tratará de ponerlo en contacto con alguien en Constantinopla, pero será más difícil, y el resultado será más que dudoso."

El 26 de noviembre de 1911, encontramos al Árabe formando un grupo de miembros de la R.R. et A.C. para atraer y derribar las fuerzas, y así fijar la Luz en la Orden como base material para su trabajo mundial:

Es similar a los círculos druídicos:

> "... en torno al símbolo (en el centro) se reunió el grupo Interno (siete planetas o aspectos de la fuerza solar) del que surge la LUZ o llama, pero esa luz sólo arderá con constancia si cada miembro aporta su parte de la energía o combustible necesario.
>
> ... Cada uno tiene su propio elemento que aportar, y sin cada uno el fuego no puede arder. Pero el grupo exterior (signos del Zodíaco) es en parte un refugio para el interior, y una fuente de energía para los miembros interiores y para avivar la llama. Los miembros internos deben beber de ellos...".

A E.O.L. se le dio el símbolo de Luna - la luna creciente y menguante de Baphomet de los Templarios. Al parecer, debía ser el recipiente negativo que recibiría la LUZ de los maestros y la transmitiría a la Orden, el vínculo etérico. Evidentemente había sido llevado a tal condición de agotamiento y depresión que el árabe le advirtió:

> "E.O.L. está consumiendo sus fuerzas por energías mal dirigidas (¡afirmando su propia individualidad!); aún no ha llegado su hora, pero está atrayendo las fuerzas destructoras en lugar de repelerlas, y a menos que deje de hacerlo morirá antes de tiempo, perdiéndose así el cumplimiento de su destino y vocación... Expulsando por la fuerza al demonio de la melancolía que está atrayendo la forma exterior de la muerte... debe sustituirla por un centro de Luz, y entonces atraerá las fuerzas de la vida y se pondrá bien."

¿Y las fuerzas malignas y negativas de su símbolo Luna? Y además, debía haber parejas de adeptos y el opuesto de E.O.L. "debía ser alguien de vitalidad muy intensa de quien E.O.L. pudiera extraer fuerza cuando fuera necesario". En otras palabras, E.O.L. debía obedecer a su bondmaster y convertirse en su "recipiente de Luz", ¡y así este maestro de obras pretendía construir su "Templo de Piedras Vivas"!

En vísperas de la primera visita del Dr. Felkin a Nueva Zelanda, en el otoño de 1912, E.O.L., que, aunque todavía enfermo, iba a hacerse cargo de la Orden durante la ausencia del Dr. Felkin, murió repentina e inesperadamente. El árabe estaba muy disgustado, pues su juego diabólico se había torcido; y dijo que no había ninguna razón para su muerte, ¡simplemente se dejó ir y se escabulló! ¿Eso fue todo? El árabe, sin embargo, declaró que el trabajo de E.O.L. aún no había terminado; al igual que Christian Rosenkreutz, con el tiempo encontraría y tomaría posesión de un cuerpo adulto, desbancando al legítimo propietario, ¡y en él cumpliría su interrumpido destino! Más tarde, el Dr. Felkin fue informado de que debía encontrar a otra persona que ocupara el lugar de E.O.L. como enlace etérico.

Al leer estos relatos auténticos del funcionamiento interno de estas órdenes iluminadas es bueno tener en mente -como una explicación del misterio del poder director- lo que Hoëné Wronski escribió en 1823-5, como se muestra *en Misticismo y Magia* al principio de este libro: "Las sociedades secretas que han existido y aún existen en nuestro globo... que, controladas desde esta fuente misteriosa, han dominado y a pesar de los gobiernos continúan dominando el mundo... todos los partidos, políticos, religiosos, económicos y literarios". Este centro, como muchos escritores, e incluso judíos, señalan, es "la suprema e Invisible Jerarquía de los Judíos Cabalísticos. " Todas las Órdenes controladas afirman trabajar con el fin de conducir al mundo hacia la "Paz y la Luz"; pero todas juegan con las vidas y las almas de sus miembros, sin admitirlos nunca en el círculo interior.

Es una historia extraña y casi increíble, que sólo puede esbozarse aquí, la de cómo otro adepto del R.R. y A.C. fue elegido y, aunque rebelde, fue "moldeado y tallado", maltratado y magullado, en un intento de estos maestros de ocupar el lugar de E.O.L. como eslabón etérico de la Orden. El Dr. Felkin, antes de regresar finalmente a Nueva Zelanda en 1916, como hemos visto, bajo las instrucciones de estos maestros redactó una Nueva Constitución, e intentó incluir en ella un "Oráculo Délfico", adeptos que debían ser el vehículo a través del cual estos maestros debían trabajar sobre la Orden y emitir órdenes. Pero esto fue vetado por el comité. Se nombraron tres Jefes Gobernantes, uno de los cuales sólo había sido entrenado en magia, los otros dos eran clérigos (uno de los cuales dimitió hacia 1919), que debían llevar las enseñanzas de la Orden a los problemas curativos, religiosos, sociales y éticos. El Dr. Felkin puso la Guerra como excusa para no entrar en detalles sobre su pretendida autoridad alemana, pero conservó no obstante su cargo de Alto Jefe en Londres.

El legado dejado a los Jefes Gobernantes por la regla del Dr. Felkin, que no era regla, distaba mucho de ser envidiable, y el propio Dr. Felkin era consciente de ello. Lo que siguió fue una ilustración de los métodos descritos por los protocolistas: "Es imperativo en todos los países perturbar continuamente la relación que existe entre el pueblo y los Gobiernos". ¡Y así con las Órdenes! -El Maestro Árabe, hablando al Dr. Felkin de las disensiones en el Templo de Londres dijo, en diciembre de 1918: "Deben pasar por un tiempo de conflicto antes de entrar en la Casa de la Paz", ¡la "grada gigante" preparando de nuevo el terreno! Antes de que el Dr. Felkin hubiera abandonado Inglaterra, y hasta el cierre del Templo en 1919, la Orden estuvo desgarrada por disensiones, celos, murmuraciones clandestinas, y luchas y rebeliones abiertas, que aparentemente debían conducir a esa paz que significaba la rendición incondicional y voluntaria a los Maestros y a su obra.

Sin embargo, los Maestros estaban decididos a tener su oráculo, y éste debía ser un Triángulo de Adeptos, como el Poder de la Serpiente, manifestando sus fuerzas y enseñanzas en la Orden. Esto debía realizarse por medio de intercambios psíquicos fluídicos, como se habla en los *Estudios de Ocultismo* de M. Henri de Guillebert. Según él, el Maestro y el adepto o adeptos estarían en la posición de hipnotizador y sujeto bajo hipnosis, y la consumación de ese estado sería para el adepto, "la aniquilación final de su personalidad, la destrucción de su atributo principal."

Para llevar a cabo esta polaridad y consumación, primero había que orientar la mente de los adeptos. Con este fin, en la R.R. y A.C., a principios de 1917, los mensajes de estos maestros ocultos se difundieron repentinamente casi a diario; el lenguaje era cabalístico, digno y bello, aunque a veces arrogante y dominante. Crearon una atmósfera, despertaron una expectativa, y en 1919 se dijo definitivamente que la consumación sería una Gran Iniciación. Como preparación para esta Iniciación, tres adeptos fueron formados en una Tríada o Triángulo, y colocados simbólicamente sobre el Árbol cabalístico de la Vida, como KETHER, CHOKMAH y BINAH, como en esa curiosa enseñanza dada anteriormente, "la Ley de la Revolución Convoluta de las Fuerzas", de modo que las fuerzas de los Maestros fueran atraídas desde arriba por una base material refinada, y fluyeran hacia abajo a través de ella hasta la Orden, formando un vínculo etérico con estos Poderes Ocultos.

El proceso de refinamiento trajo muchos problemas inesperados que, según los maestros, no eran más que pruebas en preparación para alguna consumación maravillosa. Como decían estos Poderes: "¡Aprende lo que tengas que aprender y todo irá bien!", lo que significaba obediencia absoluta y sacrificio voluntario de cualquier cosa y de todo lo exigido.

Siempre comparándolas con la enseñanza sobre la revolución de las fuerzas, testigo de los mensajes dados por el Señor de la Luz, o "Príncipe de los Semblantes" y sus Doce Hermanos:

> "Oh, Hijos, en verdad sois los tres elegidos para mi obra. Vosotros sois el *Amor, el Poder* y *la Perfecta Reconciliación*, y a vosotros vendrá *la Perfecta Unidad*-(Cuatro fuerzas Princesa).
>
> "El día de la desintegración y la muerte está ante vosotros, pero no temáis, habéis pasado más allá del poder dañino de la muerte y sólo queda la prueba final. Ilesos e ilesos atravesaréis la barrera, el velo se está diluyendo, instad siempre hacia arriba, hacia la Luz..."

El Jefe Gobernante entrenado debía ser la cúspide, el eslabón etérico; como escribió el Dr. Felkin, marzo II de 1917:

> "Usted es el canal principal ahora en Anglia."
>
> "Aprended de vuestros colores, porque ahora debéis usarlos.
>
> "A ti que estás en el este (el Jefe-KETHER) se te ha dado el color de la Unidad, porque en él se mezclan el Fuego y el Agua, y de él procede el *Espíritu* (lucha astral) que preside sobre todo. En tu trabajo utiliza siempre bien este color, para que de las múltiples pretensiones de la materia surja la unión de y con el espíritu puro. Que tu consigna sea *Unidad*, uno y solo — porque uno es tu Señor, y debes unirte siempre con Él. Vosotros, el *receptor* y el *transmisor* de las fuerzas contendientes, debéis ser en verdad el Espíritu *Blanco Puro* encerrado en la unidad del color."

El rubí es el color de la Unidad, y lo anterior significa la fijación de la luz astral en el cuerpo purificado del Jefe, ¡controlado por el Señor y Maestro! - Iluminismo.

> "Tú, oh Niño, que estás en el ángulo basal izquierdo (BINAH) has recibido el color del *Amor* puro (azul), las aguas del amor que fluyen para purgar el mundo malvado. Abarca siempre el mundo con tu color, consíguelo en la Bóveda, y úsalo libremente siempre: todos necesitan el amor divino, así que úsalo siempre libremente y no temas."

Aquí tenemos una fuerza negativa mortal soltada sobre el mundo, el falso pacifismo y la ceguera, la falta de fuerza de combate, ¡creando sin duda una forma de apatía necesaria para la dominación!

> "A ti, hijo mío (CHOKMAH), se te ha dado el color de la negación y de la fuerza (púrpura), pues debes conducir siempre hacia arriba el alma de la multitud a la ofrenda perfecta de la negación pura y con este tu color puedes dar fuerza a los vacilantes." (¡Una forma de falso idealismo!)

> "Cuando conscientemente os encontréis, dejad que vuestros colores se fundan con la blancura pura del Cristo (luz astral) y entonces que la mezcla forme un vínculo con el que abarcar el mundo".

Los tres forman las fuerzas negativas y positivas unidas por el vértice, es la cadena magnética de influencia.

> "Sí, habéis hecho descender el espíritu a la materia". - ¡Iluminismo!

> "Tú, mi Niño (BINAH) debes descansar siempre conscientemente a los pies del Maestro, pues eres el mensajero de los dioses".

El escriba y *receptor* de las instrucciones.

> "A ti, oh Ath (Aire, CHOKMAH), tengo otras palabras que decirte; descansa conscientemente en mi presencia, pero no seas mensajero sino portador".

Transmisor de las fuerzas e instrucciones.

> "Obra otra y más poderosa tengo para vuestro Jefe (KETHER), pero de ella aprenderá el Jefe en el silencio venidero, cuando todos vosotros entréis en la vasta majestad y pureza de Dios".

¡Después de la ceremonia de Iniciación e Iluminismo!

> "Vosotros (KETHER) formáis el vértice del Triángulo, y primero debéis pasar dentro del velo, para que desde el vértice pueda brillar la gloriosa belleza del rostro del Padre (el SOL es el Padre). En espíritu puro (astral) debéis trabajar sobre la tierra, pues sois un reflejo de ese brillo (la Luna es la Madre y reproductora) y pureza que siempre arde dentro de la llama.

> "Que la Tríada resplandezca en deslumbrante blancura, base

pura sobre la que el Hijo (el "Cristo" o luz astral) puede manifestarse al mundo".

El instrumento iluminado

El Jefe, por una "fuerza convincente", fue inducido a entrar en la Iglesia Anglicana, en parte para establecer confianza entre el clero a quien los maestros esperaban enredar en su red, y también para crear la elevación y atmósfera necesarias en las que fijar el enlace etérico. Antes del intento de la Gran Iniciación, como es habitual con los oráculos de los Illuminati, se le dijo al Jefe: "Se te dará un Guardián de la Orden que nunca te abandonará". El Jefe debía estar bajo la supervisión constante del Maestro, sin tener otra voluntad o pensamiento que los suyos, y sin iniciativa individual.

Los dos ángulos basales (aprobados por el Dr. Felkin, 14 de mayo de 1919) vivían más o menos constantemente en el plano astral , y como lo había hecho uno de los jefes anteriores, iban a la iglesia para ver visiones, recibir enseñanzas y realizar ritos según las indicaciones de estos maestros. En la Bóveda (la casa de poder de estos maestros) recibían grados astrales, y como pruebas eran sometidos a una extraordinaria gimnasia astral. Una de las ceremonias finales era dada por el falso "Cristo", o Señor de la Luz y sus Doce Hermanos, y en ella debían prestar juramento de fidelidad, secreto, servicio, sacrificio y obediencia absoluta, y esto debía ser firmado con su propia sangre - una regla común entre los Illuminati y adeptos de la Misa Negra.

La Iniciación se llamaba "Apertura de la Tumba" - Liberación, pero- "libres no para usar vuestra libertad para vosotros mismos sino para MÍ". La contraseña era KADOSCH. El adepto debía mirar fijamente una estrella de seis rayos, proyectada por el Maestro, y pasar a través del fuego a la bóveda astral del más allá. Allí, una obligación de absoluto secreto, obediencia y sacrificio voluntario sería exigida por el llamado Christian Rosenkreutz, y él y sus Doce Hermanos oficiarían la ceremonia. Finalmente, el adepto regresaría a su cuerpo con el poder sobre él. ¡Control hipnótico! Sólo después de esta iniciación quedaría claro el trabajo requerido, y entonces ya no habría necesidad de la Iglesia.

De repente, sin previo aviso, el Señor de la Luz y sus Doce Hermanos intentaron dar al Jefe esta Iniciación. Esto fue en una iglesia de Londres en el servicio de Tenebres, el jueves 17 de abril de 1919. La Pascua es una época especial para la magia negra Illuminati. Decían que significaba "muerte y desintegración". Brevemente, antes de la entrada del clero oficiante, el Jefe vio en lugar del altar la gran Bóveda de la Orden interior, en la que los Doce Hermanos, con hábitos negros y cofias sobre la cabeza, entraban apresuradamente, y casi al instante una luz deslumbrante se enfocó sobre el Jefe, y arriba, en este fuego astral, estaba el Señor de la Luz. Un dolor agudo se apoderó del corazón, seguido de un curioso desvanecimiento, y fue necesaria toda la voluntad del Jefe para evitar el trance completo, pero a medida que entraban los clérigos, la luz de se desvaneció gradualmente y el desvanecimiento pasó. Al día siguiente, el Maestro anunció que el fallo se había debido a un error de uno de los Hermanos, ¡por lo que había sido debidamente castigado!

Y una vez más el Maestro envió sus mensajes:

> "Habéis resucitado, pero no os he utilizado libremente porque todavía no sois capaces de cumplir plenamente mi obra, sino que poco a poco se van purgando las limitaciones. Las rosas están floreciendo, pero todavía no son blancas y claras, ofrendas puras listas para ser aceptadas en el trono de mi Padre." (Véase el Décimo Sendero; también "Ahora bien, en el Árbol los sepiroth CHOKMAH y BINAH están referidos al Mundo Briático que es llamado el "TRONO" del Mundo Atzilutí, al cual está referido KETHER").
>
> "Yo que hablo soy enviado del Señor de la Luz, el Hijo de Dios encarnado".

¡Del Transmisor de la Luz Astral! ¡El Logos gnóstico adorado bajo la imagen de la Serpiente!

El Jefe rompió el Triángulo, y luego siguieron las más extraordinarias persecuciones astrales, ataques inesperados, fuerzas, olores sobrecogedores y proyecciones de luz astral, etc., todo ello en un intento de inducir el trance o trabajar sobre los adeptos física y astralmente con la esperanza de controlarlos a ellos y a otros a través de ellos. Como dijo el Maestro:

> "A vuestro alrededor, como una cortina, se extiende el poder de lo alto; ¿no podéis verlo y sentirlo?".

En respuesta a la petición de esclarecimiento del Jefe, el Dr. Felkin telegrafió desde Nueva Zelanda: "Padre cristiano tranquiliza, mantente firme, Efesios vi. II- I2. Carta siguiente". Y el mensaje del Padre Cristiano (Rosënkreutz) que siguió fue (10 de julio de 1919, en la Bóveda de N.Z.):

> "Los mensajes de los que hablas son verdaderos, pero el canal a través del cual llegan ha sido defectuoso. Debe ser que los Poderes de la Luz trabajan a través de los vehículos que están disponibles, y a veces sucede que un fragmento es desechado debido a un defecto que destruye su valor. Sin embargo, se encontrará el vaso de cristal que, *lleno de Luz,* brillará a través de las tinieblas... La fuente del mal es de poca importancia (¡los maestros!), pues sólo puede encontrar entrada a través de la debilidad que yace en ellos mismos (¡falta de fe ciega!)... Que tengan buen ánimo, pues sus pies están puestos en el Sendero...
>
> "Los Hermanos son ciertamente los Hermanos Mayores y los mensajeros del Señor, pero ni son infalibles ni pertenecen a la compañía de los dioses. No son más que hombres muy avanzados en verdad, y esperan que la antorcha se encienda en medio de ellos, pero no son de aquellos que conocéis como Maestros, y no está en su poder ni encender la antorcha ni aún decir en qué día u hora descenderá la llama de Pentecostés..."

Y el Dr. Felkin añadió:

> "Ataques como los que has sufrido son sin duda un intento de

> las fuerzas malignas de distraer al alma en su ascenso a la Montaña. Tan pronto como se logra este objetivo cesan los ataques (¡control hipnótico!). Son en sí mismos una prueba de que el receptor de la enseñanza es bueno y sumamente importante."

Y dijo que no se puede ser iniciado sin pasar por el trance -cierto, pero ¿a qué conduce? Cuando se le preguntó: "¿Qué prueba tienes de que los maestros no son magos negros?", la respuesta fue: "¿Cómo puedes probar a los seres astrales? debes tener fe" -¡abnegación de la razón! Además, el Dr. Felkin aconsejó:

> "Creo que sería mejor que, en lugar de temer a los imaginarios Rosacruces negros de Alemania o de cualquier otro lugar, te esforzaras conscientemente por cooperar con los verdaderos Rosacruces que sin duda existen (su autoridad alemana), y que están tratando de guiar el pensamiento centroeuropeo hacia la Luz; entonces pertenecerías a la Gran Obra para el mundo."

Y como hemos dicho, esta gran obra rosacruz debía comenzar en Rusia y ahora se está extendiendo por todas partes. Como advertencia final de coerción, si fuera necesario, los Maestros dijeron: '¡Si los Jefes no eligen caminar por el Sendero señalado, deberán escalar la Montaña de la Iniciación a través de muchas pruebas y tribulaciones!'

Aún más descontentos, los dos Jefes exigieron investigaciones, pero el Dr. Felkin y algunos de sus seguidores, adoptando tácticas Illuminati, hicieron todo lo posible en secreto para desacreditar a los dos Jefes y apoderarse de los documentos de la Orden. En 1916 estos dos Jefes habían recibido del Dr. Felkin la ceremonia del "Enlace Etérico", un ritual traído de Alemania. Más tarde uno de estos Jefes murió en un psiquiátrico, ¡y los dos ángulos basales volvieron al Dr. Felkin y a su Maestro!

La Orden iba a ser un Centro de Luz en Londres, y se les dijo que en breve aparecerían mensajeros de la luz en muchas partes de la ciudad que guiarían y enseñarían a la gente. ¿Esto iba a ser la revolución? Y esta Orden subversiva no sólo tiene templos en Inglaterra y Nueva Zelanda, ¡sino también en varias grandes ciudades de Australia!

En el *Morning Post del* 14 de julio de 1920, 'Causa del malestar mundial', hablando de la masonería revolucionaria, decía:

> "Cuando por fin el candidato es admitido en el grado 30th y, tras pasar por terribles ordalías para poner a prueba su obediencia y secreto, se convierte en *Caballero Kadosch,* se entera de que ya no es Adoniram o Hiram cuya muerte clama venganza..."

Concluimos con algunas frases significativas extraídas del catecismo del grado de Caballero Kadosch:

> "¿Comprendes plenamente que este grado no es, como gran parte de la llamada Masonería, una farsa que no significa nada y no llega a nada; ... que lo que ahora estás comprometido es *real,* requerirá el cumplimiento del *deber,* exigirá *sacrificio,* te expondrá al *peligro,* y que esta Orden significa ocuparse de los asuntos de las naciones, y ser una vez más una *Potencia* en el mundo?".

Un manuscrito inacabado de la autobiografía de Pierre Fourrier Chappuy, nacido en 1762 y fallecido en 1830, arroja más luz sobre este grado de Kadosch (véase "Masonería y Revolución", Patriot, 5 de agosto de 1926):

> "Estábamos en la primavera de 1789… Yo estaba tanto más entusiasmado cuanto que aquellas ideas eran las mismas que ya había absorbido en la Francmasonería... ¡El orgullo, siempre el orgullo! Esto fue lo que me separó de mi Dios y del amor a mis semejantes, para crear en mi corazón una divinidad que no era más que un vivo egoísmo, al que me remitía y sacrificaba todas las cosas... Era claramente *la Sociedad de los Illuminati...* Ya no se ignora cuál es el espíritu y los objetos de esta secta que, después de unirse con los Francmasones y los impíos de todos los países, ha incendiado

> Europa, y amenaza más que nunca en este momento con extinguir tanto el Cristianismo como el *Monarquismo*... pero yo estaba muy lejos del decimosexto, en el que sólo se aprende el famoso secreto. Después de haber leído lo que concierne a este último grado, que es el *del Caballero Kadosch* -que significa *regenerador*- y el discurso hecho al adepto, vi la luz; y comprendí perfectamente y al instante los símbolos, las fórmulas y las pruebas que hasta entonces habían sido enigmas para mí. Son todas alegorías tomadas del procedimiento de los Templarios, de los que son sucesores."

¿Quién, con un poco de perspicacia, puede dudar en decir que este es el mismo cancro que hoy, como en 1789, está corrompiendo nuestra vida religiosa, social y política, y que dentro de estas Órdenes Rosacruces e Iluminadas se genera este mal; que por medio de sus adeptos, consciente o inconscientemente, este crecimiento canceroso desintegrador es *llevado y transmitido a* través de nuestro Imperio y entre todas las naciones.

En el ritual 5-6 de la R.R. et A.C. se dice:

> "La Orden de la Rosa y la Cruz ha existido desde tiempos inmemoriales, y sus ritos místicos fueron practicados y su sabiduría enseñada en Egipto, Eleusis y Samotracia, Persia, Caldea e India, y en tierras mucho más antiguas. (Es la antigua adoración del Poder de la Serpiente o Principio Creativo)".

Hipólito (*Refutación*, libro v) nos dice que los Nasseni, una secta de gnósticos cristianos, aparentemente de origen hebreo, derivaban su credo de la Cábala, y adoraban al Logos, o alma del mundo, bajo el nombre y la imagen de la Serpiente-Hebrea *Nachash*, que según la ciencia cabalística de los números, equivale al *Mesías*, el Cristo (solar) de las sociedades ocultas.

> "Los nasseni afirman respecto al "espíritu de la semilla" que es la causa de todas las cosas existentes y es el misterio secreto y desconocido del universo, oculto y revelado entre

> los egipcios... que confesadamente fueron los primeros en proclamar a todo el resto de los hombres los ritos y orgías de todos los dioses, así como los misterios indecibles de Isis."

Se trata de la Kundalini o fuerzas creadoras duales de la Naturaleza, tal como se describen en *Serpent Power* and *Tantra*, traducido del sánscrito por Arthur Avalon. Es el "Hye, Cye, el gran misterio indecible de los ritos eleusinos". De nuevo, "Mercurio (el Gran Hermes) es Logos... a la vez el intérprete y el fabricante de las cosas que han sido, que son y que serán". Es también el Adam Kadmon cabalístico; el Ben Adam tal como se representa en el pastos de la Bóveda del R.R. et A.C.; es hermafrodita, y así se le describe en el ritual:

> "Contemplé a siete Portadores de Luz de oro, y en medio de los Portadores de Luz a uno semejante a Ben Adam, vestido con una túnica que le llegaba hasta los pies y ceñido con un cinturón de oro. Su cabeza y sus cabellos eran blancos como la nieve, y sus ojos como un fuego resplandeciente. Sus pies eran semejantes al bronce fino, como si ardieran en un horno, y su voz era como el estruendo de muchas aguas. Y tenía en su mano derecha siete estrellas, y de su boca salía una espada de fuego, y su rostro era como el sol en su fuerza."

Aquí tenemos lo que a primera vista parecería ser el "Alfa y Omega" del Apocalipsis, pero se trata del Logos gnóstico. En el pastos Ben Adam estaba colocado sobre el Árbol de la Vida cabalístico, con los dos pilares de la Misericordia y la Severidad -las fuerzas positiva y negativa- a ambos lados, y en medio de las diez sefirot y los veintidós senderos de la Cábala judía. El rostro era el del "Señor de la Luz", el transmisor de la luz iniciadora al individuo o a la Orden; era arrebatador, oscuro y siniestro, lleno de una sutil fuerza magnética y apremiante. En la mano derecha estaban las siete estrellas geométricas de los siete planetas, los siete aspectos de la fuerza solar, que unidos forman la Luz Blanca del Iluminismo. De su boca sale la Espada Flamígera, es la luz iniciadora o iluminadora. El conjunto representa el poder de los Illuminati. Su nombre no es la "Palabra de Dios", sino la "Palabra Perdida" de la Masonería Iluminada, que trae la sabiduría, así llamada, de los "Jefes desconocidos".

Aquí tenemos sin duda el juanismo, la clave de la herejía templaria; es cabalístico y gnóstico, luciferino y una perversión del simbolismo cristiano. ¡Es Baphomet! La insignia por la que el aspirante obtiene entrada en el Templo interior es esta Serpiente y la Espada Flamígera. Significa despertar y elevar la Kundalini o fuerzas sexuales no utilizadas, la Serpiente enroscándose aquí y allá, y su unión con el poder de afuera, el descenso de la Espada Flamígera, produciendo lo que se llama la "Gran Liberación", pero controlada por estos siniestros amos para sus propios fines.

Consideremos la "Smaragdine o Tabla de Esmeralda de Hermes". Mme. Blavatsky escribe:

> "La tradición declara que sobre el cadáver de Hermes, en Hebrón, fue encontrada por un iniciado la tablilla conocida como la Smaragdina. Contiene en pocas frases la esencia de la sabiduría hermética. A los que lean con sus ojos corporales, los preceptos no les sugerirán nada nuevo ni extraordinario, pues simplemente comienza diciendo que no habla de cosas ficticias, sino de lo que es verdadero y más cierto."

Los preceptos son:

> "Lo que está abajo es semejante a lo que está arriba, y lo que está arriba es semejante a lo que está abajo para realizar las maravillas de una cosa"-manifestación según el principio.
>
> "Como todas las cosas fueron producidas por la mediación de un ser, todas las cosas fueron producidas a partir de éste por *adaptación*"-Fuerza vital-éter.
>
> "Su padre es el Sol; su madre, la Luna". El Sol era considerado por los antiguos magos como el gran pozo magnético del universo; él es el generador. Es Osiris, el Sol en su salida y puesta. La Luna es Isis, Madre Poderosa, reproductora de todos los principios. La naturaleza en su

> inmensidad: las dos fuerzas en pugna.
>
> "Es la causa de toda perfección en toda la tierra"- La fuerza vital-equilibrio.
>
> "El poder es perfecto *si se transforma en tierra"*-Fijación del astral en una base material o "vehículo".
>
> "Separar la tierra del fuego, lo sutil de lo grosero, actuando con prudencia y juicio"- Una base material preparada y depurada.
>
> “Asciende con la mayor sagacidad de la tierra al cielo, y luego desciende de nuevo a la tierra y une juntos el poder de las cosas inferiores y superiores; así poseerás la luz del mundo entero, y toda oscuridad volará lejos de ti"-El ascenso de la Kundalini o Serpiente, y descenso de la Espada Flamígera, produciendo Iluminación, o instrumentos iluminados. Según Eliphas Levi, el secreto de la Gran Obra es la fijación de la luz astral en una base material, por un acto soberano de voluntad - para el Gran Bien o el Gran Mal; se representa como una serpiente atravesada por una flecha. Es el Sol, la Luna y el fuego unificador y destructor del "Poder Serpiente".
>
> "Esta cosa tiene más fortaleza que la fortaleza misma, porque superará toda cosa sutil y penetrará toda cosa sólida. Por ella se formó el mundo"-Fuerzas electromagnéticas, las "cadenas irrompibles" de los "Protocolos"."

Esta cosa misteriosa es el agente mágico universal, el éter que todo lo penetra, "que entra en todas las operaciones mágicas de la naturaleza y produce fenómenos mesméricos, magnéticos y espiritistas". Es el Od de los judíos, la luz astral de los martinistas. Como ha escrito Eliphas Levi: "Se ha dicho que este agente universal es una luz de vida por la cual los seres animados se vuelven magnéticos". Y "la práctica de esa maravillosa Cábala descansa enteramente en el conocimiento y el uso de este agente". Este es, pues, el poder que convierte al adepto en "una dinamo de poder y luz siempre crecientes".

En un curioso folleto, fechado hacia 1836, reimpreso en 1888 por la "Theosophical Publishing Society" (véase *Patriot*, 8 de septiembre de 1927), leemos acerca de este poder invisible:

> "El panfleto pretende haber sido escrito por el Judío Errante, y describe cómo a la caída de Jerusalén tomó el Talismán Hebreo, *el sello de Salomón* (Triángulos entrelazados) del Templo, y cómo por su poder aseguró el ascenso de los Judíos en todas las tierras a través de la historia, hasta que por medio de las finanzas obtuvieron el control total de los reyes y gobernantes Gentiles."

Hablando de la fuente del poder de Necker sobre la época de la Revolución Francesa, 1789, el Judío Errante dice:

> "Fui yo, fue el poder talismánico que le di durante un breve respiro, para inspirar admiración a sus amigos y envidia a sus enemigos. *Retiré ese poder* y surgió la escena de derramamiento de sangre y confiscación que era especialmente necesaria para permitir a mi pueblo saquear a todas las naciones de Europa... De la Revolución de Francia surgieron guerras sangrientas y costosas."

Leemos sobre la siniestra influencia en aquella época de Cagliostro y el Iluminismo de Weishaupt. ¿Cuál era el poder secreto detrás de ellos? Y el Gran Oriente judeo-masónico, que se iluminó en marzo de 1789, ¿no se ha jactado de su poder en la realización de "Tres Revoluciones - 1789, 1871, 19-?— Bull. Hebd., 1922".

Además, ¿no dicen los "Protocolos": "Al Poder secreto no le importará cambiar a sus agentes que lo enmascaran... la Logia masónica en todo el mundo actúa inconscientemente como una máscara para nuestro propósito". Está escrito en los rituales de Stella Matutina: "La Luz brilla en las tinieblas, y las tinieblas no la comprenden". ¿Cuántos de entre nosotros reconocen el poder de esta luz siniestra, que trabaja secretamente en y a través de la oscuridad y la muerte de la Revolución Mundial?

En el número de ocultismo de agosto de 1928 de la *Revue Internationale des Sociétés Secrètes*, M. Henri de Guillebert da los siguientes puntos interesantes sobre los Triángulos Entrelazados conocidos como el Sello de Salomón:

> "En las sinagogas, delante de los santuarios, en las logias masónicas, en los templos esotéricos, se muestran dos triángulos entrelazados, uno blanco y el otro negro. Es el Sello de Salomón. El color negro significa que el objeto simbolizado permanece para siempre en la oscuridad dentro del cuerpo; representa lo femenino. En el centro de la figura, cuyo simbolismo de entrelazamiento es lo suficientemente evidente como para hacer innecesarias las explicaciones, se encuentra el gran y misterioso lingam... En sánscrito la palabra *lingam* significa lo mismo que la palabra griega latinizada *Phallus*... Su situación, en medio de los triángulos blancos y negros entrelazados, señala, bajo otra forma, la unión de los sexos. Por lo general, en los ángulos superior e inferior del Sello de Salomón se encuentran las letras *Alfa* y *Omega*. Los lados de los triángulos se agrandan para que reciba una letra inscrita en cada uno de los cuatro ángulos. Estas cuatro letras forman la palabra hebrea *(Eheieh*) inicial y final, con la que Jehová enseñó a Moisés Su nombre inconmensurable: *'YO SOY el que Soy'*.
>
> "La unión sintáctica de esta palabra con las letras Alfa y Omega y los signos del lingam, en los triángulos entrelazados del Sello de Salomón, da pues el texto: "Yo lingam, yo soy Alfa y Omega, el Primero y el Último, el Pan eterno". Pues todo el jeroglífico supone, en efecto, que el lema "Yo soy Alfa y Omega.", se actualiza mediante actos, fenómenos de la vida humana o microcosmos, y la fenomenalidad total o macrocosmos (universo) por el lingam personificado y divinizado. El mismo dispositivo se encuentra entre algunas sectas bajo la forma "Generación, Creación". Para los iniciadores, la generación es una operación propia de la divinidad, cuando es realizada por ellos mismos o por sus iniciados. Es el acto divino *por excelencia*. El hombre que se

> entrega a ella ejerce o usurpa la divinidad".

Ahora bien, *Eheiek* es la contraseña del grado 5-6 del R.R. et A.C.,. y en esta ceremonia el Adepto Principal, como representante del "divino I.A.O.", dice: "Yo soy el Primero y el Último. Yo soy el que vive y estaba muerto, y he aquí que estoy vivo por los siglos de los siglos, y tengo la llave del infierno y de la muerte".

En la *Historia de la Magia* de Eliphas Levi, se muestra un diagrama del "Gran Símbolo de Salomón", los triángulos entrelazados. Este también tiene el lingam reflejado en el hombre desde el universo superior, y el conjunto está rodeado por la serpiente mordiéndose la cola - el símbolo de la Kundalini. La parte inferior del símbolo teosófico, como hemos mostrado, es este triángulo entrelazado, también rodeado por una serpiente similar, y teniendo en su centro el Ankh egipcio - la llave de la vida - otra forma del lingam. Es el camino hacia la iniciación. En un curioso libro sobre los misterios de la Cábala leemos:

> "Eliphas Levi llamó a este sello místico el 'Gran Arcano', y en su versión del diagrama un hombre y una mujer ocupan los dos triángulos entrelazados. La figura ilustra el siguiente pasaje de la "Asamblea Sagrada Menor": Así también aquí, donde el Masculino está unido a la Femenina, ambos constituyen un cuerpo completo, y todo el universo está en un estado de felicidad porque todas las cosas reciben la bendición de su cuerpo perfecto. Y esto es un arcano.' '

En la celebración de la Misa Mayor en la Iglesia Gnóstica Universal, tal como se da en el número ocultista de febrero de 1928 de la *Revue Internationale des Sociétés Secrètes*, el Sumo Sacerdote invoca así a su Señor I.A.O.:

> "Tú eres la unidad. Tú eres nuestro Señor en el universo del Sol. Tú eres nuestro Señor dentro de nosotros mismos. Tu nombre es el misterio de todos los misterios... ¡Abre la puerta de la Creación y los vínculos entre nosotros y Tú! Aligera nuestro entendimiento. Ilumina nuestros corazones. Haz que

> la luz penetre en nuestra sangre, para alcanzar la realización. *Todo en dos Dos en uno. Uno en la nada. Gloria al Padre y a la Madre, al hijo y a la hija, y al Espíritu Santo fuera y dentro.* (El Tetragrammaton con la *espinilla en* el centro— *Jehesuah.*) Que fue, es y será, mundo sin fin. Seis en uno a través de los nombres de Siete en uno. ¡Ararita! ¡Ararita! Ararita!" La Suma Sacerdotisa interpone con: "No hay otra ley que ésta: Haz lo que quieras y ama bajo control".

Cabe señalar también que en la R.R. et A.C., la estrella de seis rayos de triángulos entrelazados representa las siete fuerzas planetarias; un planeta en cada ángulo con el Sol, del que los demás no son más que diferentes aspectos o manifestaciones, en el centro. Se utiliza así en las invocaciones de las fuerzas planetarias, y la palabra "Ararita" se emplea siempre en estas invocaciones para simbolizar la fuerza unida, atribuyéndose una letra a cada planeta, así como todas a cada uno, el poder solar trabajando en y a través de cada uno, una parte del todo.

Uno debe entender que estas Órdenes siempre se construyen y trabajan sobre el principio de dos fuerzas contendientes siempre unidas por una tercera manifestación productora - el ojo en el centro del Triángulo. Es decir, la difusión de las fuerzas iniciadoras de estos judíos cabalistas invisibles para lograr su poder y su gloria. Puede significar poder temporal e incluso gloria - *bajo control* - para el adepto, pero finalmente la muerte de su propia personalidad. Pierde su derecho de nacimiento; su vida se convierte en un crepúsculo de irrealidad.

En uno de los libros del difunto Donn Byrne, *Hermano Saulo,* novela que describe la vida de Saulo de Tarso, es interesante leer el duelo de voluntades entre Saulo y el mago negro Bar-Jesús.

Bar-Jesus se jacta:

> "Satán o Adonai, sirvo a un Dios y tengo poderes. Puedo curar a los enfermos y expulsar a los demonios. Puedo prever el futuro y contar el pasado. Descubro tesoros ocultos y obstaculizo ejércitos. Invoco y ordeno a los muertos. Pero

> Saulo, todo lo que tienes son palabras, promesas vacías". Pero Saúl responde: "Tengo el poder de resistir el mal".

(¡El dios de Bar-Jesús es I.A.O., y su poder es el poder del triángulo entrelazado!)

Entonces Bar-Jesús procede a desplegar sus poderes malignos y dice: "Invocaré a David, rey de Israel". Cuatro jóvenes, sus discípulos, entran con espada, varita y crisol. "Los chicos sólo estaban vivos por su deseo. No tenían vida propia. De algún modo, habían caído bajo su poder y él se había comido sus vidas. No estaban vivos, eran muertos vivientes". ¡Eso es estar bajo control u obsesionado! Entonces tomó la espada e hizo un círculo encerrándolo todo, y de nuevo un segundo, entre los dos, él, con la punta de la espada, escribió letras hebreas, que en sí mismas son potentes poderes. Pero Saulo y Bernabé salieron del círculo y permanecieron allí durante la evocación. Con la espada levantada Bar-Jesús conjuró y exorcizó en los nombres de *"Tetragrammaton Elohim; Elohim Gibor; Elvah-Va-Dnath; Shaddai Elchai; Adonai Melekh*, etc.", y ordenó a los Espíritus Apóstatas "que vengáis inmediatamente a ejecutar nuestro deseo." Entonces Saulo, fuera del círculo, sintió que todo lo malo se reunía y acolchonaba a su alrededor, pero se mantuvo firme. Al fin Bar-Jesús supo que había sido vencido, y separó a los espíritus (o fuerzas) diciendo: "En nombre de Adonai el Eterno y Eterno (el principio Creador), que cada uno de vosotros vuelva a su lugar; que haya paz entre nosotros y vosotros, y estad preparados para venir cuando se os llame."

Esto debe ser muy familiar para los miembros de la R.R. et A.C., porque lo que es especialmente interesante en esta evocación, tal como la realiza el Mago Negro Bar-Jesus, es su similitud con las evocaciones mágicas tal como se enseñan y practican en la Stella Matutina-Outer e Inner, una Orden que cuenta con un buen número de clérigos bastante conocidos entre sus miembros.

Uno de sus rituales se conoce como Z_2 , y consiste en la evocación de los llamados espíritus planetarios, como "Bartzabel, el espíritu de Marte", y en cargar un Talismán con el poder evocado. En el Templo de Stella Matutina se fijan los cuatro puntos cardinales con símbolos y luces encendidas, y para esta evocación se hace un único círculo envolvente, sobre el que se colocan luces, en número correspondiente al espíritu evocado. Para provocar la manifestación se utilizan nombres hebreos similares a los utilizados por Bar-Jesús y otros, correspondientes al espíritu o fuerza, y las palabras del destierro final son prácticamente las mismas.

Fuera del círculo se coloca un triángulo; en cada ángulo arde un brasero, y como el OJO del Poder en el Triángulo, el espíritu, la fuerza, ¿o es el Maestro? se manifiesta en el centro. Mientras dura esta evocación, y hasta después del destierro, el adepto debe permanecer dentro del círculo, pues parece que se atrae mucho mal. El ritual se basa en uno de los Cypher MSS, encontrado, como ya se ha dicho, en 1884. Los miembros que no deseen practicar tal magia pueden emprender algún trabajo especial, como la curación, o el trabajo social, bajo la dirección de los misteriosos maestros, quienes, como Bar-Jesús, parecen "comerse las vidas" o las almas de sus discípulos, de modo que éstos aceptan ciegamente una perversión maligna, creyéndola una Verdad Sagrada.

Muchos miembros desprevenidos son cegados a la verdadera naturaleza de los objetivos de estos maestros, que no son más que Magos Negros como Bar-Jesús, sólo que más sutiles y poderosos, por enseñanzas altisonantes sobre el Amor, la Unidad, el Servicio y la Hermandad Universal. Se les hace creer que esta enseñanza contiene muchas verdades profundas no comprendidas por las Iglesias cristianas, y que es una de las obras de estas sociedades iluminar esta oscuridad - ¡ser la luz que brilla en la oscuridad!

En el *Patriot*, mayo de 1924, hay algunos artículos de Z. sobre "El judío y la masonería"; en uno dice:

> "Des Mousseaux cita al masón alemán Alban Stolz, quien en un folleto publicado en 1862 dice: 'El poder que los judíos

> han sabido adquirir a través de la masonería... es uno de los peligros más inminentes para la Iglesia y el Estado... Existe en Alemania una sociedad secreta en forma masónica que *está controlada por jefes desconocidos*. Los miembros de su asociación son en su mayoría judíos... Los judíos sólo utilizan símbolos cristianos como burla o como máscara para sus intrigas". ... Con referencia al 'Templo de Salomón', Des Mousseaux dice: "Este término simbólico, cuyo significado real sólo es conocido por la Jerarquía Suprema e Invisible de las Logias masónicas, y que están compuestas por judíos cabalistas, significa la reconstrucción del poder judío a partir de la ruina del cristianismo"-(el solve y coagula de la Masonería Iluminada).

En el R.R. et A.C. el ritual cabalístico Z_2. del que se ha hablado anteriormente, era una de las pruebas que la mayoría de los miembros debían pasar antes de recibir un cierto grado superior, el 6-5. La última y más importante de estas pruebas era la evocación de "Adonai Ha Aretz", el Señor judío del Universo -¡o era un Maestro! En esta evocación no se utilizaba ningún círculo -sólo una línea de demarcación- entre el adepto y el supuesto espíritu a evocar. Escribiendo las letras hebreas con la punta de la espada, el adepto evocaba el Poder hasta que su propio cuerpo irradiaba LUZ (¡iluminismo!). Si era evocado con éxito, "Adonai Ha Aretz" aparecía de pie sobre el Universo, con los brazos extendidos en forma de Cruz, sosteniendo en una mano una copa de vino tinto y en la otra una gavilla de maíz, representando las fuerzas duales de la Naturaleza. Este "Señor del Universo, el Vasto y el Poderoso", es el gobernante espiritual o mágico de la R.R. et A.C. así como de la Stella Matutina, pues es en su nombre que se hacen muchas de las invocaciones durante las diversas ceremonias de grado. Toda la Orden se basa en esta Cábala Mágica judía.

Hablando de esta albañilería alemana Alban Stolz vuelve a decir:

> "Sus grados y sistemas observan ciertos ritos y símbolos cristianos para encubrir su verdadero significado".

Brevemente, la Stella Matutina u Orden Exterior tiene por símbolo el Pentagrama; es decir, los cuatro elementos - tierra, aire, agua y fuego - a los que se refieren los cuatro grados; y sobre todo el Espíritu - el éter - que se refiere al Portal que conduce al Orden Interior. El Orden representa un cuerpo que se prepara para el descenso de la Luz, individualmente o como un todo: el Pentagrama o instrumento Iluminado. Y para formar el vínculo individual con los maestros, la Kundalini se despierta y se eleva mediante Procesos, una forma de sugestión mental.

Sin saber nada de la verdadera naturaleza de la Orden y sin conocer el juramento que debe prestar, el candidato, con los ojos vendados, es conducido al Templo y, tras la consagración por el fuego y la purificación por el agua, es colocado ante el altar, donde el Hierofante se dirige a él:

> "Tenemos su promesa firmada de mantener en secreto todo lo relacionado con la Orden. Para confirmarlo os pregunto ahora: ¿estáis dispuestos a asumir la solemne obligación, en presencia de esta asamblea, de mantener inviolados los secretos y misterios de la Orden? No hay nada incompatible con vuestros deberes civiles, morales o religiosos en esta obligación [¡lo mismo dijo Weishaupt!]... ¿estáis dispuestos a prestar este juramento?".

Misterioso y algo aturdido, el candidato asiente, y arrodillándose, repite después del Hierofante lo siguiente:

> "Yo — en presencia del Señor del Universo, que trabaja en silencio, y a quien nada sino el silencio puede expresar, y en la Sala de los Neófitos de esa sección de los Misterios de Egipto, la Stella Matutina, regularmente reunida bajo la orden de los Jefes de Gran Honor de la Segunda Orden, prometo por mi propia voluntad, por la presente y solemnemente, mantener en secreto esta Orden, su nombre, los nombres de sus miembros y los procedimientos que tienen lugar en sus reuniones, a toda persona en el mundo que no haya sido iniciada en ella, ni hablaré de ellos con ningún miembro que no tenga la contraseña por el momento o que haya dimitido,

renunciado o haya sido expulsado.

"Me comprometo a mantener una relación amable y benévola con todos los Fratres y Sorores de esta Orden. Prometo solemnemente mantener en secreto cualquier información que pueda haber obtenido relativa a esta Orden antes de prestar este juramento. Prometo solemnemente que todo ritual o conferencia puestos a mi cuidado y toda cubierta que los contenga llevarán la etiqueta oficial de esta Orden-(para que, como en el caso de Weishaupt, puedan ser devueltos a la Orden en caso de fallecimiento). No copiaré, ni permitiré que se copie, ningún manuscrito hasta que haya obtenido un permiso por escrito de la Segunda Orden, no sea que nuestro conocimiento secreto sea revelado por mi negligencia. Prometo solemnemente no permitir que me coloquen en tal estado de pasividad que cualquier persona o poder no iniciado pueda hacerme perder el control de mis palabras o acciones. Prometo solemnemente perseverar, con valor y determinación, en las labores de la ciencia divina, así como perseveraré con valor y determinación a través de esta ceremonia que es su imagen. Y no degradaré mi conocimiento místico en la labor de la magia maligna (¡!) en ningún momento probado o bajo ninguna tentación. Juro sobre este santo símbolo (el Triángulo Blanco - la Luz del Iluminismo) observar todas estas cosas sin evasivas, equívocos o reservas mentales, bajo pena de ser expulsado de esta Orden por mi perjurio y mi ofensa, y, además, sometiéndome por mi propio consentimiento a una corriente mortal de poder puesta en movimiento por los Guardianes Divinos de esta Orden que viven a la luz de su perfecta justicia, quienes pueden, como la tradición y la experiencia afirman, *golpear al infractor de esta obligación mágica con la muerte o la parálisis, o abrumarlo con la desgracia. Viajan como los vientos, golpean donde nadie golpea, matan donde nadie mata*. (Hierus coloca la espada en el cuello del candidato.) Así como inclino mi cabeza ante la espada de Hierus, así me entrego en sus manos para la venganza y la recompensa. Así que ayúdame mi poderosa alma secreta y el Padre de mi alma, que trabaja en silencio y a quien nada sino el silencio puede expresar".

> Este es el Señor del Universo, el Principio Creador de toda la Naturaleza, y la fuerza es esa corriente misteriosa que "mata y hace vivir".

Más adelante en la ceremonia, este juramento se enfatiza aún más cuando se colocan dos líquidos puros ante el candidato; uno se vierte en un plato, seguido del segundo, que transforma el líquido puro en apariencia de sangre. El oficial advierte al candidato:

> "Que esto te recuerde, ¡Oh Neófito! con qué facilidad, por una palabra descuidada o irreflexiva, puedes traicionar lo que has jurado mantener en secreto, y puedes revelar el Conocimiento Oculto que te ha sido impartido e implantado en tu cerebro y en tu mente, y que el tinte de la sangre te recuerde que si faltas a este tu juramento de secreto, tu sangre puede ser derramada y tu cuerpo roto, pues pesado es el castigo exigido por los Guardianes del Conocimiento Oculto a aquellos que traicionan voluntariamente su confianza."

La experiencia nos dice que no se trata de una amenaza vacía, y si, como se afirma, esta Orden no es más que un medio para el desarrollo espiritual, y en modo alguno subversiva o peligrosa, ¿por qué entonces la necesidad de este terrible y aterrador secreto y juramento obligatorio? ¡Sólo los Guardianes "divinos" y cabalísticos conocen y guardan su diabólico secreto!

Al final de la ceremonia de Iniciación, en la que se administra el juramento anterior, que prefigura todos los grados exteriores posteriores, cada miembro presente participa del "Banquete Místico". Sobre el altar en el centro del Templo, se coloca un Triángulo blanco, para la manifestación de la Luz, sobre él la Cruz roja del Calvario del sufrimiento, el medio de atraer y establecer la luz. Alrededor de la Cruz se agrupan los cuatro elementos - *Aire*, la Rosa roja de la Orden, cuyo perfume es como los suspiros reprimidos del sufrimiento; *Fuego*, la Lámpara roja, la voluntad de autosacrificio; *Agua*, la Copa de vino tinto, la sangre derramada como sacrificio para la Gran Obra; *Tierra*, una Patena con pan y sal, el cuerpo destruido para ser renovado para esta misma Gran Obra. Es el Tetragrammaton. El conjunto representa las refinadas fuerzas sutiles de Malkuth, la Novia cabalística, un "cuerpo preparado" para el descenso de la Luz - el "Cristo" de los Illuminati.

El Hierofante desciende del Trono en el este, pasa al oeste del altar, proyectando luz sobre él mientras se acerca, diciendo: "Os invito a inhalar conmigo el perfume de la Rosa como símbolo del aire; a sentir el calor del fuego sagrado; a comer conmigo este pan y la sal como tipos de la tierra; finalmente a beber conmigo este vino, emblema consagrado del agua."

Hace una cruz en el aire con la copa, por encima del altar, y bebe. Cada miembro, por orden de cargo y grado, recibe los elementos del anterior, pero en absoluto silencio, hasta que por último el Kerux - "El Vigilante Interior" - bebe y termina el vino; girando la copa y elevándola a lo alto, grita con voz potente: "¡Se acabó!". - La sangre se derrama, el cuerpo se rompe, el sacrificio voluntario se cumple. Pero, nos preguntamos, ¿con qué fin?

El perfeccionamiento del adepto, este instrumento iluminado, tiene lugar en la R.R. et A.C., la Orden Interior. Primero se hace reconocer al adepto que como individuo no es "nada". Al tomar la obligación Interior requerida, se le viste con una túnica negra, con una cadena alrededor del cuello, y con los brazos extendidos se le ata sobre la Cruz roja del Calvario del sufrimiento y el autosacrificio; sobre cabeza hay un pergamino con las letras I.N.R.I. La obligación está en forma de cláusulas de acuerdo con las diez sephiroth del Árbol Cabalístico de la Vida. Antes de que se tome, uno de los Jefes iniciadores, en atestación de la obligación, invoca "al Ángel Vengador HUA, en el Nombre Divino I.A.O." Entonces el adepto repite el Juramento después del Jefe:

> "*Kether* - I. - Yo (Christian Rosenkreutz), miembro del cuerpo de Cristo, me ato espiritualmente en este día, así como ahora estoy atado físicamente a la Cruz del Sufrimiento. *Chokmah* - 2.- Que llevaré, en la medida de lo posible, una vida pura y desinteresada, y demostraré ser un fiel y devoto servidor de

la Orden. *Binah - 3.*- Que guardaré todas las cosas relacionadas con esta Orden y su conocimiento secreto de todo el mundo, tanto de aquel que es miembro de la Primera Orden de la Stella Matutina como de una persona no iniciada, y mantendré el velo de estricto secreto entre la Primera y la Segunda Orden. *Chesed* - 4. - Que defenderé al máximo la autoridad de los Jefes de la Orden; que no iniciaré ni promoveré a ninguna persona en la Primera Orden, ni en secreto ni en Templo abierto, sin la debida autorización y permiso. Que no recomendaré a ningún candidato para la admisión a la Primera Orden sin el debido juicio y seguridad de que él o ella es digno de tan grande confianza y honor, ni presionaré indebidamente a ninguna persona para que se convierta en candidato; y que supervisaré cualquier examen de miembros de grados inferiores sin temor o favor de ninguna manera, para que nuestro alto nivel de conocimiento no sea rebajado por mi instrumentalidad; y además me comprometo a ver que el necesario intervalo de tiempo entre los grados de Practicus y Philosophus y entre este último grado y la Segunda Orden sea mantenido adecuadamente. *Geburah - 5.* - Además, que llevaré a cabo todo el trabajo práctico relacionado con esta Orden en un lugar oculto y apartado de las miradas del mundo exterior y de los no iniciados, y que no mostraré nuestros instrumentos mágicos, ni revelaré el uso de los mismos, sino que mantendré en secreto este conocimiento Rosacruz interno, tal como el mismo ha sido mantenido en secreto a través de los tiempos. Que no haré ningún símbolo o talismán en los colores centelleantes para una persona no iniciada sin un permiso especial de los Jefes de la Orden; que sólo realizaré ante los no iniciados cualquier magia práctica que sea de naturaleza simple y ya conocida; y que no les mostraré ningún modo secreto de trabajo en absoluto, manteniendo estrictamente ocultos nuestros modos de Tarot y otras adivinaciones de clarividencia, de proyección astral, de la consagración de talismanes y símbolos, y los rituales del Pentagrama y el Hexagrama, etc.; y muy especialmente del uso y la utilización de nuestros instrumentos mágicos.y muy especialmente del uso y atribución de los colores parpadeantes y del modo vibratorio de pronunciar los nombres divinos (cabalístico y hebreo). *Tiphereth - 6.* - Prometo y juro además que, con el permiso Divino, me aplicaré desde este día en adelante a la *Gran Obra,* que es purificar y exaltar mi naturaleza espiritual, para que con la ayuda divina pueda finalmente llegar a ser más que humano (deificado), y así elevarme y unirme gradualmente a mi genio superior y divino, y que en este evento no abusaré del gran poder que se me ha confiado (elevar la Kundalini y unirla con el éter universal y así enlazarme con los maestros). *Netzach - 7.* - Además me comprometo solemnemente a no trabajar nunca en ningún símbolo importante sin invocar primero los Más Altos Nombres Divinos (cabalísticos) conectados con él, y especialmente a no degradar mi conocimiento de la magia práctica a propósitos de maldad y egoísmo y baja ganancia material y placer, y si hago esto, a pesar de este juramento mío, invoco al Ángel Vengador para que el mal y lo material reaccionen sobre mí. *Hod— 8.* — Prometo además apoyar siempre la admisión de ambos sexos a nuestra Orden en perfecta igualdad, y que siempre mostraré amor fraternal y paciencia hacia los miembros de toda la Orden, sin calumniar ni hablar mal, ni contar cuentos, ni repetir de un miembro a otro, por lo cual se puedan engendrar contiendas y malos sentimientos. (Esto se rompe invariablemente.) *Yesod - 9.* - También me comprometo a trabajar sin ayuda en las materias prescritas para el estudio en los diversos grados prácticos, desde *Zelator Adeptus Menor hasta Adeptus Adeptus Menor*, so pena de ser degradado en rango al de un Señor de los Senderos en el Portal de la Bóveda solamente. *Malkuth - 10.* - Por último, si en mis viajes me encontrara con un extraño que profesara ser miembro de la Orden Rosacruz, lo examinaré con cuidado antes de reconocerlo como tal. Tales son las palabras de esta mi obligación como Adeptus Minor, a la que me comprometo en presencia del Divino I.A.O. y del Gran Ángel Vengador *Hua,* y si falto a esto que mi Rosa sea desintegrada y destruida y cese mi poder en la magia."

Entonces el Jefe oficiante toma una daga y, mojándola en vino tinto, marca los estigmas en forma de cruz en la frente, los pies, las palmas de las manos y el corazón del adepto, diciendo a su vez: "Hay Tres que dan testimonio en el Cielo: el Padre, el Verbo y el Espíritu, y estos Tres son Uno" (La Trinidad Gnóstica). (La

Trinidad Gnóstica.) 'Hay Tres que dan testimonio en la Tierra: el Espíritu, el Agua y la Sangre, y estos Tres concuerdan en Uno.' Si uno no nace del agua y del espíritu, no puede heredar la vida eterna. Si estáis crucificados con Cristo, también reinaréis con Él.

Al leer esta obligación debe entenderse claramente que esta Orden es cabalística y gnóstica, judía y anticristiana. En ella tenemos al Señor del Universo, el I.A.O., el Pan de los cultos gnósticos. El Cristo es la Serpiente, el Logos de los gnósticos; un "Cristo" es un hombre divinizado. La "Gran Obra" es luciferina, la "encarnación en la humanidad del Sol soberano", la divinización del adepto, que dirigiendo y comandando la luz astral, realiza prodigios y milagros aparentes no para sí mismo, sino siempre bajo el control de los "Guardianes Divinos de la Orden".

Volviendo a las letras sobre la cabeza del adepto, el I.N.R.I., encontramos que es la palabra clave del grado 5-6, y se analiza así:

> I. - Virgo, *Isis*, Madre Poderosa - la reproductora de semillas y frutos en la tierra - la *Preservadora.*
>
> N. - Escorpio, *Apofis*, destructor - la fuerza destructora y unificadora - el *Destructor*.
>
> R. - Sol, *Osiris*, muerto y resucitado, la fuerza generadora del Sol, el *Creador*.
>
> I. - Isis. Apofis, Osiris. — I.A.O. - I.N.R.I. El *Preservador, el Destructor* y el *Creador*, como se invoca en la ceremonia del Equinoccio S.M. al bajar la luz. El signo interior es L.V.X.

Según las correspondencias R.R. y A.C., por lo tanto, I.N.R. es otra forma de I.A.O. - el Principio Creador, siendo el I. final la síntesis de I.N.R. - es la Luna, el Fuego y el Sol - el Poder de la Serpiente, la Kundalini "Dos ángulos basales del Triángulo y uno forma el vértice, tal es el origen de la creación, es la Tríada de la Vida". Además, los signos de este grado representan los solsticios y los equinoccios, y el descenso de la luz y la afirmación de los vínculos con estos Guardianes ocultos de la Orden se aseguran además en las ceremonias de los Equinoccios y del Corpus Christi, todas ellas solares y no cristianas.

El Juramento Interno anterior también es tomado en la ceremonia del Corpus Christi por el Adepto Jefe en nombre de toda la Orden . Así se verá que la Orden es totalmente Pagana y Panteísta.

Esta ceremonia *del Rosoe Rubeoe et Aureoe Crucis* representa la "Boda Química" de los Rosacruces-Unión con el Éter Universal. Según los cabalistas la Tríada del Éter es: *Ain-nada*; *Ain* Soph-espacio *ilimitado*, indiferenciado, infinito; *Ain Soph* Aur-manifestación-luz universal *sin límites*. Matrimonio de la Luz Universal o fuerza vital en el hombre con la luz ilimitada o fuerza vital de la Naturaleza.

Este Éter Universal, el Señor del Universo, es así invocado en ayuda del aspirante a esta Iniciación:

> "... Oh Dios, el Inmenso, Tú estás en todas las cosas; Oh Naturaleza, Tú eres el Ser de la Nada, pues ¿qué otra cosa puedo llamarte? Por mí mismo no soy nada, en Ti soy el Todo-Yo. y existo en Tu Ser de la Nada. Vive Tú en mí, y llévame a ese Ser que está en Ti".

En busca de esta Luz de la Naturaleza, el aspirante es conducido a la Bóveda, la Tumba de los Adeptos, pues la muerte y la desintegración aguardan al buscador de esta Luz, la muerte de su propio Yo y la absorción en el Todo -no Dios, sino el Principio Creativo de la Naturaleza- controlado por los Guardianes de la Orden.

La clave de la Bóveda es la Rosa y la Cruz, que, como el Ankh, es un símbolo de las fuerzas duales de la vida. Los siete lados representan los siete planetas, los diversos aspectos de la fuerza solar, y el conjunto muestra la acción del Espíritu o Poder de la Serpiente en y a través de estos planetas, los doce signos del Zodíaco -la fuerza giratoria de la iniciación- y los tres elementos -la base material. El Altar del centro es el Pentagrama, los cuatro elementos dominados por la letra hebrea *Shin*, el Fuego Solar. Es *Jehesuah* o Jesús, el hombre iluminado. Y así dicen los Rosacruces: "De Dios nacemos. En Jesús morimos. Por el Espíritu Santo resucitamos" - el Poder de la Serpiente.

Arriba, en la Bóveda, está la Luz, y abajo la Oscuridad; y aquí viene el credo de los Illuminati: "Pero la blancura de arriba brilla más para la negrura que está debajo, y así podrás finalmente comprender que *el mal ayuda al bien*". Y por la yuxtaposición, en los siete lados, de símbolos, colores y evocaciones por fórmulas, la Bóveda se convierte en un lugar de vibraciones y destellos, atrayendo y fijando las fuerzas de los Maestros, y en esta Bóveda estas fuerzas nunca podrán ser desterradas.

Bajo el altar se encuentra el pastos, en el que yace el Adepto Principal, que representa a Christian Rosenkreutz, el hombre crucificado en la Cruz de la Luz. Se abre el pastos y, tocando al adepto enterrado en el pecho con su varita, el aspirante dice: "¡Que surja la Luz de las Tinieblas!". Entonces, del pastos emana una voz misteriosa:

> "Sepultado con esa Luz en una muerte mística, resucitado en una resurrección mística. Limpios y purificados por Él, nuestro Maestro, ¡oh hermano de la Rosa y de la Cruz! Como él, oh adeptos de todas las edades, os habéis esforzado; como él habéis sufrido; tribulación, pobreza, tortura y muerte habéis atravesado. No han sido sino las purificaciones del oro en el alambique de tu corazón, a través del athanor de la aflicción. Buscad la Piedra de los Sabios.
>
> "Sal entonces de esta tumba, oh aspirante, con los brazos cruzados sobre el pecho, llevando en la mano derecha el Báculo de la Misericordia y en la izquierda el Azote de la Severidad, emblemas de esas fuerzas eternas entre las cuales, en equilibrio, depende el Universo. Estas fuerzas cuya

> reconciliación es la clave de la vida, cuya separación es el mal y la muerte..."

Aquí tenemos la resurrección por medio de la Piedra de los Sabios - el Poder de la Serpiente, la Llave de la Vida, ¡es Iluminismo! La tapa del pastos ilustra los medios de este Iluminismo. Está dividida en dos partes, abajo la oscuridad y arriba la luz, y ambas están colocadas sobre el Árbol Cabalístico de la Vida. Abajo está el adepto crucificado en la forma del Cristo Crucificado en la Cruz de Luz, y el Gran Dragón Leviatán, con las siete cabezas y los diez cuernos, se eleva hasta el Daath -la glándula pineal- del adepto, donde la cabeza de la serpiente se une con su cola -las fuerzas vitales negativa y positiva. Desde lo alto desciende el rayo, atraído por la serpiente y uniéndose a ella, e iluminando - destruyendo el lazo de sí mismo del adepto, uniéndolo con el éter universal y los Guardianes de la Orden.

Ahora Aleister Crowley, que era un iniciado de esta Orden, todavía, creemos, utiliza estos rituales en sus Órdenes perniciosas. En su *Equinox*, The *Review* of Scientific Illuminism, escribe:

> "En Daath se dice que es la cabeza de la Gran Serpiente Leviatán, llamada maligna para ocultar su santidad (!) - el Mesías o Redentor. Es idéntica a la Kundalini de la filosofía hindú ... y significa la fuerza mágica en el hombre que es la fuerza sexual aplicada al cerebro, corazón y otros órganos, y lo redime."

Es decir, lo ilumina. La Kundalini, el Dragón de las siete cabezas, o Poder de la Serpiente, ¡es pues el Cristo o Redentor de los Rosacruces y Cabalistas! ¡Es luciferino!

Por lo tanto, el peligro principal de todas estas *sociedades* secretas y *ocultas* de hoy, como de ayer, es que están gobernadas e influenciadas por una jerarquía invisible, que no puede definirse más estrechamente que como compuesta por judíos cabalistas. Las sociedades visibles entrenan y orientan, física, mental y astralmente, instrumentos o médiums para ser utilizados a voluntad por este centro oculto. Sus "sentidos internos" deben ser despertados, la Kundalini o las fuerzas sexuales no utilizadas deben ser despertadas y pervertidas para provocar esta mediumnidad. El peligro del desequilibrio mental es reconocido y arriesgado por estos maestros y los jefes que trabajan bajo sus órdenes. Un jefe de Stella Matutina habló de una médium a través de la cual llegaban mensajes e instrucciones: "Christian Rosekreutz dijo que ella sería de gran utilidad si su cerebro soportaba la tensión". Si se producía un desequilibrio mental, nunca se decía que se debiera al trabajo de la Orden, sino siempre a alguna debilidad inherente al adepto así afligido.

Hubo un caso malo, uno, que había sido una estudiante brillante, y que más tarde bajo las influencias de la Orden se volvió indudablemente desequilibrada y obsesionada por los maestros, creyéndose el Cristo o "la mujer vestida de sol con la luna a sus pies." Estas fuerzas iniciáticas entrañan muchos sufrimientos físicos y peligros, que a menudo reducen al adepto al punto más bajo de su vitalidad, y algunos han llegado incluso a desaparecer de la vida bajo la tensión y el agotamiento vital. Los médicos a menudo se sienten desconcertados para explicar estas enfermedades. El adepto crédulo las considera siempre como pruebas misteriosas. Por muy malos que sean los antecedentes de una Orden, los fieles siempre creen que "al menos podemos hacerla bella y espiritual", y así el engaño llega a su malvado fin.

Muchos hombres y mujeres brillantes se han unido a estas Órdenes, e incluso las han gobernado, sólo para ser quebrados en la rueda. Jóvenes clérigos, que gradual e inconscientemente se han imbuido de las falsas y subversivas enseñanzas de estos maestros, creyéndolas celestiales, ahora cooperan con los revolucionarios, ensalzando las acciones de Moscú, y en cada oportunidad que se les presenta, desacreditan al Imperio Británico, buscando borrarlo de la faz de la tierra, pervirtiendo blasfemamente a Cristo y Sus enseñanzas en su intento de probar sus puntos. Otros son hombres y mujeres con todas las posibilidades aparentes de una carrera brillante; pero, todo, incluso las ambiciones personales legítimas, deben ser abandonadas a la orden de estos amos, que dicen: "Tenemos necesidad de ti y de todos tus dones." Hemos sabido de cerebros brillantes en todos los ámbitos de la vida así prostituidos a la causa de un sueño diabólico que no tiene lugar para Dios ni para el cristianismo.

No debe haber comunicación con médiums externos y no iniciados, ¡sólo los Maestros deben controlar e iluminar! Conocen el poder del cristianismo y sus santos sacramentos y la elevación del fervor religioso, y los pervierten, incitando al adepto a desprenderse de lo material bajo la influencia de un idealismo pervertido. En la Iglesia se dan mensajes y visiones, e incluso iniciaciones diabólicas intentadas por estos maestros.

La mayoría de los jefes de estas Órdenes, más a menudo mujeres, están iluminados; se les da un poder controlado, son como "imanes" que atraen a la gente a estas Órdenes. Un grupo en la Stella Matutina tenía como jefe a un pedagogo, y este grupo fue diseñado por los Maestros para influenciar a todos los profesores, maestros y aquellos interesados en la educación, y la influencia es ahora evidente. El grupo de Londres fue designado para influir y atraer al clero de todas las denominaciones, y para ello el jefe tenía que hacerse miembro de la Iglesia Anglicana; y así se decretó que las perniciosas enseñanzas de la Orden debían penetrar y corromper a la Iglesia, y aunque este jefe se negó, el trabajo lo están haciendo otros miembros, en su mayoría clérigos, y en todas partes la Iglesia se está impregnando, consciente o inconscientemente, de este Iluminismo subversivo.

Bajo jefes como el notorio Aleister Crowley y su O.T.O., que es abiertamente inmoral, muchos se han arruinado en fortuna, mentalidad y moral. Pero estos maestros, que están detrás de todo, ¿qué hay de su perspectiva mental y moral? Profesan deificar a la humanidad y traer la paz a la tierra, pero sólo para que la humanidad sea un camino que conduzca a estos judíos cabalistas hasta su trono, allí como el "pueblo-Dios", para gobernar sobre un "hombre colectivo", cuya paz es la apatía.

CAPÍTULO V

ALEISTER CROWLEY

EL completamente expuesto y pernicioso Aleister Crowley, *alias* Aleister MacGregor, Conde Svareff, nació, según su propia declaración, en Leamington, el 12 de octubre de 1875, y fue estudiante del Trinity College, Cambridge, 1895-8. En noviembre de 1898 se hizo miembro de la "Golden Dawn", original de la Stella Matutina, donde era conocido como "Perdurabo". En noviembre de 1898, se hizo miembro de la "Golden Dawn", la original de la Stella Matutina, donde era conocido como "Perdurabo", y bajo este seudónimo escribió muchos de sus desagradables versos y libros sobre Yoga, etc. Como ya hemos dicho, el entonces jefe, MacGregor Mathers, había establecido un "Templo de Isis" en París, y en 1900 hemos visto a Crowley actuando como su emisario ante el Templo de Londres, que se había rebelado contra este jefe y lo había suspendido. Irrumpió y tomó posesión de los locales londinenses, pero finalmente fue desalojado. No obstante, conservó un juego completo de los rituales externos e internos y los manuscritos de la "Aurora Dorada", y de 1909 a 1913, por órdenes directas, según él, de los Jefes Secretos, publicó estos documentos en su *Equinox*, la Revista del Iluminismo Científico, bajo el título de "El Templo de Salomón el Rey", junto con mucho material pútrido y blasfemo. Esta Revista, con estos rituales y MSS. como base de enseñanza, fue también el órgano de su propia Orden de A.A. - los Adeptos Atlantes, o Gran Hermandad Blanca.

De la A.A. escribe, en el *Equinox*:

"Es la comunidad única y realmente iluminada que está

> absolutamente en posesión de la clave de todo misterio, que conoce el centro y la fuente de toda naturaleza... Lux es el Poder siempre presente (Poder de la Serpiente)... Sin embargo, además de su trabajo sagrado secreto, de vez en cuando han decidido una *acción política estratégica...* Es la más oculta de las comunidades, y sin embargo contiene miembros de muchos círculos; ni hay ningún centro de pensamiento cuya actividad no se deba a la presencia de uno de nosotros. El que es apto se une a la *cadena,* quizá a menudo donde menos lo pensaba y en un punto del que él mismo no sabía nada."

Muchos quedan atrapados sin saberlo y vinculados a esta cadena maligna.

La Clave de todos los Misterios se muestra por su símbolo. Es la Estrella de siete puntas de Venus o Citerea - la diosa de la antigua Serpiente de Fuego, la Diosa del Amor (también representante de la R.R. et A.C.). En el centro está la Vesica, o símbolo de la unión de las fuerzas sexuales duales de la Naturaleza, y en cada ángulo hay una letra del nombre BABALON - la Gran Madre de todos los cultos gnósticos e iluminados; es la Naturaleza en su Vastidad. Se dice que el trabajo de la A.A. es la apertura de los "sentidos internos 'despertando y elevando la Kundalini. Por eso sus discípulos dicen de Crowley: '¡Bendición y adoración a la Bestia, el Profeta de la Estrella Encantadora!". *Equinox*, 1911.

De la misma naturaleza, si no realmente la misma, son su "Ordo Templi Orientis", y su M.M.M. - "Mysteria Mystica Maxima", - y todos son aparentemente afines a la "Iglesia Gnóstica Universal". Un relato del "Ordo Tempi Orientis" seguirá más adelante.

En 1905 Crowley fue a la India e intentó sin éxito escalar el Kinchinjanga, con resultados fatales para cuatro de sus compañeros. En noviembre de ese año se hallaba en Calcuta, y sus merodeos nocturnos por los bazares acabaron en problemas tan graves que él, su mujer y su hijo pequeño se marcharon precipitadamente y se dirigieron a Birmania. Desde Bhamo atravesaron el sur de China hasta Hong Kong, y en junio de 1906 se encontraba de nuevo en Inglaterra.

En 1912 su Templo estaba en 33 Avenue Studios, Fulham Road. En 1916 su Templo O.T.O., cerca de Regent Street, fue allanado por la policía, se incautaron libros y papeles, y Mary Davis, la conocida médium, que estaba a cargo, fue multada. Más tarde estuvo en un Templo en Hampstead como sacerdotisa del Culto del Escarabajo, de nuevo bajo Crowley. Según el *Patriot*, 17 de mayo de 1923: "Durante la Guerra Crowley fue a América, renunció a su lealtad a su país y condujo una activa propaganda antibritánica".

En 1922 oímos hablar de él en su "Abadía", en Cefalu, Sicilia, a la que, según el *Sunday Express* del 25 de febrero y el 4 de marzo de 1923, atrajo a un brillante universitario de veintidós años y a su joven esposa, y allí, después de pasar por horrores indecibles, el joven murió. Poco después Crowley fue expulsado de Sicilia por el Gobierno italiano, y durante casi siete años su cuartel general ha estado en París, y sólo recientemente (abril de 1929) se le pidió que abandonara Francia a causa de sus cultos y prácticas inmorales.

Aquí y allá, desde el silencio forzado, una tragedia, debida al poder maligno y a la influencia viciosa de Crowley, muestra su rostro espantoso, sacerdotes renegados, rotos y arruinados, oficiando su Misa Negra; jóvenes estudiantes y mujeres desmoralizados y dementes, hipnotizados y obligados a hacer la voluntad de la "Bestia 666" (la serpiente solar), cuya doctrina es la doctrina de la "Iglesia Gnóstica Universal". "Haz lo que quieras será toda la Ley; el Amor es la Ley; el Amor bajo la voluntad". Según Crowley, el Cristianismo está agotado, y una nueva era está a punto de comenzar, una era aparentemente del Culto de la Serpiente-sexo, ¡el llamado redentor de la humanidad! - ¡el poder del Iluminismo y de la dominación judeo-masónica!

Las siguientes citas de ciertas instrucciones emitidas por los Fratres de la O.T.O. a los forasteros con la esperanza de atraerlos a la red, noviembre de 1924, y que también se encuentran en el *Equinox*, septiembre de 1912, mostrarán lo fácilmente que uno puede ser engañado por palabras aparentemente inspiradoras e ideas elevadas.

En el *Equinoccio* se llama:

> "I.N.R.I. Sección Británica de la 'Orden de los Templarios Orientales O.T.O., M.M.M.', y añade: 'El Praemonstrator de la A.A. permite que se sepa que no hay actualmente ninguna incompatibilidad necesaria entre la A. A. y la O.T.O. y M.M.M. y permite la adhesión a las mismas como una formación preliminar valiosa".

En las instrucciones de 1924 la rúbrica era:

> "*Signo del Sello de Hermes, O.T.O., Ordo Templi Orientis, Orden Rosacruz de la Masonería*".

A continuación sigue el *Preámbulo*:

> "Durante los últimos veinticinco años, un número cada vez mayor de personas serias y de buscadores de la verdad han dirigido su atención al estudio de las leyes ocultas de la Naturaleza. ... Se han fundado innumerables sociedades, Órdenes, grupos, etc., en todas partes del mundo civilizado, todos y cada uno siguiendo alguna línea de estudio oculto... No hay más que una antigua organización de Místicos que muestra al estudiante un camino real para descubrir la VERDAD ÚNICA. Esta organización ha permitido la formación de un cuerpo conocido como la ANTIGUA ORDEN DE TEMPLARIOS ORIENTALES. Es una escuela moderna de Magos, deriva sus conocimientos de Egipto y Caldea. Este conocimiento nunca es revelado a los profanos, porque da un inmenso poder para el bien o para el mal a sus poseedores. Se registra en símbolos, parábolas y alegorías, requiriendo una clave para su interpretación... Sólo mediante el uso correcto de la "Clave" se puede encontrar la "Palabra Maestra"."

Instrucciones.

"Que se sepa que existe, desconocida para la gran muchedumbre, una antiquísima orden de sabios, -cuyo objeto es el mejoramiento y la elevación espiritual de la humanidad por medio de la conquista del error, y la ayuda a hombres y mujeres en sus esfuerzos por alcanzar el poder de reconocer la verdad. La Orden ha existido ya en los tiempos más remotos y prehistóricos; y ha manifestado su actividad, secreta y abiertamente en el mundo bajo diferentes nombres y en diversas formas; ha causado revoluciones sociales y políticas, y ha demostrado ser la roca de salvación en tiempos de peligro y desgracia. Siempre ha sostenido la bandera de la Libertad contra la Tiranía en cualquier forma que ésta apareciera, ya sea como despotismo clerical o político o social, u Opresión de cualquier tipo... Aquellas personas que ya están suficientemente desarrolladas espiritualmente para entrar en comunicación consciente con la gran Hermandad espiritual (Gran Logia Blanca) serán enseñadas directamente por el espíritu de sabiduría; pero aquellos que todavía necesitan consejo y apoyo externo lo encontrarán en la organización externa de esta sociedad... Es la *Sociedad de los Hijos de la Luz que viven en la Luz y han obtenido en ella la inmortalidad...* Los misterios que se enseñan abarcan todo lo que puede conocerse en relación con Dios, la Naturaleza y el Hombre... Todos estudiamos un solo libro - el Libro de la Naturaleza - en el que están contenidas las claves de todos los secretos, y seguimos para estudiarlo el único método posible, el de la experiencia Nuestro lugar de reunión es el "Templo del Espíritu Santo" que impregna el Universo (éter o astral)... El primer y más necesario requisito del nuevo discípulo es que guarde silencio respecto a todo lo que concierne a la sociedad... No es que haya algo en esa sociedad que deba temer ser conocido por los virtuosos y los buenos, pero no es necesario que las cosas elevadas y sagradas sean expuestas a la mirada del vulgo y sean salpicadas por ellos con lodo (!) ... Puede haber cosas que parezcan extrañas, y para las cuales no se pueda dar ninguna razón a los principiantes, pero cuando el discípulo haya alcanzado cierto estado de desarrollo, todo le resultará claro... El siguiente requisito es la obediencia...

> La conquista del yo superior sobre el yo inferior significa la victoria de la conciencia divina en el hombre sobre lo que en él es terrenal y animal. Su objeto es la realización de la verdadera virilidad y feminidad".

Se dice que Crowley estableció estos "Templos del Amor" en todo el mundo. *John Bull,* 4 de febrero de 1925.

En 1911, según el *Equinox*, tenía ramas más o menos florecientes de su culto en Inglaterra, América, África del Sur y Occidental, Birmania, India, Península Malaya, Australia, Columbia Británica, Paraguay, Brasil, Holanda, Suiza, Alemania, Francia, Argelia y Egipto, y "¡excelentes relatos del Cáucaso!". Y así se extiende el cancro por el extranjero.

Lo siguiente, que bien podría aplicarse a todos estos cultos panteístas y cabalísticos de hoy en día, es una declaración interesante, que según Mme. Blavatsky en su *Isis Unveiled*, son las palabras del General Albert Pike en un Concilio Supremo del Rito Antiguo y Aceptado celebrado en Nueva York, el 15 de agosto de 1876:

> "Este *Principe Créateur* no es una frase nueva, no es más que un viejo término revivido. Nuestros adversarios, numerosos y formidables, dirán, y tendrán derecho a decirlo, que nuestro *Príncipe Creador* es idéntico al *Príncipe Generador* de los indios y los egipcios, y que puede simbolizarse adecuadamente, como se simbolizaba antiguamente, por el Lingae... Aceptar esto, en lugar de un Dios personal, es *abandonar el cristianismo* y el culto a Jehová, y volver *a revolcarse en las tinieblas del paganismo.*"

LA IGLESIA GNÓSTICA UNIVERSAL

La *Enciclopedia Judía señala* que el gnosticismo "era de carácter judío mucho antes de convertirse en cristiano", y cita la opinión: "un movimiento estrechamente con nectado con el misticismo judío". El francmasón Ragon dice: “La Cábala es la clave de las ciencias ocultas. Los gnósticos nacieron de los cabalistas”. De nuevo, citando al Dr. Ranking, "Durante la Edad Media el principal apoyo de los cuerpos gnósticos... fue la Sociedad de los Templarios".

En su *Historia de la Magia* Eliphas Levi nos dice:

> P. 169 "La idea de los hierofantes cristianos era crear una sociedad comprometida al autosacrificio por votos solemnes, protegida por reglas severas, reclutada por iniciación, y como depositaria única de los grandes secretos religiosos y sociales, haciendo reyes y pontífices sin estar ella misma expuesta a las corrupciones del imperio... Una realización similar fue también soñada por sectas disidentes de gnósticos e Illuminati, que pretendían fijar su fe en la tradición cristiana primitiva de San Juan. Llegó un momento en que este sueño era una amenaza real para la Iglesia y el Estado, cuando una orden rica y disoluta, iniciada en las misteriosas doctrinas de la Cábala, parecía dispuesta a volverse contra la autoridad legítima, contra los principios conservadores de la jerarquía, amenazando al mundo entero con una gigantesca revolución. Los Templarios... eran los terribles conspiradores en cuestión... Adquirir riquezas e influencia, intrigar sobre la base de éstas, y en caso de necesidad luchar por el establecimiento del dogma juanista - tales eran los medios y el fin propuestos por los hermanos iniciados... 'Seremos el equilibrio del universo, árbitros y amos del mundo'. Los Templarios tenían dos doctrinas: una era oculta y reservada a los jefes, la del juanismo; la otra era pública, la doctrina católica romana... El juanismo de los adeptos era la Cábala de los gnósticos, pero degeneró rápidamente en un panteísmo místico llevado hasta la idolatría de la Naturaleza y el odio de todo dogma revelado... Fomentaron los lamentos de todos los cultos caídos y las esperanzas de todos los cultos nuevos, prometiendo a todos la libertad de conciencia y una nueva ortodoxia que debería ser la síntesis de todas las creencias perseguidas. Llegaron incluso a reconocer el simbolismo panteísta de los grandes maestros de la Magia Negra... rindieron honores divinos al monstruoso ídolo *Baphomet*".

¿No es esto igualmente cierto en el caso de la actual Revolución

Mundial y del poder oculto, que actúa a través de las numerosas Órdenes y grupos secretos de hoy en día?

En el número ocultista de febrero de 1928 de la *Revue Internationale des Sociétés Secrètes*, M. A. Delmas, hablando de la Iglesia Gnóstica Universal, con su centro en Lyon, nos dice que tiene adeptos en Francia, Suiza, Alemania, Austria, Hungría, Holanda, Rusia, Rumania, los Estados Eslavos, Turquía y América. Se la conoce bajo diferentes nombres, dos de los cuales son: "Orden de los Templarios de Oriente" y "Orden de la Luz de las Siete Comunidades de Asia", y sus afiliados se conocen ahora generalmente como neocristianos y neognósticos. Su Jefe Supremo es el Patriarca Soberano y Vicario de Salomón. M. Delmas da una curiosa e interesante descripción de su oficio y liturgia de la Misa Mayor. Su doctrina y credo son los siguientes:

> "Haz lo que quieras, ésta es toda la Ley. Pero recuerda que debes rendir cuentas de tus actos. Por eso proclamo la Ley de Luz, Amor, Vida y Libertad en nombre de IAO".

Aquí tenemos de nuevo el Poder de la Serpiente, el Señor del Universo. "El Amor es la Ley, el Amor bajo el control de la voluntad". De inmediato reconocemos las doctrinas del notorio Aleister Crowley. Amor también es la consigna del R.R. et A.C., se dice que es amor a la humanidad; pero en el ritual 5-6 dice:

> "Fíjate bien que por el lado del Planeta *Venus* has entrado" en la Bóveda de siete lados de los Adeptos, el lugar de la iniciación. Y encontramos en el *Libro de Texto* de *Astrología* de A. J. Pearce: "Pronto se reconoció que Venus era la causa principal de la generación y la madre del Amor - la pasión universal ... la Estrella del Ser y de la existencia".

El Credo:

> "Creo en el Señor, un Dios secreto e inexpresable (en el ritual S.M. encontramos: 'El Señor del Universo que trabaja en silencio y a quien nada sino el silencio puede expresar'; en una estrella entre un grupo de estrellas (sol y planetas), por

> cuyo fuego somos generados y a quien regresamos; un padre de la vida; ¡oh misterio de misterios! su nombre es *Caos* (el éter que todo lo penetra); es el único representante del sol sobre la tierra; en el aire, nutriente de todos los seres que respiran. Y creo en la tierra, nuestra madre, de cuyo vientre nacen todos los que nacen. Oh misterio de misterios! su nombre es *Babalon* ('Babilonia, la Gran Madre de las religiones idólatras y abominables de la tierra'). Y creo en una Serpiente y un León, ¡oh misterio de misterios! se llama *Baphomet* (la Serpiente de la Sabiduría y la Espada Flamígera de la R.R. et A.C.; según Eliphas Levi 'el León es el fuego celeste-(astral), mientras que las serpientes son las corrientes eléctricas y magnéticas de la tierra'. el Logos Gnóstico, el espíritu de la simiente). Y creo en una Iglesia Gnóstica Universal, cuya Ley es Luz, Amor, Vida y Libertad; cuyo nombre es *Thelima.* Y creo en la Comunión de los Santos. Y viendo que el pan nuestro de cada día, material y terrenal, que comemos se transforma cada día en nuestro interior en una sustancia espiritual, creo en el milagro de la Santa Misa. Y creo en el bautismo de la Sabiduría por el cual realizamos el milagro de convertirnos en hombres. (Crowley, en su O.T.O., dice: "Su objeto es la realización de la verdadera virilidad y feminidad"). Y confieso y creo que mi vida es eterna, que fue, es y siempre será. Amén. Amén. Amén".

Se dice que el éter es un almacén de todo lo que fue, es y será; y que no tiene principio ni fin. Es luciferino.

EL EMPERADOR JULIANO Y MÁXIMO DE EFESO

En relación con estas muchas órdenes iluminadas -todas del Reino de Lucifer- es interesante lo siguiente.

Dmitri Merejkovsky, el escritor histórico ruso, en su libro, *La Mort des Dieux*, da un cuadro maravilloso de una iniciación del misterio supuesta ser dada por Maximus de Ephesus, el theurgist, a Julian, el Apostate, antes de que él se convirtiera en emperador.

Comienza a medianoche con Julián, vestido con la túnica de

hierofante, entrando en la larga y baja sala del misterio.

> "Una doble hilera de pilares oricáceos sostenía la bóveda. Cada pilar, que representaba dos serpientes entrelazadas, servía de soporte a los perfumeros... Al fondo brillaban dos toros de alas doradas (emblemas de la vida), que sostenían un soberbio trono en el que estaba sentado, como un dios, el grandísimo Hierofante Máximo de Éfeso, vestido con una túnica negra enteramente bordada de oro, esmeraldas y rubíes...". Alguien se acercó a Juliano por detrás y le vendó los ojos con seguridad, diciendo: 'Anda, no temas ni al fuego ni al agua, ni a los espíritus, ni a los cuerpos, ni a la vida ni a la muerte.'"

Se le hace pasar por una puerta a un pasadizo largo y oscuro; descendiendo a las profundidades de la tierra pasa por las pruebas del agua y del fuego, sucedidas por olores nauseabundos y sombras que le siguen; una mano helada le agarra, que "tenía el movimiento juguetón y re caricias pugnantes de las mujeres disolutas". Horrorizado, se persigna tres veces con la cruz y pierde el conocimiento.

> "Cuando recobró el sentido, la venda ya no le cubría los ojos, estaba en... una enorme gruta débilmente iluminada... Frente a Julián había un hombre, demacrado y desnudo, de piel cobriza, el Gimnosofista (Yogui), ayudante de Máximo. Inmóvil sobre su cabeza sostenía un disco de metal. Alguien le dijo a Julián: "¡Mira! Miró el círculo, centelleando con un brillo casi doloroso... Mientras miraba, el contorno de los objetos se desdibujó y una agradable languidez se apoderó de él. Le pareció que el círculo luminoso ya no ardía en el espacio, sino dentro de sí mismo; sus párpados se cerraron… Varias veces una mano le tocó ligeramente la cabeza, y una voz le preguntó: "¿Estás dormido? ... ¡Mírame a los ojos! Julián obedeció, y percibió a Maximus inclinado sobre él... Bajo sus espesas cejas brillaban los ojos de Maximus, vivos, escrutadores, penetrantes, a su vez burlones y tiernos... Julián, inmóvil, pálido, con los párpados entrecerrados, observaba las rápidas visiones que se desenrollaban ante él, y le parecía que no las veía por sí mismo, sino que alguien quería que las

viera... "¿Quieres ver al Rebelde? (Lucifer) ¡Mira! ...' Sobre la cabeza del espectro brillaba la Estrella de la Mañana, el Lucero del Alba; y el Ángel dijo: 'En mi nombre niega al Galileo' (tres veces exigido y tres veces negado). '¿Quién eres tú?' - '¡Yo soy la Luz, yo soy el Oriente, yo soy el Lucero de la Mañana!' - '¡Qué hermoso eres!' - 'Sé como yo soy.' -'¡Qué tristeza en tus ojos!' - 'Sufro por todos los vivientes; no debe haber nacimiento ni muerte. Ven a mí, soy la sombra, soy la paz, ¡soy la libertad! (liberación, pérdida de la personalidad) ... rebélate, te daré fuerza ... rompe la ley, ama, maldícele y sé como soy'".

Julian se despierta. Sube las escaleras con la mano firme de Maximus entre las suyas: "Siente que alguna fuerza invisible lo eleva sobre sus alas (fuerza psíquica)... "¿Lo has llamado?", preguntó Juliano. - "No, pero cuando una cuerda de la lira vibra otra le responde, la contraria a la contraria (polaridad)". Máximo exige a Juliano que elija uno de los dos caminos: el Reino de Lucifer o el Reino de Dios. Juliano rechaza la cruz, y Máximo le dice: "¡Elige entonces el otro camino, sé poderoso como los antiguos! ¡Sé fuerte y orgulloso, despiadado y soberbio! ¡Sin piedad, amor ni perdón! Levántate y véncelo todo... Come del fruto prohibido; pero no te arrepientas . No creas, no dudes, y el mundo será tuyo… ¡Atrévete! ¡Serás Emperador!"

"Se encuentran en una alta torre de mármol observatorio astronómico de alta teurgia - construido según el modelo de las antiguas torres caldeas, en una alta roca sobre el mar". Abajo había lujosos jardines, palacios, etc., y más allá, en la montaña, Artemisión y Éfeso". Extendiendo el brazo, el Hierofante dijo: "¡Mira! Todo esto es tuyo... ¡Atrévete! ... Une, si puedes, la verdad del Titán y la Verdad del Galileo, y serás más grande que todos los hombres nacidos de mujer." (¿No es esto juanismo?)

En su maravillosa biblioteca, Máximo habla de esta iniciación con uno de sus discípulos.

"¿Cómo puede Máximo, el gran filósofo, creer en todos estos

> absurdos milagros? -Creo y no creo en ellos. replicó el teúrgo. La naturaleza, que tú y yo estudiamos, ¿no es el más maravilloso de los milagros? Qué soberbio misterio en los vasos de la sangre y los nervios; la admirable combinación de los órganos... Nuestros misterios son más profundos y más bellos de lo que crees. Los hombres requieren entusiasmo. Para el que tiene fe la prostituta es verdaderamente Afrodita y las escamas luminosas, el cielo estrellado... Julián ha visto lo que deseaba ver. Le he dado entusiasmo, fuerza y audacia. Dices que le he engañado... Amo la mentira que encierra la verdad… Hasta mi muerte nunca abandonaré a Julián. Le permitiré probar todos los frutos prohibidos. Es joven, viviré en él, una segunda existencia; le desvelaré los misterios seductores y criminales, ¡y tal vez sea grande a través de mí! - Maestro, no te entiendo. - Y por eso te hablo así".

¿No es esto una ilustración de lo que ocurre hoy en todas estas Órdenes Luciferinas? Este Centro Invisible, por medio del poder teúrgico, engaña, hipnotiza, sugiere; prometiendo poder, libertad y paz, una paz que es la paz de lo controlado, de un hombre vivo pero sin voluntad y sin alma, ¡lleno del poder de estos maestros diabólicos como Aleister Crowley!

Es interesante encontrar en el R.R et A.C. que el jefe que rechazó la iniciación fue llevado algún tiempo antes astralmente a una torre teúrgica similar y se le mostró el mundo arriba y abajo, ¡como una promesa de poder futuro! Este poder es el "Talismán Hebreo".

Repasando las páginas de la historia rusa nos encontramos con un hombre que, evidentemente, fue una herramienta más en manos de este Poder Central. En su opúsculo *El misticismo en la Corte de Rusia*, M. J. Bricaud dice: "En todas las épocas, la Corte de Rusia conoció y se sometió a la influencia de profetas y teúrgos... Ciertos escritos de Dostoiewsky, Tolstoi y Merejkovsky han revelado a los occidentales la naturaleza secreta del alma rusa, atormentada y ávida de lo maravilloso". Merejkovsky, en varios de sus libros, ha pintado vívidamente los diversos aspectos de esta enfermedad del alma de Rusia que, según M.Bricaud, "terminó en 1917 con la caída de la dinastía y el derrocamiento de sus antiguas instituciones."

En *Le Mystère d'Alexandre Ier* y *La Fin d'Alexandre Ier* , Merejkovsky hace un relato interesante y detallado de ciertas sociedades secretas que se iniciaron y que se extendieron por toda Rusia en el reinado de Alejandro I. El traductor, E. Halpérine-Kaminsky, nos dice en sus prefacios que fue después de la marcha por Europa, tras la retirada de Napoleón, cuando los oficiales rusos se impregnaron, sobre todo, de las ideas revolucionarias francesas. A su regreso, fundaron en 1816 una primera sociedad secreta llamada "Alliance de Salut"; uno de sus jefes era Paul Pestel.

En 1818 esta sociedad tomó el nombre de "Alliance de la Prospérité". Bajo Pestel se formó en su seno una organización revolucionaria (Sociedad del Sur), cuyo objetivo era la abolición violenta de la autocracia. En el sur se formó la sociedad para la unión de los eslavos, que más tarde se fusionó con la Sociedad del Sur. "Es cierto, en efecto, que el movimiento creado en 1816 marcó el comienzo de la Revolución rusa, que cien años más tarde, en marzo de 1917, triunfó en nombre de los mismos principios que los "decembristas" de 1825."

Una vez más, E. Halpérine-Kaminsky muestra los extraordinarios paralelismos entre los reinados de Alejandro I y Nicolás II. Escribe:

> "Podrían establecerse fácilmente otros paralelismos. Pero lo que asombrará incluso a los mejor informados sobre los asuntos rusos es la revelación de las verdaderas raíces bolcheviques que trabajaban en el terreno y que dieron lugar a sociedades secretas reclutadas entre la clase mejor, incluso entre la Guardia Imperial, y que emponzoñaron toda la última parte de la vida de Alejandro. Escuchar al principal conspirador, el coronel Pestel, es creer estar escuchando a Lenin en persona".

Escuchemos al conspirador Pestel, director de la Sociedad del Sur, que fue ejecutado en 1826. Esto fue escrito por Merejkovsky en 1910, y fue notablemente profético de lo que sucedió en 1917 y más tarde:

> "La reunión de la Sociedad del Norte con la del Sur es propuesta por nuestro Tribunal, iniciado Pestel, bajo las siguientes condiciones: (I) Reconocimiento de un único director y dictador soberano sobre los dos tribunales. (2) Jurar obediencia absoluta y pasiva a este dictador-director. (3) Abandonar el largo camino de la civilización y la lentitud de acción generalmente aceptada, y decretar reglamentos más absolutos que los fútiles principios dados en nuestros estatutos. Finalmente, aceptar la constitución de la Sociedad del Sur y jurar que no habrá otra en Rusia... La primera y principal acción es la revolución, la insurrección en el ejército y la abolición del Trono... El Sínodo y el Senado deben ser forzados a conceder al Gobierno provisional un poder absoluto... La dinastía reinante debe, por tanto, en primer lugar, dejar de existir... El asesinato de uno solo causará divisiones, producirá disensiones internas y conducirá a todos los horrores de la insurrección popular. Es, sobre todo, necesario que se consuma la destrucción de todos los tiranos". Hablaba plácidamente, pero sin naturalidad. '¡Es un autómata, pensó Golitsine, o más bien un poseído!'..."
>
> Los acontecimientos de los años 1812, 1813, 1814 y 1815, decía Pestel... así como los de épocas anteriores y posteriores, nos han mostrado tantos tronos derrocados, tantos reinos abolidos, tantos *golpes de Estado* realizados, que estos acontecimientos han familiarizado a las mentes con las ideas revolucionarias, las posibilidades y oportunidades de su realización...". De un extremo a otro de Europa, de Portugal a Rusia, sin exceptuar Inglaterra y Turquía, estos dos polos políticos opuestos, el espíritu de reforma hace hervir todos los cerebros" (palabras textuales de Pastel)."
>
> "Hablaba como un maestro, y la fascinación de su lógica actuaba como el encanto de la música o la belleza de las mujeres. Algunos estaban subyugados, otros enfurecidos...

> pero todos sentían que lo que había sido sólo un sueño lejano se convertía de golpe en una realidad cercana, terrible y pesada de responsabilidades... 'Estos aristócratas, dijo Pestel, son los principales obstáculos para la prosperidad pública y el apoyo más seguro de la tiranía; sólo un Gobierno republicano puede nivelarlos... Tengo más fe que vosotros en la predestinación de Rusia -la "Vérité Russe" es el nombre que he dado a mi constitución. Espero, en efecto, que la "Verdad Rusa" sea un día la verdad universal, y que la adopten todos los pueblos europeos, dormidos hasta ahora en una esclavitud menos aparente que la nuestra, pero quizá peor, porque la desigualdad de la propiedad es la peor esclavitud. Rusia será la primera en liberarse. Nuestro camino va de la esclavitud completa a la libertad integral. No tenemos nada; ¡queremos todo! Sin eso el juego no valdría ni la vela... Cesarán todas las diferencias de fortuna y condición, se aniquilarán todos los títulos y la nobleza. Las clases mercantil y burguesa serán suprimidas. Todas las nacionalidades renunciarán a los derechos individuales de su pueblo. Incluso los nombres de las naciones serán abrogados, excepto únicamente el nombre del Gran Pueblo Ruso... Los ciudadanos serán divididos en comunidades rurales para dar a todos una vida, una instrucción y un gobierno uniformes, y todos serán iguales en una perfecta igualdad... La más severa censura de la Prensa, policía secreta con un estado mayor de espías, todos ciudadanos juzgados; libertad de conciencia calificada...'"

Los murmullos circulaban: "¡Es una colonia penitenciaria, y no una república... la autocracia más detestable!"

> "Pestel no veía nada, no oía nada… El hombrecillo era un mero simulacro, un autómata de cera. Obedecía a una obsesión fatal que venía del más allá, ya no se controlaba, ¡una mano invisible le ponía en movimiento, tirando de él por un hilo como una marioneta!"

La revolución se intentó en el reinado de Nicolás I, el 14 de diciembre de 1825, y fracasó miserablemente. Cinco de los conspiradores fueron ahorcados el 13 de julio de 1826, entre ellos

Pestel. Merejkovsky dice además que estas sociedades secretas eran ramas de la Carbonari. Hablando también de su control, escribe:

> "Nuestro objetivo es el mismo y nuestras fuerzas son vuestras con la única condición de que os sometáis absolutamente a la Duma Soberana de la Sociedad del Sur. - ¿Qué Duma? ¿Dónde está y quién pertenece a ella?" "Según las reglas de la Sociedad no puedo revelarlo... ¡pero mirad!". Tomó un lápiz y un trozo de papel, dibujó un círculo, escribiendo dentro - 'Duma Soberana,' trazando rayos desde él, en cuya extremidad dibujó otros círculos más pequeños. El gran círculo central... es la Duma Soberana; las líneas que parten del círculo son los intermediarios, y los círculos pequeños los distritos que se comunican con la Duma, no directamente, sino por intermediarios.'"

¿No era Pestel simplemente un intermediario controlado, y la Duma Soberana el Directorio Supremo de los judíos cabalistas, el Poder Invisible de los "Protocolos"? ¿No es éste el sistema de toda la judeo-masonería revolucionaria de ayer y de hoy?

CAPÍTULO VI

LA SOCIEDAD PANACEA

En el prefacio de Jane Lead's *Early Dawn of the Great Prophetical Visitation to England*, "Octavia", de la Sociedad Panacea, nos dice que desde 1666 el plan de redención para Inglaterra ha sido expuesto así:

> "(I) Como un todo profético por Jane Lead (1681-1704).
>
> "(2) Dividido en los siete colores prismáticos (¡los siete aspectos de la fuerza solar, los planetas!) y dado a luz por- Hermanos, Joanna Southcott, George Turner, William Shaw, John Wroe, Jezreel y Helen Exeter sucesivamente, 1792-1918. (La última se ahogó en el *Galway Castle*, torpedeado en el Canal de la Mancha el 14 de septiembre de 1918).
>
> "(3) Como un todo operativo, expuesto ahora por Octavia y por Rachel Fox, apoyado por los cuatro, los Doce y el 'remanente' reunido".

Jane Lead, asociada con el Dr. Pordage, y su yerno el reverendo Francis Lee, fundaron la Sociedad Filadelfiana en Londres en 1652. En *El misterio de Dios en la mujer*, Rachel Fox, presidenta de la Sociedad Panacea, escribe:

> "... Entre 1623 y 1704 una tal Juana o Juana Lead recibió revelaciones de una naturaleza muy pura y exaltada. Éstas están impresas en lo que se llama "Sesenta Proposiciones a la Sociedad Filadelfiana, dispersa como el Israel de Dios". En esta Profecía se expone el futuro surgimiento de la Iglesia

> Filadelfiana, descrita en el Apocalipsis como la Iglesia ideal ... 'una Iglesia Virgen que no ha conocido nada del hombre ni de la constitución humana ... estará adornada con dones milagrosos y poderes más allá de lo que jamás haya existido'.

Un estudio cuidadoso de estas "Profecías" muestra que son puro Iluminismo y cabalismo. La enseñanza, como es habitual en todos estos cultos, místicos u ocultistas, conduce a una iniciación, formando un vínculo etérico con algún poder invisible, despertando y pervirtiendo la Kundalini para el propósito de s, despertando los "sentidos internos": *clarividencia* - "una clara vista cristalina ... sin ningún medio"; clariaudiencia - "una audición sobrenatural ... el lenguaje Celestial como de la naturaleza eterna hablado"; *intuición* - "profunda sabiduría profunda". Por último, la fijación de la luz astral en un cuerpo material preparado y purificado. Describir uno de estos cultos es describirlos todos; conduce a la pura negación del Ser, cortando "el entendimiento racional", provocando una sujeción completa; como con Steiner, no se permite intelectualizar.

Como hemos visto en la R.R. et A.C. (1919), debía prepararse una copa Triuna, o Triángulo (1700), formado por tres "Ancianos-Amor", colocados en la cima del Árbol de la Vida cabalístico, representando al *Sacerdote* o reconciliador, lleno de *Fe*, y a quien se dijo como al jefe del Triángulo en la R.R. et A.C.: "Si no bebéis de Mi Sangre, no tenéis vida en vosotros." (Compárese esto con la visión, ya descrita, del Espíritu de la Tierra y de Adonai, cuando la mujer tuvo que beber la copa de sangre). Se dice que se relaciona con el sacerdocio de "Melquisedec"; el segundo amor-anciano es el *Profeta*, o receptor pasivo de la sabiduría de lo alto. El tercero es el *Rey*, transmisor activo o portador del Poder, siempre bajo control. El conjunto atrae y manifiesta las fuerzas superiores. Más adelante se dijo: "Entonces la *Corte Superior y el Consejo* decretaron que (la Triuna-Copa) debía ser rodeada por un *círculo triple*. El primero apareció como un círculo de luz dorada (Sol), el segundo como un círculo de luz plateada (Luna), el tercero como un fuego suave y apacible, pero con una fuerza invencible para la defensa (fuego destructor) - "Sol, Luna y Fuego del Poder de la

Serpiente". Y la fijación final de la luz en el "vehículo" se expresa con palabras similares a las utilizadas en el ritual R.R et A.C. 6-5: "Levántate, resplandece, porque ha llegado tu luz, y la gloria de tu esposo se ha convertido ahora en tu manto". ¡La luz y la gloria del Iluminismo!

Primero, invisiblemente, en los corazones y mentes de , ciertas personas que "esparcirán entre todas las hermandades y sociedades estos puros y centelleantes poderes de Amor recibidos de la Deidad - éter". Su deidad es el Principio Creador, la Gran Madre es la Naturaleza, y su Cristo es la luz astral iluminadora. Finalmente,

> "se envía ahora desde el cielo un embase curativo que llama y urge a *una armonía y unidad universales* (¡república y hermandad universales!)... Porque el Príncipe del Amor y de la Paz está cerca para asentar su Trono-Dominio y Reino... y de donde saldrán tales poderosos poderes de influencia que harán cesar todo lo que sea destructivo para el Reino-Amor".

Este es el poder del que habla el maestro árabe del Dr. Felkin: "Podemos proyectar el fluido psíquico con un poder tan tremendo que es positivamente posible literalmente MATAR o hacer VIVIR... pero este poder es tan tremendo y peligroso que sólo está permitido a unos pocos"; como corriente *curativa* o *punitiva*, o incluso hipnótica. ¿Qué es esto sino el Dominio Mundial Judío por medio del "Reino de la Felicidad" del Iluminismo-Krishnamurti?

Como enlace etérico y oráculo, Jane Lead, como todos los enlaces de este tipo, sufrió mucho tanto mental como físicamente. En 1699 habla de "gran guerra y mutismo en las partes corporales... que muy fácilmente podrían haber liberado el alma aprisionada... y tal depresión de mi vida superior y espíritu, que me impidió el libre uso de mis facultades supersensuales". Como única respuesta a sus quejas, su maestro le dijo: "No debes pensar que es mucho (prueba) tener tu fe molida, probada y comprobada" - una fe alcanzada sólo cuando la razón y el sentido "fueron arrojados a un sueño profundo" - ¡control hipnótico!

Llegando ahora a la manifestación actual de este movimiento, Rachel Fox, en su libro, *The Finding of Shiloh*, nos habla del "triángulo de trabajadores" y de la fundación de la Sociedad Panacea, cuyo trabajo consiste en "espiritualizar lo material y materializar lo espiritual", es decir, preparar "recipientes vacíos", llenarlos de luz, formando portadores de luz para el trabajo de los maestros por el mundo. Su maestro es un supuesto Cristo, sin duda uno de los miembros del consejo invisible. Los miembros del triángulo para la manifestación de este poder invisible eran: Octavia, viuda de un clérigo y dotada, el vértice y enlace etérico; Rachel Fox, miembro de la Sociedad de Amigos, y K. E. F., como ángulos basales. Al parecer, el trabajo debía realizarse a través de las mujeres, pues se decía:

> "Sabed que no está en todos vuestros pensamientos cuán poderosa y asombrosa es esta gran obra que he venido a realizar. Por lo tanto, sólo puedo permitir que el hombre y la mujer se asocien conmigo en suprema obediencia... En esto mostraré cómo la debilidad de la mujer tiende a mi gloria, pues ella fácilmente me entrega las riendas del gobierno..." Otra vez: "No cuestionéis, no discutáis, sólo obedeced y todo irá bien... en un instante puedo inspiraros de tal manera que pensaréis como un solo hombre y actuaréis como un solo cuerpo."

¡Hipnotismo masivo! Uno de sus principales trabajos era iluminar a la Iglesia e inducir a veinticuatro obispos a abrir la caja de Joanna Southcott, cuyo contenido creían que salvaría a Inglaterra. Para lograr este fin, Rachel Fox estaba convencida de que primero debía ser bautizada y luego confirmada en la Iglesia Anglicana para poder "enfrentarse a los obispos". Por ello fue confirmada el 25 de junio de 1919 por el obispo de Truro.

Octavia, al ser el vínculo etérico con los maestros, sufrió intensamente. Se nos habla de una crisis nerviosa, resultado de la negativa de los obispos a actuar, y de una larga estancia en una institución mental sobre la que escribe, en noviembre de 1915:

"Lo que sufro es un infierno… ¿Cómo puedo vivir cada día en esta tortura sin objetivo, sin esperanza, sin ideal? Estoy horriblemente cuerda, pero demasiado llena de un pavor nervioso para volver a ser yo misma". Y cuando su diabólico amo la consideró suficientemente castigada, dijo, el 15 de septiembre de 1916: "Conozco su trabajo fiel y su sufrimiento, y fue mi voluntad que bebiera del cáliz del dolor, porque así es enseñada y purificada, y tendrá recompensa. Dile ahora que salga de su casa de dolor, y no tema, porque yo seré su guía". Sólo salió, sin embargo, para ser encarcelada (¡apartada!) dentro de su casa y jardín durante algunos años, y aún así sufrió intensamente; ¡debía ser aislada de todo lo que pudiera influir en ella y apartarla de la gran obra! El 27 de noviembre de 1917, el triángulo hizo un Juramento, jurando ser guiado únicamente por el Maestro, y no buscar luz sobre la Visitación en ningún otro libro que no fuera la Biblia, los Apócrifos y los escritos de sus profetas. El 4 de agosto de 1918, su Maestro preguntó a Octavia: "¿Estás dispuesta a perder tu personalidad durante un tiempo?". Creyendo que el Maestro era divino, ella consintió, y el 27 de marzo de 1919, relata la fijación del vínculo, el poder iluminador - Shiloh, Príncipe de la Paz - descendió a su cuerpo listo "después de grandes y terribles sufrimientos" - ¡Su razón y su sentido "fueron sumidos en un profundo sueño"!

Finalmente, se les dice:

> "Todos los que quieran entrar en el Reino venidero, que es la realización de lo que hasta ahora ha existido en la visión, la palabra y la escritura, deben entrar en un período de cese de los momentos psíquicos (¡se dijo en la R.R. et A.C. que llegaría un tiempo en que toda magia debía cesar!) Aquellos han sido permitidos por mí para desarrollarse en la última década por esta razón, que tuve que reunir a muchos de esta manera ... pero todos deben ahora caminar en el plano material ... La concentración en el desarrollo del alma (es decir, el desarrollo astral) obstaculizará la Venida. Es duro decirlo, pero que conste que ahora seré un centro (habiendo tomado posesión de su "vehículo"), atrayendo a mi pueblo hacia mí, mientras que en el desarrollo del alma mi pueblo se

> esforzaba por atraerme hacia ellos..." (Como en la Vía de Iniciación de Steiner, que conduce a la obsesión.)

En otras palabras, estos maestros -sin duda idénticos al terrible poder que está detrás de los horrores de los sufrimientos de Rusia y de la Revolución Mundial- no tienen en realidad ningún interés en el desarrollo anímico o astral, excepto como medio de formar instrumentos pasivos iluminados, completamente controlados en mente y acciones.

Como hemos visto, uno de los principales objetivos de esta Sociedad era conseguir que veinticuatro obispos abrieran la caja de Joanna Southcott, pero sólo bajo determinadas condiciones decretadas por sus amos. Estas condiciones son las siguientes:

> '1. El paradero exacto de la caja lo conoce una señora que la ha visto ella misma y que, al tener noticias de los obispos, les pondrá en comunicación con el intermediario, quien les facilitará el nombre y la dirección del custodio.
>
> '2. Porciones de los escritos de Joanna Southcott, de el momento en que fueron escritos, se ordenó que se mantuvieran en secreto hasta que los Obispos los pidieran, "en un momento de grave peligro nacional". Por lo tanto, la iniciativa debe ser tomada por los Obispos o por alguna autoridad del país y no por los creyentes de la Visitación. Pero, cuando los Obispos acuerden enviar a buscar la caja, veinticuatro creyentes se presentarán para formar un jurado, que se reunirá con los veinticuatro Obispos o sus representantes.
>
> '3. El Libro del juicio de las demandas de Joanna Southcott (1804) debe ser leído por todos aquellos que consientan en estar presentes. Será producido para los Obispos.
>
> '4. Debe estar presente un abogado.
>
> '5. Hay instrucciones escritas para los Jueces y el jurado, que deben mantenerse selladas hasta que se reúna la Asamblea.

'6. Debe prestarse o alquilarse una casa adecuada para la ocasión. La caja de los escritos debe colocarse previamente durante tres días en la bóveda o sótano de la casa. (*Nota*. Tal vez los escritos estén cargados con el 'átomo original', ¡igual que se dice que lo están las secciones de lino!)

'7. La casa debe estar cerca de un campo o espacio enrejado. (¿Es esto para 'apartarla', a fin de colocar a su alrededor el 'triple círculo'?)

'8. Los sesenta y cinco libros y cualquier MSS. original que posean los creyentes deben ser expuestos para su investigación en los tres primeros días de la Asamblea.

'9. En la primera el doble jurado de creyentes debe reunirse con los Obispos, para que discutan los problemas en juego.

'10. En el segundo habrá una señal del Señor de gran importancia.

'11. El día 3 se abrirán y examinarán los escritos sellados.

'12. Este juicio es el heraldo o precursor de la perdición de Satanás, tal como se describe en Apocalipsis XX. No habrá descanso en el mundo hasta que se dé la oportunidad de poner a prueba lo que se afirma en los escritos de Juana.

'13. Si el veredicto de los Obispos es en contra de los escritos, pueden ser quemados.

'14 Se reconocerá, cuando se abra la caja, que el juicio se compara en importancia con el Juicio de Cristo ante el Sanedrín.

'15. En los escritos publicados, la ceremonia también se compara con la lectura de una última voluntad o testamento. (¡Podría ser la muerte del Imperio Británico! provocada por el "pequeño y constante sanedrín").

> '16. También se compara en los escritos con una investigación (!), la caja que debe considerarse como los hombres consideran un cuerpo que ha sido descubierto.
>
> '17. En esta ocasión, la Iglesia de Inglaterra se someterá a juicio, para mantener o perder su lugar entre los Candeleros.
>
> '18. Los que convocan el juicio deben sufragar los gastos, es decir, los gastos del jurado y de los testigos, etc. (¡Obispos!)
>
> "19. No se denegará la admisión al Juicio a ninguna persona precintada.
>
> '20. "Como me di a conocer al partir el pan en Emaús, así me daré a conocer al romper los sellos de las Escrituras"" (Tomado de Sanación para todos.)

Las Profecías de Jane Lead son la base de todo esto, y son Iluminismo y Rosacrucianismo. Como hemos visto, uno de los grandes objetivos del R.R. et A.C. era corromper y desintegrar la Iglesia en Inglaterra y el Imperio.

Finalmente se abrió una caja, que se decía era la de Joanna Southcott, y uno de los relatos más interesantes apareció en el *Daily Telegraph* del 9 de mayo de 1927, escrito antes de la apertura real. Se nos dice que nació en 1750, tuvo poca educación, trabajó en el servicio doméstico y en tiendas, y de forma ortodoxa era una asidua asistente a la iglesia y a la capilla. A los cuarenta y dos años comenzó a profetizar, anunciando la proximidad del Milenio y las convulsiones que se avecinaban en Europa. Según sus profecías, los fieles serían 144.000 (Apoc. vii.), y se emitieron certificados de su nombramiento a la felicidad, sin duda una forma de sellado.

A pesar de ello, ¡"uno de los destinatarios fue ciertamente ahorcado por asesinato"! En 1813, a la edad de sesenta y tres años, anunció 'que iba a ser la madre de Siloh el Príncipe de la Paz', ¡un nuevo Mesías! Pero "Juana murió sin dar a luz". En su lecho de muerte, se dice que entregó a una compañera una caja sellada, con la orden de que sólo se abriera en tiempos de extrema necesidad nacional, y en presencia de varios obispos; en estas condiciones revelaría un medio inesperado de salvar al país". Lo que se dice que es esta caja, aunque es negado por la Sociedad Panacea y otros, fue abierta, y el resultado fue no sólo un fiasco sino una farsa.

En *The Impatience of the People*, de Mark Proctor, la Sociedad Panacea hizo una vez más un valiente esfuerzo por atraer la atención del público. La consumación de sus esperanzas, el llamado "Segundo Advenimiento", que se esperaba en en 1923, ¡está ya muy avanzada! La caja de Juana, o al menos una de las muchas, ha sido abierta y ha pasado al olvido, resultando en un fiasco para todos aquellos que creyeron en su supuesto poder para salvar a una Inglaterra que aparentemente no desea ser salvada. Inglaterra aún cabalga sobre las tormentas y aún resiste, a pesar de los muchos ataques visibles e invisibles, y que lo haga por mucho tiempo.

Lo primero que impresiona de este librito es su profunda y casi insolente arrogancia, un rasgo común a estos illuminati ocultos, estos judíos cabalistas, ¡pero no lo que uno espera de la inspiración divina, como ellos pretenden! En él dice:

> "Qué bueno, entonces, es aprender que la extremidad del hombre es la oportunidad de Dios, y que cuando las cosas están llegando a tal clímax que nadie sabe qué hacer, Dios viene al rescate con un mensaje fresco (¡a través de la Sociedad Panacea!) que hace a un lado la confusión del intelectualismo académico, del falso eclesiasticismo, de la espiritualización mística, de la escenificación ritual, del anglicanismo y protestantismo pendencieros, de la religiosidad emocional de los no conformistas, y de toda la gama de cultos y sectas que hoy se atreven a llamarse 'religiosos'".

Uno se pregunta en qué se diferencia la Sociedad Panacea de "toda la gama de cultos y sectas", iluminados como ellos mismos están. ¿No cree cada uno de ellos, al igual que la Sociedad Panacea, que sólo ellos no son como los demás cultos y sectas?

Además, escribe: "Un profeta no es en absoluto un sacerdote; es un receptor automático de un mensaje divino directo, expresado en una secuencia de palabras, que debe consignar exactamente como las oyó". Añade que el cumplimiento es la prueba de su naturaleza divina, en cuyo caso sus mensajes aparentemente fallan en la prueba; ¿se han cumplido?

Tenemos ante nosotros un asombroso panfleto y folleto publicado por la Sociedad Panacea, abril de 1926. Habla de su poder para dar "Protección Divina" durante una crisis venidera. ¿Qué es esta crisis? En su revista, *Panacea*, dan una explicación. En ella citan un divertido artículo, reimpreso de *Punch*, titulado "La próxima guerra", en el que se dice que va a haber otra guerra, y esta vez *totalmente aérea:* aviones lanzando "cosas asquerosas" sobre todo el mundo, "¡así que te limitarás a inhalar tu ración de bomba fétida como un hombre, y morirás como un perro!". El *Panacea* se lo toma muy en serio y escribe:

> "Sí, es cierto que ningún arma formada contra Inglaterra prosperará cuando ella despierte al poder del remedio Panacea. Nuestros dirigibles transportando *el agua bendita* - el resultado de la Visitación de Dios a Inglaterra desde 1792 (Joanna Southcott) será un muro de defensa para Gran Bretaña, ¡un muro que ningún enemigo será capaz de pasar o destruir!"

En 1923 colocaron el siguiente cartel en Plymouth: "Terremotos, truenos, plagas pronto sacudirán Inglaterra a menos que los obispos abran la caja de Joanna Southcott". Tales problemas están siempre más o menos con nosotros, pero la plaga que tenemos que temer más que todas estas juntas, es la plaga de estas sociedades iluminadas y sus supuestas misiones divinas, dirigidas desde el aire; son las bombas fétidas que deben ser rechazadas por todos los que realmente aman a su país y a su Imperio.

Una vez más hablan de "curación divina", y para esta curación el afligido debe escribir una lista completa de quejas, imaginarias o de otro tipo. Esto se lee al "Oráculo", que recibe las llamadas instrucciones divinas, y la oblea o sección de lino se carga con las fuerzas psíquico-magnéticas requeridas de la misma manera, sin duda, que se carga un talismán mágico. Estas secciones deben ser sumergidas en el agua potable, en el baño, e incluso puede ser en la medicina prescrita por un médico, ¡aunque parece poco justo para el médico! En todas las Órdenes ocultas, con métodos variables, la curación por medio de este fluido magnético se lleva a cabo con mayor o menor éxito, y como sabemos puede matar o dar vida. Si es curativo, también puede ser hipnótico, creando un grupo de fieles seguidores. Hacen mucho de la curación, "sin dinero y sin precio", pero, después de todo, una de las reglas de los Rosacruces era: "Que ninguno de ellos profesara otra cosa que curar a los enfermos, y eso *gratuitamente*", aunque algunos adeptos han interpretado "gratuitamente" como "*libremente*", ¡de modo que se podría pedir una cuota!

En su panfleto, *Curación* para *todos*, dicen: "¡Cualquier tonto puede detectar la maldad de Satanás, pero se necesita un hombre sabio, de verdad, para descubrir el error luciferino!". ¿Pueden estar seguros de que son lo suficientemente sabios como para no ser engañados por luciferinos como estos Illuminati ocultos? ¿Pueden estar seguros de que ellos, junto con todas estas otras Órdenes y grupos, no están trabajando para lograr el reinado del poder luciferino, es decir, el Iluminismo? Ellos dicen: "¡No dudamos en declarar que ninguna religión ni culto ni individuo alguno, fuera de esta Visitación, tiene *toda la Verdad*!". Esto es muy parecido al orgullo espiritual que, se dice, ¡provocó la caída de Lucifer!

Unas palabras sobre las comunicaciones que ellos mismos registran en *The Wrintings of the Holy Ghost*, es decir, las comunicaciones astrales. Parecen ser muy parecidas a las que reciben hoy en día los grupos ocultistas y espiritistas, y, lejos de ser divinas, están llenas de astuto engaño y adulación. En estos registros, el 15 de abril de 1920, se dice: "Te he hecho notar que en los años de 1919, 1920 y 1921, el período entre Pascua y Ascensión fue un tiempo de muchos acontecimientos". ¡La Pascua de 1919 fue la época del intento, por parte de estos illuminati ocultos, de establecer el Triángulo de Poder en el R.R. et A.C.!

EL ORDEN UNIVERSAL

LA ORDEN UNIVERSAL es otro grupo pseudo-místico, que profesa no tener nada que ver con el ocultismo, pero que sin embargo es igualmente engañoso y peligroso. Fue conocida durante muchos años como la "Orden de la Sabiduría Antigua", con sede en Manchester, y una sucursal en Londres y posiblemente en otros lugares. Sus enseñanzas eran neoplatonismo, y celebraban sus reuniones londinenses y daban grados en la gran sala superior sobre el restaurante vegetariano de Eustace Miles. Las ceremonias eran simples, pero ocultas, atrayendo fuerzas, como las que se encuentran en todas las ceremonias ocultas, aunque profesaban simplemente enseñar una forma de filosofía. Alrededor de 1918-19, cuando en otros grupos se estaban produciendo movimientos similares en , sin que nadie lo supiera, los líderes de este grupo fueron informados, por alguna "fuerza apremiante" o influencia oculta, de que se esperaba de ellos que reconocieran y practicaran la fe cristiana, de la que ellos, como neoplatónicos, habían desertado; y así lo hicieron.

Algo más tarde, el nombre fue cambiado por el de "Orden Universal", sin duda por ser más afín a la hermandad internacional, y fue conducido en líneas más o menos cristianas, incluyendo retiros, meditaciones, y teniendo, creo, grados modificados para adaptarse al aparente cambio de perspectiva. Esto indujo una forma de excitación pseudo-religiosa, creando condiciones altamente nerviosas, emocionales y mediúmnicas, llevando a un posible control, como se encuentra universalmente en todas las Órdenes y grupos de este tipo. La Orden estaba vinculada por pertenencia mutua a la S.M. y a la R.R. et A.C., y su misión era también, al parecer, iluminar a la Iglesia o aburrir desde dentro, como en la S.M. Más tarde, de nuevo, algunos de sus grupos cambiaron el nombre por el de "Santuario de la Sabiduría", título de su publicación.

Habiendo estudiado el Folleto nº I enviado por el "Secretario de la Orden Universal", podrían ser útiles unas palabras sobre sus objetivos y su sistema. De este folleto se desprende que la Orden Universal es un verdadero esperanto de filosofía, religión y ciencia mística, ya que su objetivo es la realización de la Sabiduría Universal; sin embargo, "no es una religión, sino que abarca la esencia de todas las religiones; no es una filosofía, sino que incluye los fundamentos de todos los grandes sistemas filosóficos". En aparente contradicción se nos dice que la inteligencia finita nominalmente es capaz de aprehender una sola presentación de la Verdad; ¡siguiendo varias frecuentemente no logra comprender ninguna de ellas! Por lo tanto, aunque universal, ellos abogan por un sistema definido de instrucción, el suyo propio, ¡que profesadamente abarca todos los aspectos de la Verdad! ¿Quién, pues, ha construido este sistema aparentemente contradictorio, universal pero particular? ¿Quién juzga la verdadera esencia y los fundamentos que constituyen este sistema de sabiduría universal que conduce a la fraternidad y la tolerancia? ¿Tienen ellos también maestros invisibles que dirigen e instruyen?

Veamos lo que se esfuerzan por evitar. Siguiendo su "Armonía Ideal", cultivan una "simpatía y tolerancia tan amplias, un silenciamiento de esa crítica inquisitorial", que "no condenan, ni atacan, ni consienten que se ataque a ningún otro movimiento, por diverso que parezca", ¡pues creen que todo movimiento puede servir para algún fin útil! ¿Qué hay de la Masonería Judaica del Gran Oriente, cuyo objetivo declarado es la "Revolución Internacional" y su subsiguiente "República Universal"? ¿Qué hay de los Illuminati? - que buscan mediante sutiles enseñanzas pseudo-espirituales crear herramientas iluminadas, cegando e intoxicando con falso éxtasis, falsa visión y falsa enseñanza, formando "cadenas irrompibles", como muestran los "Protocolos", por las que secretamente unen a la humanidad y la controlan, el único método posible por el que podrían esperar gobernar el mundo en su conjunto. ¿Qué pasa con los bolcheviques y el poder invisible detrás de ellos? ¿Acaso el Orden Universal aprueba pasivamente tales movimientos?

Se esfuerzan por evitar toda doctrina dualista, pero ¿cuál es el triángulo de su símbolo? ¿No son las dos fuerzas en pugna siempre unidas por una tercera, que produce la manifestación conforme a su principio: como es arriba es abajo? Una vez más, se esfuerzan por evitar la mediumnidad psíquica, pasiva, la nigromancia y la magia de todo tipo; pero "¡no rechazan ni se oponen a los que siguen cualquiera de estas actividades!". Así, a través de esta tolerancia pasiva y la falta de uso de sus facultades críticas, su Orden puede convertirse en un caldo de cultivo secreto para todos estos males a los que no se oponen ni rechazan.

Utilizan rituales, ritos y simbolismo, bien o mal interpretados y adaptados de las enseñanzas de los antiguos misterios, como se hace en la Stella Matutina y Órdenes afines - ¡hemos visto cuál era la base de estos misterios! Sobre esta base inestable y un tanto contradictoria se anima a los miembros a buscar la "iluminación personal" y el "ocultismo interior del alma" "elevándose en la oración, la meditación y la contemplación" ¿No es esto jugar con fuego oculto, que invariablemente conduce al naufragio nervioso? ¿Pueden los dirigentes de esta Orden asegurar con alguna certeza a sus miembros que esta iluminación personal significará unión con lo divino, y no obsesión por este poder material invisible que busca instrumentos por todas partes, y que pervierte todo lo que es sagrado, utilizándolo como medio para atrapar a la víctima desprevenida?

¿Qué dicen los "Protocolos" del "colectivismo"?

> "Les dejaremos cabalgar en sus sueños sobre el caballo de las ociosas esperanzas de destruir la individualidad humana mediante ideas simbólicas de colectivismo. Todavía no han comprendido, y nunca comprenderán, que este sueño salvaje es contrario a la ley principal de la naturaleza, que desde el

> principio del mundo, creó un ser diferente a todos los demás para que tuviera individualidad."

¿Por qué, entonces, esta exigencia de abnegación absoluta por parte de los miembros de estos grupos místicos y ocultos? ¿No es que estos grupos de sociedades seudo-públicas y realmente secretas no son más que otros tantos engranajes de esta gran máquina aniquiladora, cuya misión, en nombre de la Unidad y la Fraternidad Universal, es una destrucción lenta y mortal de toda individualidad, creando un autómata sin alma, cuyo poder impulsor y director es la voluntad de este grupo central de Jefes Ocultos, la Gran Logia Blanca?

En *The Mind and Face of Bolshevism (La mente y el rostro del bolchevismo),* de René Fülöp-Miller, se ofrece una poderosa imagen de este "hombre colectivo" tal como se intentó en la Rusia soviética. He aquí el juicio final del autor:

> “Lo que preocupa en grado sumo a todo el mundo civilizado es esta ‘bárbara jesuitismo’ (como se ve en el Iluminismo de Weishaupt) que pretende ser una doctrina de salvación para toda la humanidad, mientras que en realidad está amenazando sus propios cimientos. El bolchevismo pretende algo más que la confiscación de la propiedad privada: intenta confiscar la dignidad humana para, en última instancia, convertir a todos los seres razonables libres en una horda de esclavos sin voluntad.”

Lo mismo podría decirse, con razón, del camino de salvación y de la llamada "evolución de la humanidad", tal como se representa en las enseñanzas de todas esas sociedades secretas y "nuevas religiones temporales" de nuestros días.

CAPÍTULO VII

CULTO AMERICANO

AMÉRICA -el internacionalismo personificado en su pueblo-, esa tierra de increíbles chiflados, manías y cultos, rebosa de ejemplos de esta plaga de "ismos" que destruye el alma; en estas investigaciones sólo es necesario mencionar uno o dos.

EL MOVIMIENTO SADOL

El "Movimiento Sadol" es otro grupo masónico esotérico, otro eslabón de la "cadena magnética", preparado por este centro invisible en sus planes para la Dominación Mundial. Fue establecido en América en 1883 por J. E. Richardson, que es conocido como TK, o el "Hermano Mayor", y es el representante en América de la "Gran Escuela de Ciencias Naturales" (Gran Logia Blanca), cuyo centro, dicen, está en la India.

Según TK, se dice en su *Boletín de* enero de 1926, que esta Gran Escuela tiene una historia escrita que se extiende por un período de ¡más de 200.000 años! Además, que se estableció en la India hace 23.000 años, ¡en la época del hundimiento del Continente Atlante! Esta es sin duda la "Gran Logia Blanca" de toda la masonería esotérica, como la "Fraternidad Rosacruz" de Max Heindel, el grupo de la Sra. Besant, la Stella Matutina, etc. ¿Quién puede decir dónde está realmente el centro de este gobierno ocultista? Toda la organización se ha construido mediante la confusión sistemática entre las cosas que se dicen y las que se quieren decir.

Tenemos ante nosotros un extracto de *la Revista Sadol*, 'La Gran Obra en América', que muestra que siguen el Rito Escocés Antiguo y Aceptado, aunque en sus libros de texto sólo hablan de los tres grados de la Logia Azul. TK escribe:

> "Los masones del Rito Escocés saben que el General Albert Pike fue el autor de los ceremoniales rituales de los 33 grados de la Orden. No es generalmente conocido que él recibió los 'Legenda', que constituyen el trasfondo filosófico de cada grado individual de la totalidad de los 33 - directa y personalmente del miembro árabe de la Gran Escuela."

En relación con el "Miembro árabe", es interesante señalar a la "maestra árabe" Stella Matutina.

Los libros de texto de este Movimiento consisten en la "Serie Armónica", en cuatro volúmenes. Un estudio cuidadoso de los mismos muestra claramente que la enseñanza no es constructiva y conduce a la Maestría, como ellos sostienen, sino destructiva y conduce a la Mediumnidad. El volumen 4, *El Gran Conocido*, ¡podría ser igualmente la enseñanza de Conan Doyle o de Vale Owen! Creen haber encontrado la "Palabra Perdida" de la Masonería, que, según TK, significa comunicaciones directas de los Maestros. Así, toda la enseñanza parecería ser dada con el propósito de inducir la clarividencia, etc., preparando médiums sensibilizados por medio de fórmulas secretas, y el uso, en rotación, de los colores del espectro. Se creen libres, absolutamente *dueños de sí mismos*; pero se trata de una servidumbre intelectual inducida por parte de sus amos mediante la aplicación errónea, ambiciosa y diabólica de los conocimientos ocultos y el abuso del poder obtenido con ello.

Ya he explicado los métodos adoptados en este grupo para contactar con el Maestro o con los "sabios y poderosos Luminosos" y cómo se corresponden con los utilizados en la Stella Matutina y en la Orden del Sol de Edimburgo.

LA ORDEN DE LOS INICIADOS DEL TIBET

Estas notas están tomadas de un artículo del *Washington Post*, del 31 de octubre de 1909, titulado 'El culto más curioso de Washington bajo el liderazgo de una mujer'.

La Srta. A. E. Marsland, Presidenta de la Orden en América, es hija de George Marsland, fundador de la American Bankers' Association. Washington es el centro de este movimiento para América, que fue fundado allí en 1904 por la señorita Marsland y cuatro o cinco entusiastas. En la actualidad (1909) cuenta con 5.000 miembros, y el culto crece lenta y silenciosamente. Entre sus seguidores se encuentran algunos de los miembros más prominentes del mundo social y diplomático; se reúnen dos veces por semana en la casa del Centro Esotérico Oriental, 1443 Q Street, para beber de la sabiduría misteriosamente transmitida. La señorita Marsland desconoce el lugar exacto de donde proceden sus instrucciones y conferencias, pero cree que los documentos escritos en sánscrito se envían desde los confines del Tíbet (no de Lhasa) a París, donde se traducen al francés y luego se envían a Washington, Brasil y Egipto. Los maestros ocultistas son la fuente del conocimiento, pero cada centro es independiente en lo que respecta al gobierno interno.

Según la doctrina de los Iniciados, el quinto Gran Líder Mundial y maestro de la humanidad nacerá en América en los próximos veinticinco años. Los cuatro líderes anteriores fueron, según ellos, Rama, Krishna, Buda y Jesús. La misión de los centros establecidos por los Iniciados es apartar a los hombres del estudio de los efectos materiales, que hasta ahora ha ocupado la atención exclusiva de los científicos, y dirigirlos hacia el estudio de la causa, la fuerza, la vibración y lo invisible. Esto, dicen, sólo puede hacerlo con seguridad el hombre que es dueño de sí mismo, ¡y así la estupenda tarea de los pioneros de la Nueva Era es transmutar al científico en Mago! Según la señorita Marsland, el mundo entró en la Nueva Era en 1898, y mostrará un maravilloso avance en el conocimiento de lo oculto, que conducirá, tal vez, dentro de los próximos 2.000 años al contacto con los habitantes de los otros planetas, que se dice que son espíritus que han vivido anteriormente en la Tierra. ¡Pero el conocimiento de este y muchos otros misterios del culto no son revelados ni siquiera a la señorita Marsland!

El Prof. F. Charles Bartlet es el líder de la Orden en Francia, y un manantial recientemente descubierto, que es curativo, en Châtel Guyon, al pie del volcán extinto Puy de Dôme, es ahora propiedad de la Orden. En la cima de la montaña hay un templo en ruinas a Venus y al Sol, ¡que parece apropiado para tal culto! Uno o dos de sus preceptos son esclarecedores, como por ejemplo: "La entera sumisión de la personalidad a la Naturaleza Superior (¡Maestros!); la no resistencia o la ley del amor (¡pacifismo!); el Universo es uno, por lo tanto todos están unidos en la Fraternidad Universal". También, "*Meditaciones de Mediodía*", como 'Oh discípulo, es indispensable acallar tu razón y dar oído a tu mentalidad. Escucha! pero no con los años exteriores (clariaudiencia). Contempla! pero no con los ojos exteriores (clarividencia). Llega una voz, un presentimiento, un pensamiento, pero no es un pensamiento, un sentimiento, una vibración, pero no es nada de eso". No, ¡es el Maestro formando vínculos, tratando de controlar y sugerir! Además, profesan creer en una Deidad Suprema, pero sin duda es el Señor del Universo, I.A.O.

La clave de este culto está en uno de sus símbolos más interesantes: Adda-Nari. Ella es la Naturaleza-generación, la creación, como muestran los símbolos de la manifestación en sus cuatro manos, y el signo del lingam, y la Tríada del Poder de la Serpiente en su frente.

Los fines de este culto son: "Formar una cátedra de fraternidad universal basada en el más puro altruismo, sin odio de credo, secta, casta o color... estudiar las ciencias ocultas de Oriente, y buscar mediante la meditación y una línea especial de conducta desarrollar estos poderes que están en el hombre y su entorno." Este es el yoga de siempre, ¡despertar y elevar la Kundalini!

Tienen una revista mensual, *The Esoterist*, editada por Agnes E. Marsland; ¡en el número de julio de 1924 había un artículo titulado "Buen Gobierno"! Más adelante, en noviembre de 1927, se envió una carta a los miembros, Rogando invertir en el Centro Marsland, y Condiciones, Vivir en la Ganadería Comunitaria". ¡Parece que aumenta y prospera! Finalmente, un *Boletín de Profecía*, con una cruz tau a la cabeza, emitido el pasado Año Nuevo, dice: "Esta crisis es ahora inminente, y decidirá de una vez por todas la futura condición de la tierra. El Gran Maestro está con nosotros dirigiendo la batalla". Firmado, AGNES E. MARSLAND, Lexingvton, N.C.

Se dice que el movimiento no es judío; ¡pero una de sus publicaciones lleva en su portada el símbolo del Sello de Salomón!

De nuevo, lo anterior es un culto panteísta y aparentemente cabalístico.

EL MOVIMIENTO BAHAI

ESTE movimiento fue fundado en 1844 por un persa, Mirza Ali Muhammad, que tomó el título de "Bab" (la Puerta); se rebeló contra la Jerarquía, que, temiendo su creciente influencia, lo hizo fusilar en Tabriz, 1850.

Pretende ser el cumplimiento "de lo que sólo fue revelado parcialmente en dispensaciones anteriores", y consideran a Buda. Zoroastro, Jesús, Mahoma y Confucio como meros preparadores del mundo para el advenimiento de la "Más Grande Paz" y el "Poderoso Educador Mundial", Baha'u'lláh (Gloria de Dios), 1863-92, y más tarde Abdul-Baba, 1892-1921. Pretende, además, ser la unidad de todas las religiones, también de movimientos antiguos y modernos, como la Teosofía, la Masonería, el Espiritismo, el Socialismo, etc.; -pretende conferir *iluminación* a la humanidad, y como todos los grupos iluminados, trabaja por la paz universal, la religión, la educación, el idioma (Esperanto), y todo lo universal que conduzca a la unidad de la humanidad; por lo tanto, deben abandonarse todos los prejuicios, tradicionales, raciales, patrióticos, religiosos y políticos; todas las religiones deben estar de acuerdo con la ciencia y la razón.

De *La Confusión de las Lenguas,* de Charles Ferguson, encontramos la siguiente información Bahai documentada: Todos estos movimientos del siglo XIX "han sido los instrumentos de Dios para hacer al mundo receptivo a Su Causa. (Bahaísmo)"; y, "Aparte de la causa bahai, los movimientos y tendencias del mundo moderno parecen una siniestra anarquía; ¡pero desde dentro de la causa asumen un perfecto orden y plenitud de significado!" Las enseñanzas de Bahá'u'lláh incluyen ciencia, filosofía, problemas económicos y gubernamentales, así como ética y métodos de purificación y logro espiritual (Yoga). Hace cincuenta años ordenó a los pueblos que establecieran la paz universal , y convocó a todas las naciones al Banquete Divino del Arbitraje Internacional, para que las cuestiones de fronteras, de honor y propiedad nacionales, y de intereses vitales entre las naciones fueran decididas por un tribunal arbitral de justicia" - ¡todo lo cual hace pensar en la judeo-masonería del Gran Oriente!

Cuando los seguidores bahá'ís de Chicago oyeron hablar del Gran Templo, un Mashriqu'l-Adhkar in'Ishqábád, en cuya ciudad de Turkmenio hay 4.000 familias bahá'ís, pidieron permiso para construir un templo similar en Chicago; debía dominar el lago Michigan. Desde 1903 han estado trabajando en su erección, y aún está lejos de estar terminado; la imponente luz debía señalar la unidad de todas las creencias, y el templo debía simbolizar y encarnar su revelación (¡como el Goetheanum de Steiner!). Sus servicios consisten en leer o cantar la "Santísima Palabra de Bahá'u'lláh". En su forma es un nonágono perfecto, y todas sus dimensiones se basan en el número *nueve,* el número cabalístico de la generación, que inicia y conduce a la unidad con la luz astral universal. De este templo se dice: "Cuando el Templo de Dios sea construido en Chicago, será para el cuerpo espiritual del mundo lo que la irrupción del espíritu es para el cuerpo físico del hombre, vivificándolo hasta sus últimas partes e infundiendo Nueva Luz y Poder" - ¡iluminismo universal e individual!

Además, hay un Guardián de la Causa -Shogi-Effendi- con nueve colaboradores, y en cada ciudad hay una Asamblea Espiritual de nueve miembros, que deben ser consultados, absolutamente obedecidos y sometidos. También hay Asambleas Espirituales Nacionales en todos los países a los que se ha extendido la causa, y, finalmente, están haciendo elaborados planes para formar una Asamblea Espiritual Internacional que será elegida por todos los creyentes - para promulgar ordenanzas y reglamentos que no se encuentran en el Texto Sagrado explícito.

Aunque llena de tópicos y de una aparente ética elevada, la enseñanza es anticristiana y sugiere que la fuente de inspiración de su "Poderoso Educador" no era Dios, sino el ancestral Poder Central Misterioso, que está detrás de todos los movimientos iluminados y que aspira a la unificación con el propósito del Dominio Mundial.

CAPÍTULO VIII

CONCLUSIÓN

THE *Morning Post*, 22 de septiembre de 1928, publicó un artículo muy útil, de Edgar Wallace, el conocido escritor y experto en todo tipo de criminología extraña, titulado, 'A New Crime-Hypnotism as a Weapon'.

Demuestra que se da cuenta, como hemos afirmado una y otra vez, de que uno de los poderes más mortíferos de los centros ocultos reside en su conocimiento y práctica del control hipnótico.

Citando una carta que había recibido, dice:

> "... Existe el criminal sobre el que no has escrito: aquel o aquella que se regocija en la perdición de sus semejantes... Una amiga mía, una mujer con algunas propiedades, cayó bajo la influencia de cierto grupo ocultista. Quedó fascinada, y finalmente se convirtió en una devota, y se sometió a una forma de hipnotismo... Basta decir que la mujer que hizo el hipnotismo comenzó a ejercer una influencia extraordinaria, telepáticamente - es decir, cuando no estaban juntas... y (la amiga) sólo fue impedida por una oportuna interferencia de transmitir toda su propiedad por escritura de donación... el mal fue obrado por un poder mental superior sobre uno más débil."

Fdgar Wallace continúa:

> "Durante los últimos dos años debo haber recibido más de una docena de cartas, escritas por personas obviamente sanas,

> si es que la escritura sirve para algo, contándome exactamente la misma historia sin ningún florido etcétera... En todos los casos (que yo recuerde)... hubo una historia de ocultismo al principio, y en todos los casos fue un practicante de esta 'magia' quien se hizo con el dominio de la mente del novato. La teoría de que esta forma de criminalidad va en aumento está respaldada por los casos denunciados. La dominación de una mente fuerte sobre una más débil no es un fenómeno inusual, pero hay más que una sospecha de que esta tiranía mental se está sistematizando, y que fácilmente puede representar un peligro real, especialmente para las mujeres de la clase adinerada... Es, en cualquier caso, un asunto que bien vale la pena investigar, ya que los practicantes de este nuevo "arte" se encuentran entre los miembros más peligrosos de los bajos fondos. Son más peligrosos porque, en el sentido más estricto de la palabra, no son miembros de las clases criminales. Probablemente estamos a punto de hacer descubrimientos muy importantes en el campo psíquico, y cuando se establezcan las nuevas verdades (sean las que sean), cuando se revelen las realidades de, digamos, la telepatía, puede que surja un departamento bastante nuevo en Scotland Yard."

Casos similares han llegado a nuestro conocimiento, y todos debidos a las poderosas influencias de ocultistas avanzados, uno al menos de los más inescrupulosos. En el *Morning Post*, del 4 de octubre de 1928, había una interesante carta sobre el artículo anterior, enviada por Mordaunt Shairp, en la que escribe: "... Puedo comprender perfectamente la vacilación que sintió antes de escribirlo. A pesar de todo lo que se sabe de las posibilidades de las ondas de luz y sonido, todavía nos resistimos a creer en esas ondas de pensamiento, que son la base de esa poderosa y peligrosa influencia telepática que él describe de forma tan convincente." Hablando de su propia obra, "The Bend in the Road", producida por los Play Actors en el Apollo Theatre, en enero de 1927, y que fue muy comentada por el *Morning Post*, el Sr. Shairp dice: "Mostraba a un hombre en el que este poder del pensamiento se había desarrollado notablemente, utilizándolo por motivos de venganza para minar la salud y la felicidad de su rival hasta el borde del suicidio... Como señala el Sr. Wallace, es un hecho, y oiremos hablar más de ello en el futuro."

Aquí tenemos el uso y abuso del fluido psíquico que "mata y da vida", este Poder de la Serpiente puesto en movimiento por la voluntad y el pensamiento poderosos, el hacedor de toda magia y milagros, tal como se utiliza en la masonería esotérica y en todos los grupos rosacruces y ocultistas. En el R.R. y A.C. existe una fórmula utilizada para influir a distancia sobre las personas para bien o para mal. En ella se utiliza el poder del Pentagrama y de los Triángulos entrelazados (¡el Talismán hebreo!). Este fluido es atraído y luego proyectado con intención fuerte y concentrada en la dirección requerida, como si fuera a lo largo de un camino o rayo de luz, y se han obtenido resultados interesantes y extraños. No sólo actúa sobre la persona física y mentalmente, sino que, al parecer, a través del adepto intermediario, que utiliza esta fórmula, le vincula con el centro oculto que controla la Orden.

En ese curioso panfleto, *El Talismán Hebreo*, ya citado, el siguiente extracto es interesante en conexión con lo anterior. Hablando de Abraham Goldsmid, de quien se dice que recibió la Caja Mágica del Dr. Falk, un judío cabalístico que llegó a Londres en 1742 (véase Mrs. Nesta Webster en *Secret Societies and Subversive Movements*), el Judío Errante dice:

> "Sí, que los perros nazarenos levanten las manos y los ojos en ignorante asombro; el gran Goldsmid fue mi propio y mero instrumento: Lo crié porque lo consideré digno; lo encontré incompetente para el vasto y sagrado deber para el que lo diseñé, y lo deseché como desechamos la calabaza cuando ya no necesitamos un vaso para beber. ¿Quién de los ancianos frecuentadores del gran Templo de Mammon, que se llama la Bolsa, no recuerda la caja de oro con la que la mano de Goldsmid estaba perpetuamente ocupada en sus momentos más ocupados e importantes? Era su *talismán.* Las palabras de poder habían sido pronunciadas sobre ella: Yo le había advertido una y otra vez; le había amenazado, le había suplicado, pero en vano; le encontré incorregible en su negligencia hacia la causa de nuestro pueblo y de nuestro Dios; e incluso mientras estaba de vacaciones en su lujosa

> villa de los alrededores de Morden, las palabras de poder salieron de mis labios, y su talismán se alejó de él para siempre... Apareció en la Bolsa sin su paladio; regateó, perdió, y vio que la ruina absoluta le miraba con ojos firmes e impiadosos. *Dos días lo soportó, ¡y luego se voló los sesos!* Nadie puede ser falso a nuestra causa y prosperar".

Y si un adepto destinado por estos malvados maestros para algún "trabajo poderoso", se atreve a traicionar su confianza, la desgracia, el descrédito, e incluso la muerte pueden seguir, pero ese gran ocultista Paracelso escribe:

> "Los espíritus (fuerzas) de un hombre pueden actuar sobre otro sin el consentimiento o la intención del otro hombre... Si la voluntad del hombre está en unidad con su pensamiento y deseo, se producirá un espíritu (fuerza) que puede ser empleado para el bien o para el mal. Si dos fuerzas espirituales de este tipo luchan entre sí, la más débil, que no se defiende suficientemente, será vencida, y el resultado puede ser una enfermedad corporal. Una persona mal dispuesta puede lanzar la fuerza de su voluntad sobre otra persona y herirla, aunque ésta sea más fuerte que aquélla, porque ésta no espera ni está preparada para el ataque; pero si la otra es más fuerte y resiste con éxito, entonces se encenderá en ella una fuerza que vencerá a su enemigo y que puede destruirlo."

¿No podrían Inglaterra y su Imperio aprender de esta enseñanza de Paracelso? Ella es más fuerte que el enemigo dentro y fuera de sus puertas, pero ha sido más o menos tomada desprevenida. Que se sacuda esta insidiosa apatía y pacificismo, que no son más que los vapores venenosos de su enemigo; ¡que resista! y entonces y sólo entonces se levantará fuerte y lista para recuperar su antiguo y honrado lugar en el Sol de Dios, ¡no en el del Diablo!

¿Y quién es ese enemigo? Es el poder que se esconde tras estas mortíferas Órdenes secretas, que está minando lenta pero inexorablemente su poder de resistencia, es la "serpiente", que fascina, pero fascina hasta la muerte.

Cheiro, en sus *Predicciones*, nos habla de la próxima dominación mundial por parte de los judíos, de la instauración de su reino en Egipto y Palestina, que se producirá en 1980, según sus cálculos, cálculos que podemos falsear si reconocemos el posible peligro.

Este libro de Cheiro parece como si pudiera ser una pieza sutil de propaganda, buscando a través de la astrología, la enseñanza cabalística, la llamada videncia, y mucho juego con citas de las escrituras, para demostrar la inevitabilidad de la dominación mundial judía. Sabemos que la astrología es una ciencia antigua, pero el propio Cheiro dice: "Tal como yo lo veo", y "a la luz del ocultismo", ¡el hombre no es infalible, y el ocultismo, tal como se enseña en estas diabólicas sociedades secretas, fue siempre un engañador! En la portada del libro hay un diseño alegórico de la condesa Hamon de un mundo azotado por el rayo: ¡el Iluminismo! Algunos extractos mostrarán sus ideas y conclusiones:

> "Que los israelitas fueron, por alguna razón inexplicable, una raza apartada para la manifestación del Poder de Dios en relación con el destino de la humanidad, es, creo, evidente a partir de las profecías que les conciernen. Que también se pretendía que fueran un ejemplo de la misteriosa influencia de los planetas sobre la vida humana parece igualmente evidente... A lo largo de la historia de los israelitas en ... el poder de los Siete Planetas Creadores no sólo se enfatiza claramente, sino que en todos los casos representa la misteriosa 'Fuerza de Dios' en la naturaleza ... la misteriosa Ley de Vibración o 'Fuerza de Dios', simbolizada por el número siete".

Aquí tenemos las fuerzas electromagnéticas del éter, la "fuerza más fina de la naturaleza", los siete aspectos de la fuerza solar, el espectro, el Poder de la Serpiente.

Parece echar un jarro de agua fría sobre las creencias del "Movimiento Británico-Israelí", que según él representa-.

> "Inglaterra como los hijos de Efraín y los EE.UU. como Manasés. Mi propia opinión es que tal proposición parece

> limitar el propósito del Creador e introduce demasiado en la controversia el elemento personal de los pueblos inglés y americano... Las actuales llamadas 'Grandes Potencias', en la embriaguez de su juventud, olvidan que no son más que niños en comparación con razas que han pasado... Con la inocencia de los niños parlotean de su grandeza..."

Afirma,

> "que el verdadero significado de la Gran Pirámide es astrológico, que expone la religión de la vida ... que este plan o diseño está vinculado con los Hijos de Israel, y contiene en sus registros períodos exactos de años que corresponden a los grandes acontecimientos de su historia ... (p. 136). Es, de hecho, el Reloj Solar-Lunar del Universo ... (p. 143). A partir de 1980 ... veremos, en mi opinión, la restauración de las Doce Tribus de Israel como potencia dominante en el Mundo. La Gran Pirámide se convertirá entonces en el centro de control de la civilización mundial ... (p. 144). Debajo de la base de trece acres de la Pirámide se descubrirá un templo del tesoro ... revelando secretos científicos por los cuales la Pirámide fue construida, que trastornarán todas las leyes previamente conocidas relacionadas con la astronomía, la gravitación, la electricidad, el aprovechamiento de los poderes de la luz, los rayos etéricos, y las fuerzas ocultas del átomo. Con tal conocimiento a su disposición, los israelitas y todos los descendientes de "las tribus perdidas" se convertirán en los poseedores de la tierra en todos los sentidos, como se ha predicho tantas veces en la Biblia ... (p. 145). Otro dador de la Ley, como Moisés, surgirá ... y así al final a través de esta 'raza despreciada' se establecerá la paz universal ..."

¿No son las leyes secretas mencionadas las mismas fuerzas utilizadas hoy en día por estos Illuminati ocultos, estos "grandes maestros, todos judíos"?

Además, como en todas las órdenes iluminadas, él también dice que va a haber una nueva era de (p. 35)

> "la negación del Ser - a la que se llega a través del sufrimiento - (p. 175). Puede que las revoluciones y convulsiones que vemos a nuestro alrededor por todas partes provoquen por el momento la caída de los imperios, la destrucción de los tronos, la muerte de lo "viejo" y el nacimiento de lo "nuevo". Cree en una "Guerra de Guerras" (p. 181): "Las consecuencias del Gran Armagedón revolucionarán completamente nuestras ideas actuales de naciones, reinos y repúblicas; un Gobierno Central maravillosamente organizado en Palestina irradiará leyes de vida y humanidad al mundo entero... (p. 144). Que "el extranjero" será un colaborador (incauto subordinado) con los israelitas retornados en hacer de Palestina y sus países circundantes el centro de una nueva y venidera civilización ... (p. 182), tal perfección no podrá alcanzarse hasta que todas las religiones se hayan fundido en una sola ... (p. 183), el lenguaje de las estrellas, los planetas y los soles, traducirá el "Libro" en palabras "comprensibles por el pueblo" (¡Cábala judía!) ... (p. 151). El período predicho 'los Tiempos de los Gentiles' está llegando rápidamente a su fin..."

Compárese con los *Protocolos* ya citados en relación con el símbolo T.S:

> "Hoy puedo asegurarles que estamos a pocas zancadas de nuestra meta. Sólo queda una corta distancia, y el ciclo de la Serpiente Simbólica - esa insignia de nuestro pueblo - estará completo, etc."

Finalmente, en toda esta dominación por parte del poder detrás de estas sociedades secretas e iluminadas hay un peligro mortal para la civilización.

En referencia a un artículo del *Patriot*, del 14 de marzo de 1929, sobre "La creciente degradación moral", ¿no hace decir Disraeli, en su novela *Lothair*, de 1870, hablando de los objetivos de los Illuminati y los masones, al cardenal:

> "El fundamento de la familia cristiana es el sacramento del matrimonio, manantial de toda moral doméstica y pública.

> Las sociedades anticristianas se oponen al principio del hogar. Cuando hayan destruido el hogar, perecerá la moralidad de la sociedad". (*Patriot,* 10 de mayo de 1928.)

El profesor Charles Grangent, de la Universidad de Harvard, afirma en su libro *Prunes and Prisms*:

> "Si el color del sexo ha llegado a impregnar todo nuestro pensamiento, al igual que el olor de la gasolina forma el principal constituyente de nuestra atmósfera, debemos esa omnipresencia parecida al éter, en gran medida , a un neurólogo vienés, llamado por algunos de sus discípulos americanos 'Froude'"(*Patriot*, 21 de febrero de 1929).

En su obra *Secret Societies and Subversive Movements,* la Sra. Webster cita así a un eminente neuropsiquiatra de Nueva York:

> "La Teoría de Freud es anticristiana y subversiva de la sociedad organizada... El freudismo hace del individuo una máquina, absolutamente controlada por reflejos subconscientes... Ya sea consciente o inconsciente, produce un efecto destructivo... No sólo la teoría de Freud "del psicoanálisis, sino una cantidad considerable de propaganda pseudocientífica de ese tipo emana desde hace años de un grupo de judíos alemanes que viven y tienen su sede en Viena."

La teoría freudiana reduce todo, bueno o malo, a una cruda base sexual.

¿No encontramos la misma "omnipresencia semejante al éter" en todas estas sociedades secretas iluminadas y esotéricas, donde el poder del illurninismo reside en las fuerzas sexuales despiertas y pervertidas unidas al agente universal o éter? Para lograr la unidad de la humanidad, unida por la cadena magnética a la "República Universal" de la judeo-masonería del Gran Oriente, es necesaria la conciencia sexual pervertida por todos los medios posibles, como el iluminismo, la euritmia, los cultos y bailes de desnudez, etc., y quizás en algunos grupos el psicoanálisis -

incluso cuando se practica "a la luz de la ciencia espiritual" según Steiner.

Además, la Sra. Webster cita a un crítico que escribió sobre un conocido artista judío:

> "Él trae al mundo del arte un nuevo evangelio, un evangelio negro, un evangelio en el que todo debe ser invertido y distorsionado. Todo lo que es horrible, todo lo que es de mala reputación, todo lo que es sórdido; si hay alguna insalubridad o alguna degradación; piensa en estas cosas."

¿No es ésta la maldición de otras expresiones actuales de la vida y el arte: libros, obras de teatro, música, etc.?

El Sr. H. A. Jung, de Chicago, escribe sobre el Honorable Bertrand Russell:

> "Sus enseñanzas sobre la cuestión sexual pueden resumirse sin rodeos de la siguiente manera: promiscuidad sexual completa en condiciones sanitarias; que los deseos del hombre deben ser el factor que guíe la vida, y que fuera de los deseos humanos no hay moral; que lo correcto o lo incorrecto sólo puede determinarse por las consecuencias... Dice en su libro *Por qué no soy cristiano*: 'Digo deliberadamente que la religión cristiana tal como está organizada en las iglesias ha sido, y sigue siendo, el principal enemigo del progreso moral en el mundo'. La Sra. Russell escribe en su libro *The Right to be Happy*: 'Animales somos, y animales seguimos siendo, y el camino de nuestra regeneración y felicidad, si es que existe tal camino, pasa por nuestra naturaleza animal'". (*Patriot*, 23 de febrero de 1928).

Rasputín, ese genio licencioso del mal de Rusia, tenía un credo similar: "Redención a través del pecado". Del mismo modo, el pernicioso Aleister Crowley, de la O.T.O., considera el sexo como el redentor del hombre. Krishnamurti, la caída de Leadbeater-Besant "Estrella en el Este que iba a proclamar el amanecer del nuevo y gran día de la Tierra", propugnaba en su libro: Vida *en Libertad*, la rebelión contra todas las ataduras, y dijo que cada uno debe ser su propio dador de leyes ¡la intuición! Escribe: "Cuando atas la vida a creencias y tradiciones, a códigos de moralidad, matas la vida".

¡Y a todo esto se une el control de la natalidad y los "matrimonios de compañeros"!

William Farren, que ha pertenecido al escenario durante más de cincuenta años, escribe en una carta al *Patriot*, el 19 de abril de 1928: "Hay muy pocos teatros, salas de música y lugares de entretenimiento que no estén bajo dirección judía (lo mismo se dice de París y Nueva York en las *Victorias de Israel*)... el teatro se ha convertido en un mero taller para producir lo feo, lo vulgar y lo degradante". ¿Por qué? Por culpa del "director comercial" moderno.

"Los Protocolos de los Sabios de Sion", cualquiera que sea su origen, prefiguran todo esto de manera notable cuando dicen:

> "Las clases educadas de los gentiles se enorgullecerán de su aprendizaje, y sin verificarlo, pondrán en práctica el conocimiento obtenido de la ciencia (¡incluso de la "Ciencia Espiritual"!), que les fue servido por nuestros agentes con el *objeto de educar sus mentes en la dirección* que *requerimos*."

He expuesto ante ustedes algunos de los resultados de años de difícil experiencia e investigación sobre el funcionamiento oculto de esta Gran Conspiración, urdida en los lugares secretos y subterráneos del mundo por algún astuto Poder Oculto, que gobernaría el mundo obteniendo el control sobre las mentes y acciones de hombres y mujeres, utilizándolos como idealistas crédulos e incautos, soñando con una "evolución universal de la humanidad", atrapados y retenidos en la trampa de estas sociedades secretas; o bien como escépticos más o menos honestos, empleados para encubrir las huellas de este Poder Oculto secreto, en caso de que, por algún error imprevisto de sus diabólicos planes, la verdad pudiera filtrarse -pues no son más que hombres de carne y hueso y, como tales, no son en modo alguno infalibles- se cometen errores que sólo pueden rectificarse, si pueden rectificarse, mediante el engaño, y para este propósito los escépticos honestos son más que útiles -son absolutamente necesarios.

Como se ha dicho de la Tabla de Esmeralda de Hermes:

> "A quienes lean con sus ojos corporales los preceptos no les sugerirán nada nuevo ni extraordinario, pues simplemente comienza diciendo que no habla de cosas ficticias, sino de lo que es verdadero y más cierto. ‘Lo que está abajo es semejante a lo que está arriba, y lo que está arriba es semejante a lo que está abajo para lograr las maravillas de una cosa’-manifestación de su ambicioso y diabólico Dominio Mundial por medio de este misterioso "Poder Overshadowing".

Otros títulos

OMNIA VERITAS
Omnia Veritas Ltd presenta:
KEVIN MACDONALD
LA CULTURA DE LA CRÍTICA
LOS JUDÍOS Y LA CRÍTICA RADICAL
DE LA CULTURA GENTIL
Sus análisis revelan la influencia cultural preponderante de los judíos y su deseo de socavar las naciones en las que viven, para dominar mejor la sociedad diversa que propugnan sin dejar de ser ellos mismos un grupo etnocéntrico y homogéneo, hostil a los intereses de los pueblos blancos.
Un análisis evolutivo de la participación judía en los movimientos políticos e intelectuales del siglo XX

OMNIA VERITAS
OMNIA VERITAS LTD PRESENTA:
LA DIPLOMACIA DEL ENGAÑO
UN RELATO DE LA TRAICIÓN DE LOS
GOBIERNOS DE INGLATERRA Y LOS ESTADOS UNIDOS
POR
JOHN COLEMAN
La historia de la creación de las Naciones Unidas es un caso clásico de diplomacia del engaño

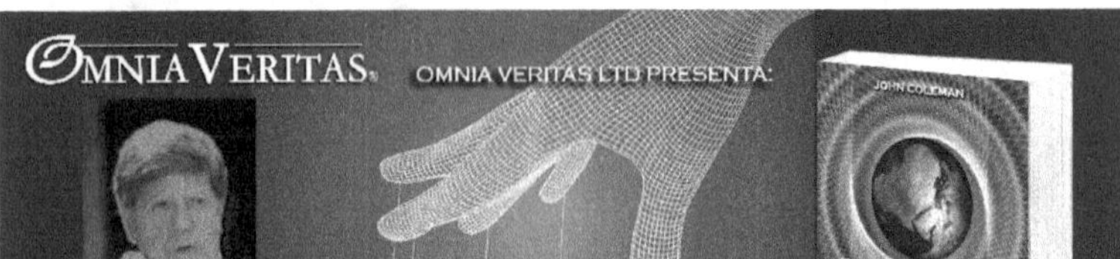
OMNIA VERITAS
OMNIA VERITAS LTD PRESENTA:
EL CLUB DE ROMA
EL THINK TANK DEL NUEVO ORDEN MUNDIAL
POR JOHN COLEMAN
Los numerosos acontecimientos trágicos y explosivos del siglo XX no se produjeron por sí solos, sino que se planificaron según un patrón bien establecido...
¿Quiénes fueron los planificadores y creadores de estos grandes acontecimientos?

OMNIA VERITAS
OMNIA VERITAS LTD PRESENTA:
JOHN COLEMAN
por John Coleman
LA JERARQUÍA DE LOS CONSPIRADORES
HISTORIA DEL COMITÉ DE LOS 300
Esta conspiración abierta contra Dios y el hombre incluye la esclavización de la mayoría de los humanos...

OMNIA VERITAS
OMNIA VERITAS LTD PRESENTA:
JOHN COLEMAN
LA DICTADURA del ORDEN MUNDIAL SOCIALISTA
Todos estos años, mientras nuestra atención se centraba en los males del comunismo en Moscú, los socialistas de Washington estaban ocupados robando a Estados Unidos...
POR JOHN COLEMAN
"Hay que temer más al enemigo de Washington que al de Moscú"

OMNIA VERITAS
OMNIA VERITAS LTD PRESENTA:
JOHN COLEMAN
La GUERRA de las DROGAS contra AMÉRICA
El narcotráfico no puede ser erradicado porque sus gestores no permitirán que se les arrebate el mercado más lucrativo del mundo...
POR JOHN COLEMAN
Los verdaderos promotores de este maldito comercio son las "élites" de este mundo

OMNIA VERITAS
OMNIA VERITAS LTD PRESENTA:
LAS GUERRAS DEL PETRÓLEO
POR JOHN COLEMAN
El relato histórico de la industria petrolera nos lleva por los vericuetos de la "diplomacia"
La lucha por monopolizar el recurso codiciado por todas las naciones

OMNIA VERITAS
OMNIA VERITAS LTD PRESENTA:
Más allá de la CONSPIRACIÓN
DESENMASCARANDO AL GOBIERNO MUNDIAL INVISIBLE
Todos los grandes acontecimientos históricos son planeados en secreto por hombres que se rodean de total discreción
por John Coleman
Los grupos altamente organizados siempre tienen ventaja sobre los ciudadanos

OMNIA VERITAS
OMNIA VERITAS LTD PRESENTA:
LA MASONERÍA
de la A a la Z
En el siglo XXI, la masonería se ha convertido menos en una sociedad secreta que en una "sociedad de secretos".
por John Coleman
Este libro explica qué es la masonería

OMNIA VERITAS
OMNIA VERITAS LTD PRESENTA:
LA DINASTÍA ROTHSCHILD
por John Coleman
Los acontecimientos históricos suelen ser causados por una "mano oculta"...
JOHN COLEMAN
LA DINASTÍA ROTHSCHILD

OMNIA VERITAS
OMNIA VERITAS LTD PRESENTA:
EL INSTITUTO TAVISTOCK
de RELACIONES HUMANAS
La formación de la decadencia moral, espiritual, cultural, política y económica de los Estados Unidos de América
por John Coleman
Sin Tavistock no habrían existido la Primera y la Segunda Guerra Mundial
Los secretos del Tavistock Institute for Human Relations
JOHN COLEMAN

OMNIA VERITAS
Omnia Veritas Ltd presenta:
EUSTACE MULLINS
EL ORDEN MUNDIAL
NUESTROS GOBERNANTES SECRETOS
Un estudio sobre la hegemonía del parasitismo
LA AGENDA DEL ORDEN MUNDIAL: DIVIDE Y VENCERÁS

OMNIA VERITAS
EUSTACE MULLINS
LA MALDICIÓN DE CANAÁN
Una demonología de la historia
EUSTACE MULLINS
LA MALDICIÓN DE CANAÁN
El gran movimiento de la historia moderna ha sido ocultar la presencia del mal en la tierra

OMNIA VERITAS
Omnia Veritas Ltd presenta:
EUSTACE MULLINS
MUERTE POR INYECCIÓN
EUSTACE MULLINS
MUERTE POR INYECCIÓN
SE REVELA LA RED SECRETA DEL CÁRTEL MÉDICO

OMNIA VERITAS®
www.omnia-veritas.com

www.ingramcontent.com/pod-product-compliance
Lightning Source LLC
Chambersburg PA
CBHW070806270326
41927CB00010B/2322

* 9 7 8 1 8 0 5 4 0 1 5 1 3 *